現代意味論入門

吉本啓・中村裕昭

くろしお出版

まえがき

　意味論を勉強したいのだがよい入門書は無いか，と聞かれて返事に窮することがある。日本語で出版されたものは翻訳を含めていくつかあるが，前提知識無しで読めるようなものは無いし，英語で書かれたものは多くの人にとって敷居が高いのではないか。意味論を学んでいくには，論理学の知識をその基礎をなす集合や関数といった数学の概念とともにまずしっかりと身につけることが前提となる。これらについて折に触れ大学の授業でも教えてきたが，入門レベルに焦点を当てた，自習可能な意味論の教科書の必要を最近ますます感じるようになった。

　著者たちの経験からも，意味論を学ぶには落とし穴とでも呼ぶべきものがいくつかある。例えば，論理式の評価 (意味) に関する定義のような箇所は，初心者にとっては当たり前のことを言っているにすぎないと思えるかも知れない。また，辞書には載っていない 'iff' のような重要な用語の説明がどこにもなされていないことも多い。何よりも，論理学の本は重複や繰り返しを嫌い，比喩を使って説明するというようなことも無い。私たち人文系で育った研究者にとって論理意味論の世界は異文化である。2つの世界の間を通訳によってつなぐような解説書があれば意味論の学習で挫折する人を少なくできるのではないかと思ったことが，この本を書いた動機である。

　本を書いたり読むことを登山になぞらえるなら，この本は，日帰り可能だが単なるハイキングでなく，一通り山歩きの楽しさを味わえる，奥多摩あたりの千メートル級の山へのガイドに譬えることができる。道案内の標示をはじめ，沢を渡る箇所は置石伝いに歩けるようにし，急な岩場には鎖や梯子を掛けた。例えば，重要な説明ではその基礎となっている先行箇所を参照できるようにし，また重要な用語や概念は最初に出て来た時に説明を与えた。さらに，繰り返しをいとわず，またいきなり具体例から解説を始めるなど，少しでも分かりやすくするための工夫をしてある。

　とは言っても，歩くこと自体は読者にやってもらわねばならない。岩壁登りでヒヤリとしたり，膝まで沢の水に浸かることはあるかも知れないが，それ以上の危険は無いし，第一そのくらいは登山の楽しみのうちである。道に迷っても，いつでも登山道まで戻れるように書かれている。

この道は，より高い山々へと続いている。さらにその上に立てば，雲の上に前人未踏の峰々が聳えるさまを見ることさえできる。このガイドブックを手に取ったことをきっかけとして，それらの高峰に挑戦する人が読者の中から出てくれれば，著者たちにとってこれ以上の悦びは無い。

　この本を書き上げるに当たって，多くの人々のお世話になった。人工知能学会国際シンポジウム Logic and Engineering in Nautral Language Semantics の運営委員で研究仲間である Alastair Butler (東北大学), 戸次大介 (お茶の水女子大学), Eric McCready (青山学院大学), 峯島宏次 (お茶の水女子大学), 森芳樹 (東京大学), 中山康雄 (大阪大学), 藪下克彦 (鳴門教育大学) および故緒方典裕の諸氏からは有形無形の影響を受けた。また，荻原俊幸さん (ワシントン大学), 小林昌博さん (鳥取大学), 窪田悠介さん (筑波大学) および中村ちどりさん (立命館大学) からは原稿の内容に関して貴重なコメントをいただいた。原稿作成に当たっては，東北大学の周振君，包薩如拉さん，バトラーさん，および片倉夏葉さんをわずらわせた。特に片倉さんの八面六臂の活躍が無かったら，この本の出版はさらに遅れていただろう。佐藤基昭さん (株式会社ウルス) には LaTeX の組版に関して丁寧なアドバイスを受けた。また，くろしお出版のみなさん，とりわけ本書の企画に賛成して進めていただいた池上達昭さんと編集の労を取っていただいた荻原典子さんに感謝する。

2015 年 10 月

吉本啓
中村裕昭

　この本のサポートページを以下のサイトに開設し，正誤情報や練習問題のヒント等を掲載する予定なので，参考にしていただきたい。

http://www.compling.jp/gin/

目次

まえがき ... i

第1章 イントロダクション ... 1
- 1.1 意味研究の条件 ... 1
- 1.2 意味へのアプローチ ... 4
- 1.3 モデル ... 6
- 1.4 論理学の位置づけ ... 8
- 1.5 指示としての意味 ... 9
- 1.6 結論 ... 10
- 考えるヒント1 術語の意味 ... 11

第2章 意味論の道具箱―集合と関数 ... 13
- 2.1 集合 ... 13
- 2.2 関数 ... 22
- 2.3 結論 ... 33
- 考えるヒント2 オペレーターの位置 ... 34

第3章 命題論理 ... 35
- 3.1 命題論理のあらまし ... 35
- 3.2 統辞論と意味論 ... 43
- 3.3 推論 ... 50
- 3.4 結論 ... 58
- 考えるヒント3 専門語 ... 59

第4章　述語論理　61

- 4.1　述語論理のあらまし　61
- 4.2　量化子　63
- 4.3　統辞論　68
- 4.4　意味論　71
- 4.5　スコープの曖昧性　81
- 4.6　述語論理の推論　82
- 4.7　結論　88
- 考えるヒント4　主語，目的語とは何か　88

第5章　句構造文法，カテゴリー文法およびタイプ理論　91

- 5.1　はじめに　91
- 5.2　句構造文法　91
- 5.3　カテゴリー文法，タイプ理論と λ 計算　108
- 5.4　結論　138
- 考えるヒント5　再帰的定義　138

第6章　内包論理と可能世界意味論　141

- 6.1　内包論理のあらまし　141
- 6.2　様相論理の基礎　145
- 6.3　到達可能性に関する条件　152
- 6.4　内包的文脈とは何か　154
- 6.5　内包タイプ理論　157
- 6.6　内包意味論への λ 表記の応用　165
- 6.7　結論　167
- 考えるヒント6　新デイヴィドソン式表記　167

第7章　モンタギュー意味論　171

- 7.1　モンタギュー意味論のあらまし　171
- 7.2　名詞句の解釈　175
- 7.3　統辞論―カテゴリー文法　179
- 7.4　内包論理　183

	7.5	主要な文の翻訳	191
	7.6	結論	208
	考えるヒント 7　発話行為	209

第 8 章　ダイナミック意味論　　　　　　　　　　　　211

	8.1	はじめに	211
	8.2	モンタギュー意味論の問題点	212
	8.3	ダイナミック意味論による解決	214
	8.4	ディスコース表示理論	227
	8.5	結論	231

第 9 章　おわりに　　　　　　　　　　　　　　　　　233

	9.1	結論としての展望	233
	9.2	もっと勉強したい人のために	234

付録 1　ギリシャ文字とその読み方　　　　　　　　　242

付録 2　記号表　　　　　　　　　　　　　　　　　　243

付録 3　英和対照術語表　　　　　　　　　　　　　　246

引用文献　　　　　　　　　　　　　　　　　　　　　251

索引　　　　　　　　　　　　　　　　　　　　　　　255

第1章

イントロダクション

1.1 意味研究の条件

　言語の意味の研究はどうあるべきか，言い換えれば意味を考察する言語研究が科学として満足できるものであるためには，どのような条件を満たさなければならないかについて考えてみたい。

　まず，研究の対象となる「意味」とは何だろうか。これには大きく分けて2つの考え方があると思われる。

　その第一は，言語の意味は外界に存在するモノであり，言語表現はこの存在物を指示するのだ，という考えである。例えば休暇旅行に来て「今日は晴れて山がきれいに見える」と言った場合，「山」が眼前の隆起した土地——例えば浅間山——を指示していることには何の疑いもないように思われる。しかし，これには少し問題がある。「山」という言葉が指すことができるのは目の前のこの山だけに限らず，富士山や八ヶ岳や岩木山，さらには名も無い山まであてはめることができる。それでは，「山」という言葉の意味とは，それらの山をすべて集めたものに相当するのだろうか？

　しかし，これにも問題がある。「山の絵を描け」と言われた時，誰でも多かれ少なかれ同様の，平地から中央部分がこんもりと盛り上がった絵を描くだろう。このことから，山について私たちは何らかの典型的なイメージを持っていて，それこそがこの言葉の意味なのではないか，という議論も成り立つ。実際，最近の脳科学ではこのような概念としての動詞や名詞の意味が脳の特定の場所に蓄えられているらしいことを明らかにして

いる。

　しかし，言語の意味が外界の存在物であるにしても脳内の概念であるにしても，それらが言語表現とは異なるものでありながら，言語表現と密接にリンクされている，ということには変わりが無い。そこで，言語の意味の科学が満たさなければならない条件として，まず次のことを挙げたい。

(1.1) 条件 1: 言語表現がそれとは異なる「意味」とリンクされるに当たって，そのインタフェースを明確に規定すること。

実際に世の中で行われている言語の意味の研究の中には，意味を考察すると言いながら別の言葉に言い換えて済ませているものが多い。しかし，それでは私たちの目的を果たすためには不十分である。外界に存在するモノや脳の中の概念そのものに関する研究自体は私たちの手に余るとしても，せめて言葉がそれらとどのようにつながっているかを明らかにするのでなければ，言語の持つ「意味する」というもっとも重要な機能の解明には役立たない。

　さらに，文 (センテンス) はそれが表す意味を媒介として他の文と関連している。次の文で，

(1.2) a. 川の中を鮎が泳いでいる。
　　　b. 川の中を魚が泳いでいる。

(1.2a) が成り立つ状況ではつねに例外無く (1.2b) が成り立つ。このように，ある文が正しいとして，それから他の正しい文を導くことができる場合，前者から後者への**推論** (**inference** または **reasoning**) が成り立つ，と言う。(1.2a) から (1.2b) が推論できるのは「鮎」が「魚」の一種であるということによる。しかし，推論関係が成り立つのはこのような単語間に特定の語彙的関係が成り立つ場合に限らない。

(1.3) a. すべての大人は投票する権利を持っている。
　　　b. 次郎は大人だ。
　　　c. 次郎は投票する権利を持っている。

(1.3a) および (1.3b) から (1.3c) を推論することができる。しかしここ

で，「大人」および「投票する権利を持っている」の代わりに，「秋田犬」および「飼い主に忠実だ」を代入しても，

(1.4) a. すべての秋田犬は飼い主に忠実だ。
      b. 次郎は秋田犬だ。
      c. 次郎は飼い主に忠実だ。

は正しい推論となる。このように，(1.3a-c) や (1.4a-c) の推論は，個々の単語の持つ具体的な意味でなく，文が持つ特定の意味的な構造にもとづいて行われる。このような例も含めて，ある文から他のどのような文が推論され，またどのような文が推論されないかを明らかにすることは，当該の文の意味そのものを解明することと密接に関連すると考えられる。

(1.5) 条件 2: 各文から正しい推論のみを導けるように文の意味を規定すること。

もう 1 つ私たちの方法がどうしても満たさなければならない条件として，論証の一つ一つのステップを誰にとっても了解できる明確なものとし，それらの積み重ねによってすべてを説明することが挙げられる。このようなアプローチは**形式的 (formal)** と呼ばれる。

(1.6) 条件 3: 言語表現に対し意味が与えられる過程について，形式的な説明を与えること。

意味論を中心とする文法の叙述を形式性を備えたものとするために考えられる 1 つの方法は，先に述べた正しい推論だけで叙述を構成することである。(1.3a-c) および (1.4a-c) の例は

(1.7) a. すべての A は B という性質を持つ。
      b. a は A の一種である。
      c. a は B という性質を持つ。

という推論のスキーマの適用例であるが，すべてをこのような形で説明することができれば，叙述のどこに誤りがあるか，また異なる研究者の間で，どこで議論がくい違うかについて，すべてを明らかにすることができ

るだろう．実際，言語学に関する研究発表でも論文でも，正しい推論を守っていないために議論に飛躍のある例は非常に多い．

これまでに述べた条件1と条件2を満たす研究を条件3の形式的なアプローチから行うことは，すでに論理学において試みられて成果を挙げている．そこで私たちも言語の意味の研究の基礎として論理学を取り上げ，第3～4章で解説を行うことにする．

しかし，言葉の意味に対して言語学的な興味を持つ私たちとしては，これだけで満足することはできない．

(1.8) a. 猫が鼠を追いかけた．
　　　b. 鼠が猫を追いかけた．

これら2つの文は全く同一の単語で構成されているが，意味は全く異なっており，追いかける者と追いかけられる者との関係が正反対である．このように，文の意味はその構成要素である単語の意味だけで形作られるものではなく，**構文**によってそれらが文の意味へと組み合わせられるのである．

(1.9) 条件4: 単語の意味が構文によって組み合わされて文の意味が得られる過程を説明できること．

上記の論理学における成果を生かしながらこれを可能にすることは容易なことではなかった．この点で言語の意味研究の転換点をなすモンタギュー意味論について，第7章を中心として解説を行う．

1.2　意味へのアプローチ

よくテレビのクイズ番組などで，

(1.10) 日本で2番目に高い山は八ヶ岳である．

のような課題を出して，回答者に○か×かを答えさせているのを見ることがある．この本全体を通じて，これから取り組む課題は，これと全く同じものである．ただし，個々の具体的な問題に答えることに興味があるわけではない．私たちの関心は，どのような文が与えられても，その意味が正

しいか正しくないかをヒトが判断する過程を明らかにすることにある。このことは前節で意味研究の条件3として挙げた，形式的なアプローチを取るということに他ならない。

そのためには，どのようにすればよいか。まず，課題が提示される音声や文字の処理が必要である。さらに，それにもとづいて，辞書(レキシコン)を参照しながら形態素や単語の同定が行われ，さらにその結果に対して統辞分析が掛けられると考えられる。これからが意味分析の段階で，それによって文の意味が得られる。しかし，これだけでは実は足りないことに読者は気づいているかも知れない。というのは，上記の「八ヶ岳」についての情報は，言語の規則そのものには含まれていない。言語学における文分析の課題は，(1.10) の文が，日本語として文法的な文であるかどうか，また文法的であるとすれば，どのような意味を持つか，ということである。私たちが生きている現実世界において，日本第二の山は実は北岳であって八ヶ岳ではない。この現実世界 (W_1 と呼んでおく) の他に，SFなどでよく見る，現実とは少しだけ違っている世界を考えてみよう。この世界 (W_2 と呼ぶ) では実際，八ヶ岳が富士山に次いで2番目に高いとする。すると，(1.10) の文は世界 W_1 では正しくないが，W_2 では正しいことになる。文 (1.10) が正しいかどうか判断するためには，その文法的な分析も必要だが，それとは別に，得られた文の意味を世界についての知識と照らし合わせることも必要である。つまり，文法的な規則や知識の他に，世界の知識も参照できるようにしないと，文の意味の理解は完結しないことになる。

上に述べた，ヒトによる文の意味理解の全プロセスのうち，意味の分析にこの本では焦点を当てる。我が国の言語研究では，この部分は直観に任せられる傾向が強かった。読者の中にもこの部分について深く学んだ人は稀で，だからこそこの本を読んでいるのだと思う。一言で言ってしまえば，この本で著者たちがやらなければならないことは，課題の文が○(正しい，すなわち真)か×(正しくない，すなわち偽)かについて判定するすべてのプロセスを明確にすることである。

以上に述べたような高度なレベルの意味研究の目標を設定し，しかもかなりの程度まで目標を達成したのは，これから解説を行う論理意味論(形

式意味論) だけである．しかし，目標に迫るためには，それに応じた手段が必要である．ここで必要とする道具立ては主として論理学，さらにはそれを支える数学である．

必要な論理学や数学の基礎について具体的に説明しながら文の意味にアプローチしていくことは，次章以降に譲ることにする．この章の後続の節では，私たちの立場からの意味論研究に際して前提とされている重要な点について解説することにする．特に，なぜそのような方法や観点が必要とされるのかについて，そのモティベーションや背景を知ることは，この本全体の理解のために非常に重要である．

1.3 モデル

繰り返しになるが，文 (1.10) が正しいのはどのような時か？前の節で述べたように，私たちが暮らしている現実世界 W_1 では，富士山に次いで高いのは北岳なのでこの文は誤りだが，八ヶ岳が日本で 2 番目の山である仮想世界 W_2 では正しくなる．このことから，文の分析結果が正しいかどうかを判定するには，世界に関する知識が必要だ，というのが前節の結論であった．

言語の分析に当たって世界の知識が必要だということは，論理意味論でなくてもしばしば説かれることだが，多くの研究においてはどうしても避けて通れない時だけ援用し，後は敬して遠ざく，ということが多い．これは世界知識があまりにぼう大で，しかも曖昧であったり漠然としたものが多い，という理由によるのだろう．世界の知識に関する研究は人工知能研究や認知科学で行われているが，私たちはそれが最終目的ではないので深みにはまることは避けつつ，しかし言語の文法や意味の解析に関わる部分だけは明確にしておきたい．そのためには，数学の集合論を利用する．

集合論については次の章で詳しく解説するので，ここでの説明は簡単にとどめておく．集合とは，ものの集まりのことである．いま，この場にジョン，ケン，ルーシー，マリの 4 人の人物がいるとする．それぞれの人物 (各々の名前が指示している対象) を j, k, l, m で表すと，この場に居合わせる人物の集合は $\{j, k, l, m\}$ で表される．$P = \{j, k, l, m\}$ とする．ジョンがこの場に存在するということは，P の中に j が要素として含ま

れていることによって表されている．j が P に含まれる (帰属する) ことを $j \in P$ のように書く．この，要素が集合に含まれる，ということが文の意味の正否の判断において決定的な役割を果たす．例えば，「ジョンが歩いている」という文が正しいのは，歩いている者の集合 (例えば，$\{j, l\}$) の中に j が含まれる場合である．

ここで挙げた例について言えば，必要な世界についての記述は，この場に居合わせる (したがって，話に出てくる可能性のある) 人物の集合 $P = \{j, k, l, m\}$ および歩いている人の集合 $\{j, l\}$ である．後の方の集合は，述語「歩く」の意味であると見なす．このように集合論を用いて発話が行われる世界の記述を行ったものを**モデル (model)** と呼ぶ．第 2 章で学ぶように，要素の集合への帰属関係を基礎として，集合の演算は明確に規定されているから，モデルが与えられている限りにおいて，言語表現の意味の取り扱いにつきものの，不明瞭さの混入を避けることができる．

集合論にもとづく意味論は，モノを集めることが可能だということを前提にしている．例えば「りんご」という言葉の意味として，目の前のりんごだけならよいが，世界中のりんごや，さらには過去に存在したり未来に存在するすべてのりんごを集めなければならないこともあるだろう．さらに無限個の要素を集めなければならないこともあろう．実際にはとても集めきれるものではないが，この問題は不問に付して仮に集まったと仮定し，そこから先の言語学に必要な議論だけを行うのである．

さらに，言語表現と意味との関係の捉え方がナイーブすぎることも問題にすることができよう．モデルの基本的な構成要素は，人であれ動物であれ非生物であれ，その場に存在するモノであり，**個体 (individual)** と呼ばれる．この個体は初めから他の個体とは明瞭に区別されて存在し，そのように認知され，言語表現を用いて指示される，と考えられている．しかし，異なる言語表現で指示されるからこそ他とは別のモノとして認知されるのではないか，との考えも成り立つ．一例として，日本人にとってパンは 1 個 1 個が独立した個体だろうが，英語の bread は物質名詞で直接に不定冠詞を付けることができず，数える時には a loaf of bread のような形にしなければならない．このことを，どのような形でモデルに反映させるべきなのだろうか？日本語と英語とではモデルは異なるのだろうか？それ

とも，共通のモデルを作ることができるのだろうか？このような例がいくつも見られることから，言語表現と意味との関係は，ここで想定されているよりもずっと複雑なものではないか，と考える研究者もいる。しかし，ここでも私たちは問題に深く立ち入る余裕が無いので，意味論を集合論によって基礎づけることができるという上記の仮定を丸呑みにした上で議論を進めることにする。しかし，物質名詞を集合論の中で取り扱うなど，より精密な意味の取り扱いとの共存は可能である。

1.4 論理学の位置づけ

これまでにも述べたが，この本で解説を行う意味論は，論理学を基礎としている。このように言うと，読者からは「自分が学びたいのは言語学だ。論理学ではない」という反応が返ってくるかも知れない。このような反応にも理由があって，日本の大学では論理学は哲学の一部としてか，あるいは数学やコンピューター工学など理系の学問の一部として教えられ，言語研究との縁は薄いと一般に考えられている。しかし，論理学を含む哲学はかつて，ヒトの思考や認知活動や言語，またその所産である文学や歴史を包括する一大分野を指す言葉であった。欧米の大学では今でも，人文学部が faculty of philosophy と名乗っているところが多い。したがって哲学や論理学は，言語研究者にとって，自分たちのとは横並びの関係にある (互いに没交渉のことの多い) 1 つの学問分野であると同時に，自分たちの学問の土台そのものでもある。既成の研究の方法に限界を感じるなど，研究の根拠を問い直さねばならなくなった時に論理学を参考にするのは自然なことである。

また論理学はそもそもの発端から，言語の意味の取り扱いを主要なテーマとしてきた。時の流れとともに言語学と論理学とが分化し，言語学が文表現を成り立たせる文法の解明に焦点を当てるようになったのに対し，論理学は表層表現を離れた文の内容の研究にシフトするようになった。しかしそれだけに意味に関する研究は長足の進歩を遂げ，19 世紀後半に成立した述語論理では，ヒトの発話や思考のうちかなりの部分の意味を正確に取り扱うことが可能になった。述語論理はまた，文の表層表現と意味とが構造的に大きくくい違うことを明らかにしたが，この問題はモンタギュー

によって克服された．こうして，1970年代以降，論理学による言語の意味の研究成果を言語学に取り込む道が開かれた．この本を書くことにしたのも，そのような大きな流れを知って研究を深め，さらに読者の中から新しい流れを作っていく人が育ってほしいと願ったからである．**論理意味論**はまた**形式意味論 (formal semantics)** とも呼ばれる．むろん，この「形式的 formal」という語は，1.1 節で条件 3 として挙げた意味で使われている．

1.5 指示としての意味

先に述べたように，論理意味論では，意味とは，言語表現と**指示物 (reference)** との間の関係であると考える．例えば「ジョン」という名前は言語表現であり，それが指示している個体は j である．分かりにくいかも知れないが，j は意味そのもの，指示されているモノそのものである．本来ならここでジョンという人物に登場してほしいのだが，人を本のページに貼り付けることはできないので，j という記号を代わりに使っているだけである．肝腎なのは，j は言語表現でもまして名前でもなく，存在する個体そのものと見なさなければならない，ということである．

固有名詞「ジョン」の意味は指示物 j であると述べたが，この章の最初に述べたクイズの回答の○や×に相当するものも，意味そのものと考える．論理学で○ (真) に相当するものは 1 や t，× (偽) は 0 または f で表す．1/0 や t/f も，j と同じく意味，すなわち「真理そのもの」や「虚偽そのもの」である．

また，以上に関連して重要なのは，分析の対象である表現としての**オブジェクト言語 (object language)** と，その意味の説明のために使われる**メタ言語 (meta-language)** との区別である．例えば，1.3 節の冒頭部分において，文 (1.10) は「… 私たちが暮らしている現実世界 W_1 では … 誤りだが，八ヶ岳が日本で 2 番目の山である仮想世界 W_2 では正しくなる．」というのは，オブジェクト言語である文 (1.10) について説明したメタ言語である．この本を読み進めるに当たって，2 つの言語の機能の違いに気を付けることが重要である．

1.6 結論

　以上を要約すると，この本の課題は，ヒトが日常的に使っている言語の文を聞いてそれを理解すること，より具体的には文が正しいかどうかを判断するプロセスを一歩一歩明確にしていくことにある。そのために人類が研究を積み重ねてきた過程を，最低限度必要な数学や論理学の知識とともに説明していきたい。最初は見慣れない記号にとまどうかも知れないが，一旦慣れてしまえば，それが無限の可能性へと開かれた道であることを理解してくれるものと思う。

　先に述べたように，何か課題の文を与えて，それが○ (正しい) か × (正しくない) かを判定するためのプロセスを明らかにすることがこの本のテーマである。要するに，どんな文を与えても○か×かを答えてくれる機械をどうやったら作れるか，考えようというのである。読者にはもはや了解していただけると思うが，ここで「機械」という言葉を持ち出すのは何も工学への応用を目的とするからではなく，そのままでは目に見えない，ヒトの持っている能力を外部に取り出して，すべての考察の過程を明るみに出しながら，それがどのようなものであるかを考えていくためである。この本を通じて主役となるこの機械を**意味判定機**と呼ぶことにする。以下では，もっとも単純で，きわめて限定された入力文しか受け付けない意味判定機から始め，徐々にバージョン・アップして，私たちが日常扱っている言語 (人工的に作られた**形式言語 formal language** と区別して**自然言語 natural language** と呼ぶ) も処理できるものへと導いていくことにする。

　この本の構成は次のようになっている。まず，第 2 章では形式意味論のもっとも基本的な数学的手段である集合と関数について説明する。続いて第 3 章で意味論の基礎をなす論理の中でもっとも基本的な命題論理について述べる。これにもとづいて，第 4 章は述語論理について解説し，論理学で文の意味をどのように扱うかを学んでもらう。一転して第 5 章では，形式意味論を支える形式統辞理論，特に句構造文法とカテゴリー文法について学ぶ。カテゴリー文法の意味部門との関連から，タイプ理論と λ 計算についても述べる。第 6 章では，モンタギュー意味論を学ぶ前提として必要な，述語論理を拡張した内包論理についての知識をつけてもらう。第 7

章でモンタギュー意味論を解説する．さらに第8章で，モンタギュー意味論の発展形であり現代の意味理論の重要な一分野であるダイナミック意味論を学ぶ．最後に第9章で結論を述べ，意味論の勉強を継続していくためのお薦め文献リストと解説を付けることにする．

考えるヒント1　術語の意味

　大学で人文系の学問を主として学んできた人が論理学や形式意味論の勉強を始めると困難を感じることが多いと思われるが，その理由の1つは，基本となる用語や概念のあり方が全く異なることにあるのではないだろうか．

　これから学ぶ「評価」や「解釈」という語を取り上げてみると，これらは，例えば「個人評価」，「世間の評価が高い」，「英文解釈」，「都合のいいように解釈する」...というように，日常様々な用例で使用され，それらの積み重ねにもとづいて意味や用法が漠然と定まっている．単語や概念は脳の中で複雑な連想のネットワークを形作っており，日常生活や人文系の学問では私たちはそれを駆使して単語の理解を行う．

　しかし，論理学や形式意味論の術語は全く事情が異なる．上記の「評価」や「解釈」は，後に学ぶように，ある種類の入力に対してある種類の出力を返す関数であり，そのような関数の全てを，しかもそれだけを指す言葉として理解しなくてはならない．第5章で触れる「文脈自由文法」や「文脈依存文法」にしても，規則による書き換え結果が一定の構造を取る文法のことであり，これを「文脈から自由な文法」，「文脈に依存する文法」と一般的な意味で理解してしまったのでは，後々行き詰まることになる．要するに，日常的な連想を断ち切ること，言い換えれば脳内のふだん使っているネットワークとは異なる領域を働かせることが理解のためには必要である．

　もっとも，読者としては「脳の別の場所を使え」と言われても当惑するだけだろう．初めのうち一番良いのは，練習問題を実際に手を動かして解いてみることである．そのことを通じて，1つ1つは単純な規則の適用を積み重ねて，集合や関数 (繰り返しになるが，形式意味論では意味はすべて集合や関数として捉えられる) を操作するやり方を身に付けてほしい．

そのためにこの本には問題を付けたが，紙幅の制約もあり，十分な量を付けることはできなかった。特に初心者には，9.2 節で推薦してある戸田山 (2000) や Gamut (1991) 等の練習問題で補ってほしい。

第 2 章

意味論の道具箱—集合と関数

2.1 集合

2.1.1 集合とは何か

　最初にこの本全体の叙述の基礎をなしている**集合論 (set theory)** について解説を行う。**集合 (set)** は，形式論理の意味論において中心的な役割を果たす。

　集合とは任意の個体 (individual) の集まりのことである。集合はいくつかの**要素 (elements** または **members)** から成り立っている。a が集合 A の要素である場合，

(2.1) $a \in A$

のように表記する。この場合，A は a を**含む**，とも言う。あるいは，a と A の間に**帰属関係**が成り立つ，と言うこともある。もしも両者の間に帰属関係が成り立たない，すなわち，a が A の要素でない (あるいは，A が a を含まない) 場合には，

(2.2) $a \notin A$

のように書く。

　集合の定義の仕方には 2 通りある。1 つは，集合に含まれる個体を 1 つ 1 つ列挙していくやり方である。例えば，マーク，ジェラルドおよび

ルースの 3 人の人物からなる集合は

(2.3) { マーク, ジェラルド, ルース }

となる。このようなやり方は，言語表現の**指示物** (言語表現が指示しているもの。**外延** extension ともいう。) に基礎を置いていることから，**外延的定義** (extensional definition) と呼ばれる。

　集合のもう 1 つの定義の仕方は，概念 (**内包** intension) を用いて記述する方法であり，**内包的定義** (intensional definition) と呼ばれる。{ } の中にまず集合の要素が一般形で書かれ，| で区切ってから条件を書く。定義されるのは，条件を満たす要素の集合である。例えば，

(2.4) { x | x はイギリス人の言語学者である }

これは，「イギリス人の言語学者であるようなすべての x の集合」という意味である。なお，内包については第 6 章で再び取り上げる。

　一般に，集合が扱われる場合には，**外延性の原理** (principle of extensionality) が適用されていることに注意しなければならない。この原理は，次のように表すことができる。

(2.5) 外延性の原理
　　　含まれる要素がすべて同一であるような 2 つの集合は，同一の集合であると見なされる。

これは，以下の (2.5′) のようにも，あるいは (2.5″) のようにも言い換えることができる。

(2.5′) 2 つの集合が別の集合であるためには，一方に含まれるが他には含まれない要素が少なくとも 1 つ存在しなければならない。

(2.5″) 集合は，それが含む要素のみによって決まる。

特に (2.5″) は，論理意味論の基礎となる集合がどのようなものであるかを明瞭に表している。例えば，たまたま日本人のアイリッシュダンス愛好者が全員何らかの理由で同じ飛行機に乗っていて，しかも乗客は他にはいなかったとする。すると，{x| x は日本人でしかもアイリッシュダンスの

愛好者である } という集合と $\{x|\ x$ は 2015 年 11 月 28 日の ANA123 便の乗客である } という集合とは同一の集合であることになる。「日本人のアイリッシュダンス愛好者」と「当該の飛行機の乗客」とは常識的に言って意味が異なるので，2 つの集合が同一だと言われると抵抗を感じるかも知れない。しかし，意味論に関わる議論に確固たる基礎づけを行うために，あえてこのような原理を採用しているのである。また，これら 2 つの概念の違いの問題は，第 6 章で導入する内包によって解決することができる。

話し言葉において，例えば「りんご」と述べた場合，それは目の前にある 1 個の特定のりんごであったり，昨日買って来て食べたりんごであったり，また世界中のすべてのりんごを指したりする。このように，言語表現が指すものは文脈によって様々に変化する。同様の事情から，集合論でも，上記の文脈に相当し，ある時点で話題とされているすべての事柄を表す**議論領域** (universe of discourse) を導入する。議論領域内のすべての個体の集合を**普遍集合** (universal set) と言う。

2.1.2 包含関係

いま，猫の集合を A，三毛猫の集合を B とすると，B の要素はすべて A の要素であることになる。このような場合に成り立つ 2 つの集合の間の関係を表現するために，「B は A の**部分集合** (subset) である」のように言う。あるいは，「B は A に**包含される** (B is included in A)」とも言う。記号を用いる場合は，

(2.6) $B \subset A$

のように表記する。上の例で見ると，(2.6) は「すべての三毛猫は猫である」ことを表している。これは A と B が同一である可能性を排除した表現で，**真部分集合**と言う。これに対して，2 つの集合が同一である可能性を残したい場合には，

(2.7) $B \subseteq C$

のように表記する。例えば，a, b, c の 3 匹の動物がいるとして，A は猫，B は三毛猫，C は由美子が飼っているペットの集合であるとする。

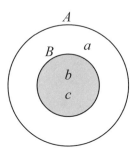

図 2.1 $B \subset A$

$A = \{a,b,c\}$, $B = \{b,c\}$, $C = \{a,b,c\}$ である時，(2.6) も (2.7) も成り立つ．これに対し，たまたま猫の集合と由美子のペットの集合が一致して $C = A$ なので，$C \subseteq A$ は成り立つが，$C \not\subset A$ となる（$\not\subset$ は $\subset$ の否定）。

なお，集合と要素との間に成り立つ帰属関係 (例えば，$c \in A$) と集合間に成り立つ包含関係 (例：$B \subset C$) とを初学者は混同することがあるので，その違いに注意が必要である．集合間の関係や演算は，図 2.1 以下のような**ベン図 (Venn diagram)** で視覚化すると分かりやすい．図 2.1 は (2.6) の関係を表している．

2.1.3 集合の演算

1 つあるいは複数の集合が与えられた場合，それにもとづいて新しく集合を作る (定義する) ことができる．

まず，2 つの集合 A, B の両方に含まれる要素からなる集合を考えることができる．これを**積集合** (あるいは**共通部分 intersection**) と言う．記号として $\cap$ を使い，定義とともに示すと，(2.8) のようになる．以下，$=_{def}$ の右辺に定義を，左辺に定義される概念を記すことにする．

(2.8) $A \cap B =_{def} \{x|\ x \in A\ \text{かつ}\ x \in B\}$

いま，A を猫の集合，B を太郎が飼っているペットの集合とし，$A = \{a,b,c\}$ で $B = \{b,c,d,e\}$ であるとすると，$A \cap B = \{b,c\}$ である．ベン図を図 2.2 に示す．集合 A および B を表す円の重なった部分が $A \cap B$ で

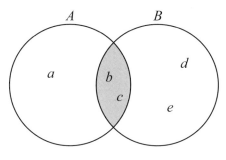

図 2.2 $A \cap B$

ある。これは，「猫であって，しかも太郎が飼っているペット」の集合である。「太郎が飼っている猫」の集合とも言い換えることができる。連体修飾節 (関係節) をともなう名詞句は，大まかに言って，表現されている 2 つの集合の積集合を表しているのである。

次に，2 つの集合 A，B のどちらかに含まれる要素からなる集合を考える。これは，**和集合**あるいは**結び (union)** と呼び，$\cup$ で表す。定義は以下のようになる。

(2.9) $A \cup B =_{def} \{x|\ x \in A$ または $x \in B\}$

A と B とが上に述べたのと同じ要素を持つとすると，$A \cup B = \{a,b,c,d,e\}$ となる。図 2.3 から分かるように A と B との重なりに加えて，A に含まれるが B に含まれない部分，および逆に B に含まれるが A

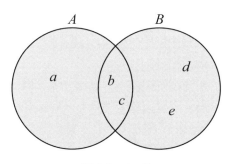

図 2.3 $A \cup B$

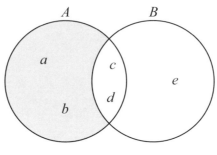

図 2.4 $A-B$

に含まれない部分からなる．上の例では，これは，「猫であるか，それとも太郎が飼っているペット」の集合を表す．

また，A に含まれるが B には含まれない要素により構成される集合も考えることができる．これを**差 (difference)** と言い，記号は $-$ を用いる．定義は以下の通り．

(2.10) $A - B =_{def} \{x|\ x \in A$ かつ $x \notin B\}$

猫の集合を $A = \{a,b,c,d\}$，次郎が飼っているペットの集合を $B = \{c,d,e\}$ とすると，$A - B = \{a,b\}$ となり，これは「猫のうちで，次郎に飼われていないものの集合」を表す．図 2.4 の A の円のうち，B と重ならない部分がこれに相当する．

上記の差の特別な場合として，普遍集合と他のある集合との差を後者の**補集合 (complement)** と呼ぶ．いくつかある記号のうち，代表的なものを定義とともにあげておく．

(2.11) $A^c =_{def} \{x|\ x \notin A\}$

A^c の他に，cA や $\overline{A}$ の表記を用いることもある．図 2.5 から分かるように，A^c は，議論領域の中で，A に含まれない要素の集合である．すなわち，議論領域を集合 U で表すと，$A^c = U - A$ である．A が猫の集合なら，A^c は猫でないものの集合である．補集合は否定に相当するのである．

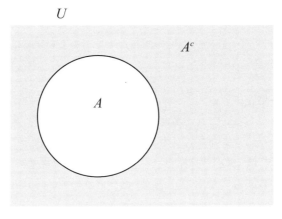

図 2.5 A^c

2.1.4 特別な集合

1つの要素しか持たない集合 (例えば，$\{a\}$) を**単位集合** (unit set または singleton) と呼ぶ．a は集合の要素なのに対し，$\{a\}$ は集合なので，$a \neq \{a\}$ であることに注意してほしい．

要素を全然持たない集合も集合論にはよく登場する．これを**空集合** (empty set) と言い，$\emptyset$ で表す．$\{\}$ を用いることもある．この世に存在しないもの，例えばユニコーン (一角獣) や鳳凰がこれに対応する．ただし，これらが存在する世界を考える内包論理の立場もある (第6章を参照のこと)．空集合を定義すると，以下のようになる．

(2.12) $\emptyset =_{def} \{x|\ x \neq x\}$

自分自身と同一でない者は存在しない，と言う普遍的な真理を定義に利用しているのである．

ありとあらゆる集合は空集合をその部分集合として包含する，ということが集合論では暗黙の前提とされている．すなわち，任意の集合 A について，$\emptyset \subset A$ が成立する．

集合そのものが要素として，より大きな集合に帰属することがある．こ

のような「集合の集合」は意味論ではよく利用される。以下はその例である。

(2.13) $\{a, \{b,c\}, \emptyset\}$

また，ある集合について，そのすべての部分集合により構成される集合を考えることがある。これを<ruby>冪<rt>べき</rt></ruby>集合 (power set) と呼ぶ。集合 $A = \{a,b\}$ について，その部分集合を列挙すると $\{a\},\{b\},\{a,b\},\emptyset$ となり，したがって，その冪集合は $\wp(A) = \{\{a\},\{b\},\{a,b\},\emptyset\}$ である。空集合 $\emptyset$ も要素となることに注意が必要である。$\wp(A)$ の代わりに 2^A とも書くことがあるが，こう書いたからといって数を意味するのでなく，あくまで集合の表記である。A の要素数が 3 個であれば冪集合の要素は $2^3 = 8$ 個となることのアナロジーを用いている。

集合を外延的に表記する場合，その要素はどのような順番で並べても同じことである。すなわち，

(2.14) $\{a,b,c\} = \{b,c,a\} = \{c,a,b\} = \ldots$

しかし，これでは不便なことがある。言語表現では語順が変わると意味も変わることが多いから，順序に関する情報を持つ集合は言語研究では欠かすことができない。さらに本質的なこととして，2 つのものの間の関係を表したいことがある。例えば，a が b の親であることを $\langle a,b \rangle$ のように表記できれば，b が a の親であることを表す $\langle b,a \rangle$ と明瞭に区別できる。さらに，ある文において，A が主語，B が目的語であることを $\langle A,B \rangle$ のように表せれば便利である。一般に 2 つの要素からなる集合を<ruby>対<rt>つい</rt></ruby> (pair) と呼ぶが，それらの要素が順序づけられているものは**順序対** (ordered pair) と呼ばれ，$\langle a,b \rangle$ のように表記する。順序対は，順序づけられていない対にもとづいて定義される。すなわち，

(2.15) $\langle a,b \rangle =_{def} \{\{a\},\{a,b\}\}$

このように定義すると，$\langle a,b \rangle \neq \langle b,a \rangle$ となる。$\langle b,a \rangle = \{\{b\},\{a,b\}\}$ で，$\langle a,b \rangle$ とは異なるからである。

集合を含む集合があるように，順序対を要素として含む順序対も考える

ことができる。例えば,

(2.16) $\langle\langle a,b\rangle,c\rangle$

このような順序対は $\langle a,b,c\rangle$ と表記することが多い。これを一般化して, 2 個以上いくつでも要素間の順序を指定した集合を作ることができ, これを **列 (sequence)** と呼ぶ。同様にして, 順序をもった, 3 個の要素からなる **3 つ組 (triple)**, **4 つ組 (quadruple)**, ... というように, 一般に順序づけられた **n 個組 (ordered n-tuple)** を考えることができる。

最後に, 2 つの集合のすべての要素を組み合わせて出来る順序対の集合を考えてみよう。このような集合は, **デカルト積 (Cartesian product)** と呼ばれる。**直積** と呼ぶこともある。2 つの集合 A および B のデカルト積 $A \times B$ は,

(2.17) $A \times B =_{def} \{\langle x,y\rangle \mid x \in A \text{ かつ } y \in B\}$

のように定義される。いま, $A = \{a,b\}$, $B = \{c,d,e\}$ とすると, $A \times B = \{\langle a,c\rangle, \langle a,d\rangle, \langle a,e\rangle, \langle b,c\rangle, \langle b,d\rangle, \langle b,e\rangle\}$ となる。

問題 2.1 猫の集合を C, 犬の集合を D, 黒いものの集合を B, 白いものの集合を W とした場合, 次の言葉の意味を集合の組み合わせによって表しなさい。また, それぞれのベン図を描きなさい。

  i. 黒い猫
  ii. 白い猫または黒い犬
  iii. 白くない猫
  iv. 黒猫以外のもの

問題 2.2 この世に存在する動物のうちで, 猫であって同時に犬であるようなものは存在しない。この事実は, 集合を使ってどのように表すことができるか？

集合は, 文法などの言語学的な規則を形式的に規定するためによく使用される。少し練習しておこう。

問題 2.3 日本語の母音の集合を $V = \{a,i,u,e,o\}$, 子音の集合を $C =$

$\{k,s,t,n,h,m,y,r,w,g,z,d,b,p\}$ とした場合，デカルト積 $C \times V$ の要素をすべて挙げなさい．また，この集合は日本語のどのような単位に対応しているか？

問題 2.4 日本語の形容詞の集合を A，副詞の集合を F，名詞の集合を N，動詞の集合を V とする．いま仮に，これら以外に品詞のカテゴリーは無いものとする．これらを用いて，以下のそれぞれの文法用語によって指示される単語の集合を表しなさい．(安本・野崎 1976 を参考にした．)

　i. 活用語
　ii. 非活用語

問題 2.5 活用語の集合を K，自立語の集合を I とする．以下のそれぞれの文法用語によって指示される単語の集合をこれらの組み合わせによって表しなさい．ただし，単語全体の集合を議論領域 U とする．(ヒント：すべての単語は活用語か非活用語かのいずれかである．同様に，自立語か付属語かのいずれかである．)

　i. 付属語
　ii. 助動詞
　iii. 助詞

2.2 関数

2.2.1 関数の基本

次に解説する関数は，集合とともに論理意味論の要をなす最重要の概念である．例えば，文などの表現の解釈は，表現を入力として意味を出力する関数と考える．

ある集合のそれぞれの要素に対して，他の集合のある 1 つの要素が対応づけられている場合，これを**関数 (function)** という．前者から後者への**写像 (mapping)** ともいう．f が集合 A から集合 B への関数 = 写像である場合，

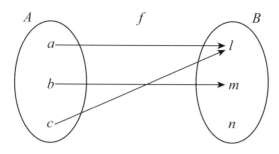

図 2.6 関数 $f: A \to B$

(2.18) $f: A \to B$

のように表記する．A の要素 a に対して B の要素 b が対応づけられていることを

(2.19) $f(a) = b$

の式で表す．a は**項 (argument)**，b は**値 (value)** と呼ぶ．ある関数の項としてあらわれうる要素の集合を**定義域 (domain)**，ある関数の値としてあらわれうる要素の集合を**値域 (range)** と呼ぶ．定義域 $A = \{a,b,c\}$，値域 $B = \{l,m,n\}$ で，a が l に，b が m に，c が l に対応づけられている関数を図 2.6 に示す．このような関数 f は，

(2.20) $f = \{\langle a,l \rangle, \langle b,m \rangle, \langle c,l \rangle\}$

のように，各々の項と値の順序対の集合として表すことができる．

これと同じ内容を，対応づけをより明確にした以下の記法を用いて示すこともできる．

(2.20′) $\begin{bmatrix} a \mapsto l \\ b \mapsto m \\ c \mapsto l \end{bmatrix}$

関数はどのような**入力 (input**, 上記の項に相当) に対してどのような**出力 (output**, 上記の値に相当) が与えられるかによって，定義される．入力から出力を得るためのプロセスがどのようなものであるかは不問である．

いま 2 つの関数があり，同じ入力に対する出力はいつも同じだとすると，たとえ出力を得るためのプロセスが異なっていても，これらは数学的には同一だということになる。内部の処理が不問に附されるという意味で，関数のことをブラック・ボックス (black box) と呼ぶことがある。

身近にある，関数と見なすことのできる装置には自動販売機がある。お金とボタンを組み合わせた入力に対して，一定の飲食物などが出力される。このように関数は入力に対して出力を返す「箱」のイメージで捉えると分かりやすい。

問題 2.6 ある親が与えられた場合に，それに対してその子供を対応づけなければならないとする。関数はそのような働きをすることができるだろうか？言い換えれば，親を入力としてその子供を出力する関数が考えられるだろうか？また，子供を入力としてその親を出力する関数はどうか？

2.2.2 関係

関数に似ているものに**関係 (relation)** があり，区別に気をつけなければならない。ある集合 A の要素 (例えば a) がある集合 B の要素 (例えば b) に関係づけられる時，Rab のように表記する。R は A と B のデカルト積の部分集合として定義される。すなわち，$R \subseteq A \times B$ である。関数は関係の特殊な場合と見なすことができ，関係であることに加えて次の 2 つの条件を満たさねばならない。上の R において，a の位置 (第 1 項) にあらわれうる要素だけからなる集合を定義域，b の位置 (第 2 項) にあらわれうる要素だけからなる集合を値域とする。

(2.21) a. R の定義域が A に等しい。
b. R の定義域の要素は，それぞれ値域の中の 1 つの要素にのみ対応づけられる。

図 2.7 の関係 R では，定義域の要素 b に対して値域の 2 つの要素 m と n が対応づけられている。さらに，定義域は集合 A と一致していない。これでは関数とは言えない。

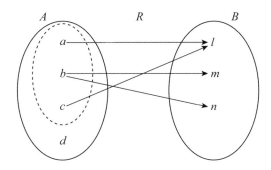

図 2.7　関係 $R : A \to B$

問題 2.7　日常言語の中で関係を表す語としては，例えば，「親」を挙げることができる。図 2.7 では，a は l の親であり，b は m と n の親で，c は l の親である。m と n，a と c は，日常言語的な意味で，それぞれどのような関係にあると言えるか。

2.2.3　全射と単射

2.2.1 節で述べた，一般的な A から B への関数 (function from A into B) $f : A \to B$ においては，値域 B の要素は必ずしもすべてが A の中の要素と対応づけられなくともかまわない。B の中には，図 2.6 の例における n のように，f の値として「出番のない」要素が含まれていてもかまわないのである。

先の自動販売機の例で考えると，単純化してお金を入れなくても $a \sim c$ のボタンを押しさえすれば l または m の飲み物が出てくるとして，飲み物 n は自動販売機の中に入ってはいるが，どのボタンを押しても手に入れることができないことになる。関数の定義としては，一見ルースなこのような定義の方がかえって便利なことがあるので，特に支障が無い限りはこちらが採用されているのである。

これに対して，B のすべての要素が A のどれかの要素と対応づけられている関数を A から B の上への関数 (function from A onto B) という。**全射** (surjection) ともいう。このような関数の例を図 2.8 に示す。図 2.8 の値域 B には，図 2.6 における n のように，定義域中のどの要素とも対

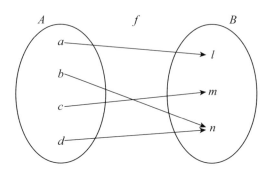

図 2.8　全射関数

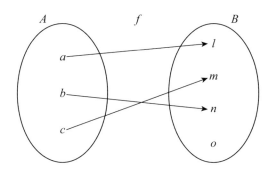

図 2.9　単射関数

応づけられない要素は存在しない。

　また，A の異なる要素に対して，必ず異なる値が対応づけられている場合，すなわち，$x \in A, y \in A, x \neq y$ ならば，$f(x) \neq f(y)$ が成り立つ時，f は**一対一 (one-to-one)** または**単射 (injection)** であるという。図 2.9 にその例を示す。

　ある大学において，学生に対してその学籍番号を写像する関数を考えると，それは単射である。各々の学生は必ず異なる学籍番号を持つからである。

　全射でしかも単射である場合を**全単射 (bijection)** という。言い換えれば，一対一でしかも「上へ」の関数である。このような関数 $f: A \to B$ に対しては，各々の項と値とを入れ換えた，**逆関数** $f^{-1}: B \to A$ を以下のように定義することができる。

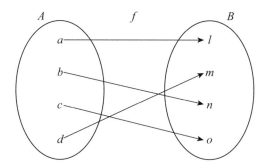

図 2.10　全単射関数

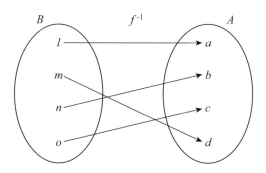

図 2.11　逆関数

(2.22) $f^{-1}(b) = a \Leftrightarrow b = f(a)$

が成り立つ．⇔ は左辺と右辺が必要十分条件 (3.2.2.1 節参照) の関係にあることを意味する．図 2.10 に全単射関数，図 2.11 にその逆関数の例を示す．

問題 2.8　日常生活の事物の中から，単射関数の例および単射でない関数の例をそれぞれ挙げなさい．

問題 2.9　逆関数を作るためには，元の関数が全単射でなければならない理由を説明しなさい．

2.2.4 合成関数

いま，2 つの関数 f と g とがあり，f の値域と g の定義域が一致するとすると，f の任意の出力を g に対して入力として与えることができる。こうして得られる g の出力は，2 つの関数 f と g の連鎖により得られるものだが，また別の観点から，f と g とを組み合わせて得られるより大きな関数の出力と見ることもできる。このような立場から，$f: A \to B$ および $g: B \to C$ という 2 つの関数から，$(g \circ f)(x) = g(f(x))$ となるような**合成関数 (composition)** $g \circ f : A \to C$ を作ることができる。その定義は

(2.23) $g \circ f =_{def} \{\langle x,z \rangle | \ \langle x,y \rangle \in f$ かつ $\langle y,z \rangle \in g$ であるような y が存在する $\}$

となる。図 2.12 に，2 つの関数 f と g から作られる合成関数 $g \circ f$ の例

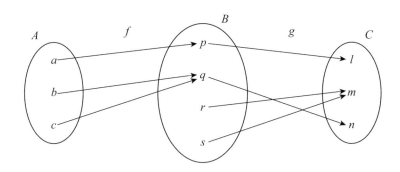

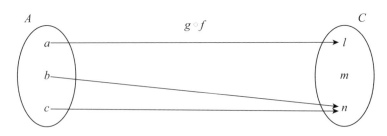

図 2.12 合成関数

を示す。

　第 5 章で説明するように，合成関数はカテゴリー文法で重要な役割を果たす。

2.2.5　多項関数

　これまでは関数への入力が 1 個のみの要素からなる **1 項関数**だけを扱ってきた。しかし，入力は 2 個以上の要素の組み合わせでもよく，このような関数を**多項関数**と呼ぶ。投入するコインの金額と選ばれるボタンとによって特定の飲み物が出てくる自動販売機は多項関数と見ることができる。より詳しくは，項の数が 2 つなので **2 項関数**である。以下はそのような自動販売機の例である。

(2.24)　　$f = \{\langle\langle 110\,円, 1\rangle, 紅茶花伝レモネードティー\rangle,$
　　　　　　$\langle\langle 110\,円, 2\rangle, Georgia\,エスプレッソ\rangle,$
　　　　　　$\langle\langle 120\,円, 3\rangle, いろはす\rangle,$
　　　　　　$\langle\langle 120\,円, 4\rangle, いろはす\rangle,$
　　　　　　$\langle\langle 140\,円, 5\rangle, 爽健美茶\rangle,$
　　　　　　$\langle\langle 140\,円, 6\rangle, アクエリアス\rangle\}$

　数字 1〜6 はボタンを表し，関数への入力 (項) は $\langle 120\,円, 3\rangle$ のように，投入される金額と押されるボタンとからなる順序対として与えられる。a および b という 2 つの項に対して値 c が対応づけられることを

(2.25) a.　$f(a, b) = c$

のように示す。

　しかし，他方，多項関数 (この例では 2 項関数) は，1 項関数に対して次々に 1 個の項を入力したものと見なすこともできる。上の式は，

(2.25) b.　$(f(a))(b) = c$

と同じことである。一般化して考えると，

(2.26)　$f(a_1, a_2, \ldots, a_{n-1}, a_n) = (\ldots((f(a_1))(a_2))\ldots(a_{n-1}))(a_n)$

が成り立つ。なお，右辺を $(\ldots((f(a_n))(a_{n-1}))\ldots(a_2))(a_1)$ とすることもある。

このことを，(2.24) で挙げた自動販売機の例で考えてみよう。自動販売機 (関数) に対して，まず 110 円分の硬貨を投入したとする。その結果，自動販売機は，適切なボタンを押しさえすれば望む飲み物を出力できる状態になる。この「入力待ち」の状態にある自動販売機を，最初の状態の自動販売機に対しお金が投入されたことによる出力と見なすことができる。関数が関数を出力するのである。後者の関数もまた入力を受け取って出力を返す。今度の出力は，この例では飲み物である。しかし一般的にはこれも関数であってよく，こうして多項式を 1 項関数同士の連鎖として

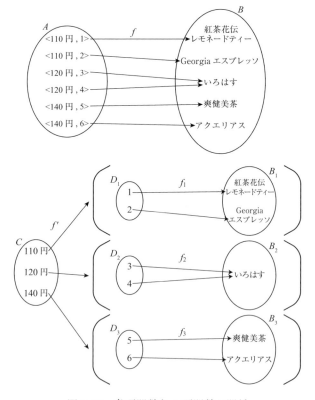

図 2.13　多項関数と 1 項関数の関係

表すことが可能になるのである．図 2.13 の上部に，(2.24) で定義した通りの多項 (2 項) 関数としての自動販売機について図示する．これに対して下方の図は，同じ関数を 1 項関数への 1 個の項の逐次適用として表したものである．

問題 2.10 図 2.13 で，集合 A, C, D_1, D_2, D_3 の間にどのような関係が成り立つか説明しなさい．また，集合 B, B_1, B_2, B_3 の間の関係についてはどうか．

問題 2.11 日本語の動詞の基本形 (終止形) を入力すると活用形に助動詞などが後続する適切な述語の形式を出力する関数を考える．便宜のために，語形はアルファベットで示す．語幹と語尾は順序対を用いて示すことにする．例えば，$f_{否定}(\text{miru}) = \langle \text{mi, nai} \rangle$, $f_{丁寧}(\text{taberu}) = \langle \text{tabe, masu} \rangle$, $f_{命令}(\text{aruku}) = \langle \text{aruk, e} \rangle$ という具合である．規則をなるべく簡単にするために，一旦 $f_{語幹}$ という関数を使って動詞の語幹を出力し，それに対して残りの部分を付加するようにしたい．

  i. 動詞 miru, taberu, aruku, iku, yomu に対して各々の語幹を出力する関数 $f_{語幹}$ を示しなさい．
 ii. $f_{語幹}$ を使って，$f_{否定}, f_{丁寧}, f_{命令}$ を定義しなさい．上一段・下一段動詞である miru, taberu と五段動詞の aruku, iku, yomu とでは異なる定義が必要なので (例: $\langle \text{mi, nai} \rangle$ と $\langle \text{aruk, anai} \rangle$, $\langle \text{tabe, masu} \rangle$ と $\langle \text{yom, imasu} \rangle$)，動詞の種類に応じて場合分けを行いなさい．
iii. 過去形を出力する関数 $f_{過去}$ (例えば，$f_{過去}(\text{miru}) = \langle \text{mi, ta} \rangle$) を定義するにはどんな問題が生じるか．問題点およびその解決法を示しなさい．

2.2.6 特性関数

前章でも述べたように，論理意味論で文 (命題と呼ぶこともある) の意味を論じる場合には，それが真である (正しい) か偽である (正しくない) かということを問題にする．そのために，文に対して，その意味として**真**

32　第 2 章　意味論の道具箱——集合と関数

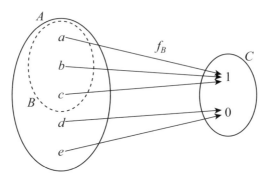

図 2.14　特性関数

(true) または**偽** (false) からなる**真理値** (truth values) のどちらかを割当てる。真と偽とは 1 と 0, または t と f で表すことが多い。

　集合の各々の要素に対し，それがある特性を満たしているかどうかによって真理値 1 または 0 を割当てる関数のことを**特性関数** (characteristic function) と呼ぶ。この集合の定義域を A とすると値域は $\{1,0\}$ であり，上記の「特性」を A の部分集合 B ($B \subset A$) とすると，特性関数を $f_B(x)$ で表すことができる。特性関数は，特徴づけたい集合の要素をその補集合 (2.1.3 節参照) から区別する役割を果たす。図 2.14 を参照のこと。

　上記の A を「公園にいる人」，B を「公園で日なたぼっこしている人」の集合とすると，$f_B(x)$ は x が公園で日なたぼっこしているかどうかについて真理値の出力によって答えてくれる関数であることになる。ところで，$f_B(x)$ の値が真または偽である場合，それぞれ $x \in B$ と $x \notin B$ となる。その逆も成り立つ。このことから分かるように，$f_B(x) = 1$ と $x \in B$ とは同じことを述べたものである。言い換えれば，「集合 A 上における集合 B の特性関数」という概念は「集合 B」と同一の概念を表す。特性関数は形式意味論の中で重要な役割を果たすが，その際，この関数と集合の互換性はしばしば活用されることになる。

2.2.7　関数の集合

　定義域 A と値域 B とが与えられた場合，前者から後者への関数全体の

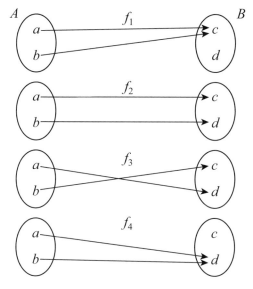

図 2.15 A から B への関数全体の集合

集合を考えることがある。これを B^A で表し、次のように定義される。

(2.27) $B^A =_{def} \{f|\ f:A \to B\}$

ここでも組み合わせの数のアナロジーが表記に用いられている。A の要素の数を x、B の要素の数を y とすると、関数全体の数は y^x となる。図 2.15 に $A = \{a,b\}$ を定義域、$B = \{c,d\}$ を値域とするすべての関数の集合 $\{f_1, f_2, f_3, f_4\}$ を示す。

2.3 結論

本章の前半部分で解説した集合は論理意味論の基礎となる概念であるが、そのことは本章で挙げた単純な例からも推測することができよう。

集合と密接に関連する関数もこの本の後続の部分で中心的な役割を果たすことになる。形式意味論では、すでに述べたように、意味の解釈 (前章で述べた「意味判定機」) とは、表現 (文、句、または単語) を入力とし、その意味を出力する関数と考える。また、関数の一種である λ (ラムダ)

抽象は，自然言語の意味表示を構成的 (compositionally) に構築するに当たって，強力なツールを提供する．さらに，第5章で解説するカテゴリー文法では，関数適用が統辞論の基本的な手段として用いられている．

考えるヒント 2　オペレーターの位置

関数や関係や様々な演算の本体である**オペレーター**と項とをどのような順序で並べて表記するかについては，歴史的な経緯や見やすさの観点から決められている．オペレーターを式の最初に，**接頭辞 (prefix)** として用いるのには関数や関係がある (例: $f(x,y), Rab$)．項と項との間に**接中辞 (infix)** として表記するものとして，積集合や和集合の記号がある (例: $A \cap B, C \cup D$)．この本では使わないが，オペレーターを式の最後に**接尾辞 (suffix)** として置く逆ポーランド記法というものもある．第4章以下で用いられる，表現に対してその意味を返す関数 $[\![\ ]\!]$ (解釈) は，通常，$[\![a]\!]$ のように項を両側から挟む形で表記される．

しかし，オペレーターの位置は完全に固定されているのでなく，見やすくするために変更されることもある．例えば $[\![\ ]\!]$ も，1個の関数であることを強調する必要がある場合は接頭辞として表記される．

第3章
命題論理

　命題論理 (**propositional logic**) では単純な文の内部構造は問題にせず，複合的な文と単純な文との真偽に関する関係を研究する。言語の文法の研究者は通常，単語や句がどのようにして文を構成するかということに関心を持つが，そのような問題は命題論理では扱うことはできず，次章で取り上げる述語論理に至ってはじめて論じることができる。ただし，文法で取り扱う単語や句が述語論理でどのような要素に対応するかということは，それ自体大きな問題である。

　このように，命題論理は自然言語が表現する意味の一部分しか扱うことができないが，それでは，なぜ命題論理を学ぶ必要があるのだろうか？それは，後に学ぶ述語論理の基礎をなしているという点で重要だからである。また，複雑な論理式の真理値がその構成要素である単純な文の真理値にもとづいてどのように決定されるかを見ることは，後で自然言語の意味解析の過程を理解するための手掛かりになる。その意味で，命題論理を通じて，文の意味の論理的解析の基本中の基本を学ぶのである。

3.1　命題論理のあらまし

　この本で解説する論理学や論理意味論では，文の意味を，文が真となるために世界が満たさなければならない条件と同一視する。このような考えを**真理条件的意味論** (**truth-conditional semantics**) と言う。この真理条件を過不足なく規定することが文の意味を理解することに他ならない。

命題論理では複合的な文と単純な文との真偽についての関係を研究すると先に述べたが，これは具体的には，複合的な文を構成する文の真理値およびそれらを結合する**論理結合子 (logical connectives)** の働きを調べることによってなされる。

ここで，**複合的な文 (complex sentence)** とは，以下で学ぶ結合子によって組み合わされている文のことであり，そうでない文が**単純な文 (atomic sentence)** である。また，これまでに**文**という語を説明無しで使ってきたが，これは，自然言語の文に相当して一まとまりの意味を伝え，真偽を問うことのできる表現をいう。**命題 (proposition)** とも呼ぶ。個々の内容を離れて，抽象的な観点から捉えたい場合は**式 (formula)** と呼ぶこともある。式は文を包含する。

論理結合子には通常，連言 (記号は $\wedge$)，選言 ($\vee$)，否定 ($\neg$)，含意 ($\rightarrow$)，同値 ($\equiv$) の5種類がある。以下では，順を追って説明していくことにする。

3.1.1 連言

連言 (conjunction) $\wedge$ は，日常言語の「そして，しかも，かつ (and)」にだいたい相当する結合子である。いま，文 (命題)「太郎は日なたぼっこをしている」を A，「由美子はジョギングをしている」を B で表すと，(3.1a) の文は命題論理の式では (3.1b) のように表記される。

(3.1) a. 太郎は日なたぼっこをしている。そして，由美子はジョギングをしている。
    b. $A \wedge B$

複合的な文 $A \wedge B$ の真理条件はどのようなものだろうか？言い換えれば，どのような時に (3.1b) は (そして (3.1a) も) 真となるだろうか？現実世界において A (「太郎は日なたぼっこをしている」) や B (「由美子はジョギングをしている」) のどちらかが成り立たない時は $A \wedge B$ 全体の文は成り立たない。A と B の両方が成り立たない場合についても同様である。$A \wedge B$ は，A と B の両方が真である場合にのみ真となり，それ以外の場合は偽となる。

表 3.1 連言の真理表

P	Q	$P \wedge Q$
1	1	1
1	0	0
0	1	0
0	0	0

以上のことは A と B の内容には関係なく，結合子である連言 $\wedge$ が持っている固有の性質によるものである．連言 $\wedge$ の持っているこのような機能を表 3.1 のような**真理表 (truth table)** にまとめることができる．

この表は，任意の命題 P および Q が真 (1) または偽 (0) となる 4 通りの組み合わせについて，$P \wedge Q$ の真理値がどのように与えられるかを示している．

日常言語の「そして，しかも，かつ」などの言語の意味は，ここで述べた連言としての意味だけで必ずしもカバーしきれるものではないことに注意しなければならない．

(3.2) a. 男は目を閉じた．そして思い出話をした．
　　　b. 男は思い出話をした．そして目を閉じた．

(3.3) a. 冷水でシャワーを浴びた．そして風邪をひいた．
　　　b. 風邪をひいた．そして冷水でシャワーを浴びた．

$P \wedge Q$ と $Q \wedge P$ とではつねに真理値が同じなのに対し，(3.2a) と (3.2b) や (3.3a) と (3.3b) では意味が異なっている．(3.2a, b) では 2 つの出来事の時間的順序が逆になっている．また (3.3a) では前の文と後の文との間に明瞭な因果関係が見られるのに対し，(3.3b) では，そのような関係は認められない．このような，日常言語の「そして」がともなう時間経過の順序や因果関係に関わる意味を論理学の連言では捨象してしまっているのである．

さらに，逆接を表す接続詞「しかし，〜が」なども論理式では連言として訳されることが多いが，その際，これらに特有の意味も捨象されること

になる。

(3.4) a. 無理な仕事をさせることもあるが，人の面倒をよく見る。
b. 人の面倒をよく見るが，無理な仕事をさせることもある。

会社で (3.4a) のような上司は好感度が高いが，(3.4b) のように表現すると否定的な面が前面に出ることになる。日常における言語の使用と論理的に捉えられた意味とのこのようなズレは，つねに見られることである。形式的なアプローチによって意味を定式化するには，ある程度大雑把な捉え方をすることは避けられない。また，意味規定の大枠を確立した上で，より微妙なニュアンスを取り扱っていくことも可能である。

3.1.2 選言

選言 (disjunction) $\vee$ とは日常「または，もしくは (or)」で伝えられる意味を表す論理結合子である。(3.1) の例にならうと，

(3.5) a. 太郎は日なたぼっこをしているかまたは由美子はジョギングをしている。
b. $A \vee B$

(3.5b) が (3.5a) に対応する論理式である。

選言の真理表は表 3.2 のようになる。$P \vee Q$ は，P または Q のいずれか 1 つまたは両方が真の場合に真となる。P, Q 両方が偽の場合は偽となる。

この選言の規定では，結合される 2 つの単純な文 (選言肢) の両方が真

表 3.2 選言の真理表

P	Q	$P \vee Q$
1	1	1
1	0	1
0	1	1
0	0	0

表 3.3 排反的選言の真理表

P	Q	$P\infty Q$
1	1	0
1	0	1
0	1	1
0	0	0

である場合には複合文全体が真となるとしている．これに対して，日常ではどちらか一方のみが真となる時に限って用いられる「または」の用法があると思われる．「イエスかノーか」と相手に迫られた場合には，「イエスでしかもノーだ」という答は許されないであろう．このような用法の「または」を**排反的選言 (exclusive disjunction)** と呼ぶ．記号は ∞ などを用いる．その真理表は表 3.3 になる．

しかし，次の例のように，明らかに表 3.2 の真理表に適った選言の用法がある．

(3.6) A 島産のブドウから作られたかまたは A 島の工場で作られたワインを「A 島ワイン」と呼ぶ．

この例で，A 島産のブドウを使って A 島の工場で作られたワインは「A 島ワイン」と呼ばれる．このようなことから，「または」の意味を表 3.2 の「ゆるい」意味の選言であるとした上で，排反的選言の意味は文脈などの条件が付け加えられることで生じると考えるのが標準的である．排反的選言は，非排反的選言を含むいくつかの論理結合子を用いて表すことができる．

3.1.3　否定

否定 (negation) ¬ は文字通り打消しであり，日常言語では助動詞「ない」で表される．否定の真理表を表 3.4 に示す．否定のオペレーター ¬ は 1 つの項 (命題) のみを取る．元の命題の真理値が真ならその否定の真理値は偽，偽なら真である．いま，命題「太郎はお昼にいくら丼を食べた」

表 3.4　否定の真理表

P	$\neg P$
1	0
0	1

が真だとすると，その否定「太郎はお昼にいくら丼を食べなかった」は偽であり，前者が偽の場合は後者は真である．

　この本を通じて，否定の機能を以上のように捉えておくが，日常言語ではそれでは済まないことがある．例えば，この本の著者の一人が「私は今年のノーベル平和賞を受賞しませんでした．」と何らの脈絡も無しに述べたとする．むろんそのこと自体は事実であるが，発言は単に事実を述べたものとは受け取られないだろう．冗談と取られるか，それとも誇大妄想的と思われるかも知れない．このように，否定の意味はここでの扱いよりも強い主張をしばしば含むものであるし，文脈にも関係する．

3.1.4　含意

　含意 (implication) $\to$ は，「もし〜ならば (if ..., then)」で表される条件文に相当する．日常的には，条件文には次のような文が含まれよう．

(3.7) a. もし今夜晴れたら，流星雨が見られる．
　　　b. 由美子がそのまま帰宅していたなら，地震に遭遇していただろう．
　　　c. 車を洗ってくれたら，おこづかいをあげる．

　ところで，含意の真理表は表 3.5 のようなものである．文 (3.7c) を例に取って考えてみよう．表 3.5 の 1 行目の，P に相当する文 (**前件**という) および Q に相当する文 (**後件**という) の両方が真の場合，含意文 $P \to Q$ は真となる．これは，子供が実際に車を洗って (前件が真)，親が子供におこづかいをあげた (後件も真) のだから，文全体が真となるのは当然である．これに対して表の 2 行目では，前件が真なのに対し後件は偽，すなわち親は車を洗った子供にこづかいを渡さず，約束を破ったのだから，含意

表 3.5　含意の真理表

P	Q	$P \to Q$
1	1	1
1	0	0
0	1	1
0	0	1

文が偽になるのも理に適っている．さらに 4 行目で，子供が車を洗わず，こづかいももらわなかった場合は全体が真であるとされている．これも直観的に言って，(3.7c) の意味と整合していると言えよう．

問題は表 3.5 の 3 行目の前件が偽，後件が真となる場合である．この場合，文全体にどのような真理値を与えるべきだろうか．ここでは，子供が車を洗わなかった時，それにもかかわらずこづかいをあげた場合について，含意文は真であるとされている．このことは通常の文 (3.7c) の意味理解とはかけ離れている．

さらに 4 行目に戻ると，次のように，前件，後件ともに明らかに偽である場合，全体の真理値がなぜ真となるのかという疑問が生じる．

(3.8)　もし上海がアメリカの首都なら，火星に海がある．

ここで分かってほしいのは，ふだん文の意味であるとされているもののすべてを論理的な意味論でカバーすることはできないし，そのようなことを初めから意図しているわけでもないということである．論理的なアプローチでは，ヒトが文の意味を理解するプロセスの大枠を把握することを目指し，文が実際の文脈で持つ意味はこれに様々な制約が加わることで生じると考えるのである．

表 3.5 のように意味を規定された含意のことを特に**質料含意 (material implication)** と呼ぶ．通常の論理学で含意をこのように捉える理由の詳細は省略するが，要するにできるだけ広い言語データをカバーできるように真理値を与えているのである．

後で詳しく述べるが，質料含意 $P \to Q$ に関しては，P および Q にどのような真理値を与えても，その真理値は $\neg P \vee Q$ と全く同じである。すなわち，真理関数的に同値である (同値については次節を参照のこと)。このようにすることによって，次の 2 つの文の意味が同じであることが説明される。

(3.9) a. 金を出さなかったら，殺すぞ。
b. 金を出すか，命を差し出すか，どちらかにしろ。

ここで，「金を出し惜しみする」を P，「殺される ＝ 命を差し出す」を Q とすると，(3.9a) は $P \to Q$，(3.9b) は $\neg P \vee Q$ となる。

3.1.5 同値

同値 (equivalence) $\equiv$ とは，2 つの命題の真理値が一致することである。すなわち，表 3.6 に見るように，P と Q の真理値が両方とも 1 かまたは両方とも 0 である場合，$P \equiv Q$ は 1 となる。それ以外の場合，$P \equiv Q$ の真理値は 0 である。$P \equiv Q$ は，$P \to Q$ かつ $Q \to P$，すなわち $(P \to Q) \wedge (Q \to P)$ に等しい。そのため，同値関係を示すために $\leftrightarrow$ の記号を用いることもある。

問題 3.1 以下の文をそれぞれ，命題論理式として表しなさい。

i. 手紙かまたは電子メールで返事を下さい。
ii. 明日雨でなかったらドライブする。
iii. 明日晴れたら，ピクニックに行くか買い物をする。

表 3.6 同値の真理表

P	Q	$P \equiv Q$
1	1	1
1	0	0
0	1	0
0	0	1

iv. 日本人だったら選挙権を持っている．ただし，未成年を除く．
v. 学歴は低いが，よく働いたので出世した．

3.2 統辞論と意味論

　命題論理にも自然言語のように統辞論と意味論がある，と言うと読者は驚くかも知れない．命題論理は，約束事にしたがって記号が並べられて論理式が構成されている．この約束事に相当するのが統辞論である．統辞論に適った文は，意味論によって解釈を与えることができる．この点では，人工言語である命題論理も自然言語と変わりが無い．むしろ発想を飛躍させて，自然言語を誰かが作った人工言語と仮に考え，形式的な観点からその統辞論は，意味論は，... と考えていくと，言語の形式理論研究の気分に近づいていくことができる．

3.2.1 統辞論

　統辞論 (syntax) は，論理式が構造的に適切かどうかを扱う．また構造的な手掛かりだけを用いて，意味を用いずに，ある定理からどのような定理が導かれるか (導出関係) を論じる．まず最初に，命題論理の式を構成する**語彙 (vocabulary)** は以下のように与えられる．これらは，自然言語の単語をリストアップした辞書に相当する．

(3.10)　　語彙
　　　i.　無限に多数の命題記号： $P, Q, R, S, T, \ldots$
　　　ii.　論理結合子： $\land, \lor, \lnot, \to, \equiv$
　　　iii.　カッコ： ( )

i の命題記号は，3.1 節冒頭に述べた単純な文を表すのに用いられる．命題論理の表現の中には，これらの記号だけがあらわれるものとする．

　さらに，これらの記号がどのように結合して正しい命題論理の式 (**整式 well-formed formula**) を構成するかを示すために，**形成規則**が必要である．

(3.11) 形成規則

　　i. すべての命題記号は整式である。
　　ii. もし ϕ が整式であるなら，$\neg\phi$ も整式である。
　　iii. もし ϕ と ψ が整式であるなら，a. $(\phi \wedge \psi)$，b. $(\phi \vee \psi)$，c. $(\phi \to \psi)$，d. $(\phi \equiv \psi)$ も整式である。
　　iv. 上記 i-iii を有限回適用することによって形作られる表現のみが整式である。

自然言語の統辞論では，文が文法的に正しいかどうかを問題にする。

(3.12) a. 流星雨が見られ今夜は
　　　 b. は太郎をいくら丼た食べ

のような文を私たちは文法的に正しくないと判断するが，その背後には判断基準となる文法知識が存在する。同様にして命題論理でも，構造的に正しい式 (整式) を規定する規則を設定するのである。

　この本を通じて，また統辞論や意味論において一般に，規則の適用は**パターン・マッチング**の考えにもとづいて行われる。(3.11.ii, iii) はパターンを示している。ϕ (ファイ) や ψ (プサイ) は**メタ変項 (metavariables)** と呼ばれ，命題論理のあらゆる整式を代入することができる。数学における変数にあらゆる数字を代入できることを考えてみると分かりやすいだろう。

　以下の式を例に取って考えてみよう。

(3.13) $(P \wedge Q) \to (\neg R \vee Q)$

この式全体には (3.11.iii.c) のパターンを当てはめることができる。したがって，$\phi = P \wedge Q$ および $\psi = \neg R \vee Q$ とすることができる。この点については，(3.13) は (3.11.iii.c) の形成規則によって形作ることのできる整式であることになる。しかし，話はそれだけでは終わらない。もしも ϕ に代入される $P \wedge Q$ や ψ に代入される $\neg R \vee Q$ が整式でなかったら，(3.13) 全体は整式となることはできない。そこで，今度はこれらに (3.11.i-iii) が適用されるかをチェックすることが必要になる。まず，$P \wedge Q$ は iii.a に合

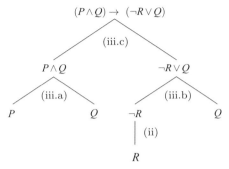

図 3.1 論理式 (3.13) の構成

致し，さらに構成要素である命題 P と Q とはこれ以上分析できない命題記号で，i によりともに整式なので，$P \wedge Q$ は整式であることが分かる。また，$\neg R \vee Q$ に対しては iii.b が適用され，$\phi = \neg R, \psi = Q$ となる。このうち，後者の Q が整式なのは自明である。また，$\neg R$ には ii が当てはまるが，ここで $\phi = R$ となり，これも自明である。形成規則の適用の過程を適用される規則とともに図 3.1 に示す。

結局，(3.13) は，(3.10.i) で導入した命題記号に対し (3.11.i-iii) の形成規則を有限回適用することにより生成されたものであることが分かった。したがって，(3.13) は整式である。どれだけ複雑で長い命題論理式でも，この形成規則を有限回適用することによって生成できる。特に，$(P \vee Q) \vee R$ のように，同じ規則を何回でも適用できることに注意してほしい。このように，ある形式について定義を行う時に，それを部分に分けて同じ一群の規則を適用することを繰り返し行うことを**再帰的定義 (recursive definition)** と言う。**帰納的定義**と呼ぶこともある。この本の後続部分でも，再帰的定義を何度も使うことになる。

(3.11.iii) で，カッコ ( ) は式の曖昧性を避けるために用いられている。例えば，$P \wedge Q \vee R$ と書いたのでは，$(P \wedge Q) \vee R$ か $P \wedge (Q \vee R)$ か分からなくなる。これら 2 つの式は真理条件が異なるので，カッコでくくって区別する必要がある。しかし，カッコがなくても差し支え無いことも多い。式の一番外側のカッコなどがそうで，このような場合にはカッコは省略さ

れることが多い。なお，形式意味論や論理学では ϕ や ψ のようなギリシャ文字を使うことが多い。その読み方については巻末の付録 1 を見てほしい。

問題 3.2 以下の命題論理式のうち，整式はどれか。また，整式であるものについては，(3.11) の形成規則がどのように適用されたものなのかを説明しなさい。

i. $(P \land Q) \land \neg R$
ii. $\neg P$
iii. $\rightarrow Q$
iv. $(P \rightarrow Q) \rightarrow (Q \rightarrow P)$
v. $R \neg \rightarrow Q$
vi. $P \lor Q \lor R$
vii. $P \equiv \neg P$

3.2.2 意味論

3.2.2.1 評価

第 1 章で，論理意味論の目的は，文の意味が正しいかどうかを判断する過程をすべて明確化することにあると述べた。その際，文を読み込んでそれが正しいか否かを答える機械 (意味判定機) について述べたが，この節でいよいよそのような機械の導入の第一段階に入る。それは，ここでは**評価**と呼ばれる。これは **valuation** という原語の訳であり，文字通り，文に対して真か偽かの真理値を与えることを意味する。これは具体的には，命題論理式を入力とし，1 または 0 を出力する関数 V であり，以下のように定義される。

(3.14) 命題論理の評価

i. $V(\neg \phi) = 1$ である必要十分条件は，$V(\phi) = 0$ であることである。
ii. $V(\phi \land \psi) = 1$ である必要十分条件は，$V(\phi) = 1$ かつ $V(\psi) = 1$ であることである。

iii. $V(\phi \vee \psi) = 1$ である必要十分条件は，$V(\phi) = 1$ または $V(\psi) = 1$ であることである．
iv. $V(\phi \to \psi) = 1$ である必要十分条件は，$V(\phi) = 0$ または $V(\psi) = 1$ であることである．
v. $V(\phi \equiv \psi) = 1$ である必要十分条は，$V(\phi) = V(\psi)$ であることである．

これは，3.1 節の表 3.1〜6 の真理表に示した論理結合子の働きを形式的に規定したものである．

ここでも，ϕ と ψ とはメタ変項を表し，どのように複雑な文でも，それが (3.11) によって与えられた整式である限り，真理条件を与えることができるよう，再帰的な定義が行われている．

(3.14.ii) を取り上げてみよう．ここで**必要十分条件**というのは

(3.15) $V(\phi \wedge \psi) = 1$ であるなら，$V(\phi) = 1$ でしかも $V(\psi) = 1$ である．その逆に，$V(\phi) = 1$ でしかも $V(\psi) = 1$ であるなら，$V(\phi \wedge \psi) = 1$ である．

ということである．これは $V(\phi \wedge \psi) = 0$ であることの必要十分条件が $V(\phi) = 0$ または $V(\psi) = 0$ であることも含意している．結合子 $\wedge$ の意味が「しかも，かつ (and)」であることを考えると，(3.14.ii) は一見当り前のことを言った無価値なものに思われるかも知れない．しかし，その非難は当らない．まず (3.14) 全体が命題論理よりも，一段上のレベルのメタ言語 (1.5 節を参照のこと) のレベルで命題論理の結合子の働きを規定したものであることに注意してほしい．(3.14.ii) では，$\phi \wedge \psi$ の評価を ϕ の評価と ψ の評価にもとづいて定義している．このように (3.14) は，命題論理の外側から複雑な論理式を構成要素の式に分解して規則を適用することを再帰的に行い，式全体の評価を行うことを可能にすることに価値があるのである．また，含意文の評価 (3.14.iv) については，3.1.4 節において $(P \to Q) \equiv (\neg P \vee Q)$ であると説明したことを参考にしてほしい．

命題論理の複雑な式が実際にどのように評価されるかを見るために，再び (3.13) の文を取り上げよう．

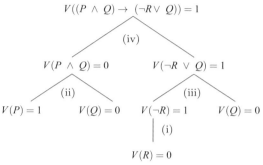

図 3.2　論理式 (3.13) の評価

(3.13)　$(P \wedge Q) \to (\neg R \vee Q)$

いま，$V(P) = 1, V(Q) = 0, V(R) = 0$ であるとする。最初に，基本文 (命題記号) により構成される式の真理値について調べる。まず，$P \wedge Q$ が取り上げられるが，これには (3.14.ii) が適用される。$V(P) = 1$ かつ $V(Q) = 0$ で条件に合致しないので，$V(P \wedge Q) = 0$ となる。次に $\neg R$ であるが，$V(R) = 0$ なので，(3.14.i) から $V(\neg R) = 1$ である。さらに，$\neg R \vee Q$ に (3.14.iii) を適用する。$V(\neg R) = 1$ で $V(Q) = 0$ なので，$V(\neg R \vee Q) = 1$ となる。ようやく，(3.13) 全体を検討できる段階まで来た。$V(P \wedge Q) = 0$ で $V(\neg R \vee Q) = 1$ であり，(3.14.iv) から $V((P \wedge Q) \to (\neg R \vee Q)) = 1$ となる。図 3.2 に，評価の過程を図示する。

　以上では，複雑な文の評価を行うのに，基本的な命題記号に近い部分からボトムアップ的に行っていった。これに対して，3.2.1 節の統辞論で行ったように，文全体に近いレベルからトップダウン的に行うやり方もある (3.3.2 節を参照のこと)。

　図 3.1 と 3.2 とがきれいに一致していることからも分かるように，3.2.1 節で述べた統辞論的な形成規則 (3.11) と命題論理の評価 (3.14) とは一対一対応している。表 3.7 を見てほしい。論理結合子によって統辞論的に文が構成されるたびに，意味論のレベルで評価が行われるようになっている。このように，文を構成する各部分において統辞論と意味論とは表裏一

表 3.7 統辞論と意味論との対応

統辞論 (3.11)	意味論 (3.14)	論理結合子
ii	i	$\neg$
iii.a	ii	$\wedge$
iii.b	iii	$\vee$
iii.c	iv	$\rightarrow$
iii.d	v	$\equiv$

体の関係にある。これを**構成性原理 (principle of compositionality)** と言い，命題論理ばかりでなく，次章で学ぶ述語論理においても保たれている。また，自然言語の意味論においても，例外はあるが原則とされている。(3.11) の形成規則によって生成された文は，どのようなものでも，(3.14) によって真理値を与えることができることが分かっている。その逆も言える。すなわち，複雑な文全体の真理値およびそれを構成する個々の命題の真理値の組み合わせが与えられれば，そのような真理条件を満たす複雑な文を構成することができる。構成性原理については，7.1 節で詳しく取り上げる。

問題 3.3 $V(P) = 1, V(Q) = 0, V(R) = 1$ である場合，次の論理式の評価を行いなさい。さらに，図 3.2 にならって，評価の段階を図示しなさい。

i. $\neg(\neg(\neg Q))$
ii. $P \rightarrow (Q \wedge R)$
iii. $(P \rightarrow Q) \vee (P \rightarrow \neg R)$
iv. $(P \wedge Q) \vee R$
v. $P \wedge (Q \vee R)$

問題 3.4 (3.14.i) によると，ϕ の二重否定は ϕ と同値 (つまり，$V(\neg(\neg\phi)) = V(\phi)$) となることを確かめなさい。これに対して，日常言語で「ケンはマリを好きでないわけではない」は「ケンはマリが好きだ」と全く同じとは言えない。日常言語と論理とのこの違いがどこから生じるか

考察しなさい。

3.2.2.2 恒真文と矛盾文

複合文の中には，それを構成する基本的な文の真理値とは無関係に，つねに真理値として真 (1) を取るものがある。このような文は**恒真文 (tautology)** と呼ばれる。恒真文の例として，以下の文を挙げることができる。

(3.16) i. $P \vee \neg P$
 ii. $P \to P$
 iii. $(P \wedge Q) \to P$
 iv. $P \to (P \vee Q)$
 v. $\neg P \to (P \to Q)$

恒真文とは逆に，それを構成する基本的な文の真理値に関わりなく，つねに全体として偽 (0) となるものもある。このような文を**矛盾文 (contradiction)** と呼ぶ。例えば，$P \wedge \neg P$ は矛盾文である。一般に，P が恒真文なら，$\neg P$ は矛盾文である。恒真文でも矛盾文でもない文で，これを構成する基本的な文の真理値にもとづいて文全体の真理値が決定されるようなものを**偶然文 (contingency)** と呼ぶ。例えば，$(P \vee Q) \to (\neg R \wedge Q)$ は偶然文であり，P, Q, R にどのように真理値が与えられるかによって，全体が真とも偽ともなりうる。恒真文は，次節で述べる推論においても利用される。言語研究者の興味は主として，偶然文が真になる時の条件を解明することにある。

3.3 推論

3.3.1 推論とは何か

推論 (reasoning または **inference)** は，すでに分かっている事実にもとづいて新しい事実を知ることを言う。何が妥当な (正しい) 推論であるかを明らかにすることは，論理学の重要な課題の1つである。

例えば，次の対話で，

(3.17) A: 大学へは車で通っています。
　　　B: それじゃ，運転免許を持っているんですね。

AとBの発話の間に意味的関連性があると私たちが感じるのは，「車を運転するなら運転免許を持っている」，「Aは車を運転する」と言う2つの前提から，結論「Aは運転免許を持っている」を導く推論を私たちが行っているからである。論理学の関心は，個々の事実を超えて，推論がどのような形式を満たす時に妥当となるかを明らかにすることにある。言語学の観点からは，推論の研究は，対話を含む文と文との意味的連関の理解に貢献する。

推論には，統辞論的方法と意味論的方法とがある。統辞論的方法では，記号の意味，例えば P や Q が真か偽かということを考慮せず，式から式を推論したり変形するための規則に注目する。これに対して，意味論的方法では，式の意味という観点から，真理値やモデルを論じながら考察を行う。

次節では，初学者にとってもっとも簡単と思われるタブロー法を用いた命題論理の推論について紹介する。これは意味論的アプローチの一種であり，推論にはこの他にも様々なやり方があるのだが，次節の解説を読めば，推論についてのもっとも本質的な事柄が理解してもらえると思う。また次章では，同じくタブロー法を用いた述語論理の推論について説明する。

3.3.2 命題論理の推論

私たちはこれまでに命題の真理値の判別について学んだ。現在の言語学における意味研究の対象は単文から談話へと移っており，複数の文についての推論の仕方を学んでおくこと，そして実際に私たちが日常でしている議論や推論を先に学んだ論理の初歩と関連づけて学ぶことはとても大切である。この節および次章の対応する節で学ぶポイントは2つある。1つは命題論理と述語論理の推論を統一的な方法で理解すること，もう1つは特に述語論理において量化子のはずし方 (と導入の仕方) を学ぶことである。ひとくちに推論と言っても我々の日常生活には様々な推論の仕方があ

るだろう。言語学の中でも語用論で扱われる前提 (presupposition) や含意 (implicature) は純粋の (古典) 論理だけでは証明できない推論に関係する。しかし，まず意味論では**論理的帰結 (entailment)** という概念を理解することがもっとも重要である。また論理的推論と言っても，公理にもとづいて形式的に推論を行う公理論的推論もあれば，前提に対し規則を適用することで新しい命題を導く演繹的推論 (自然演繹やシーケントによる推論) の立場もある。この本で我々は意味論的なアプローチを一貫して取っているので，スマリヤン (Smullyan 1995) が発展させて広く用いられている**分析タブロー (Analytic Tableaux)** と呼ばれる意味 (真理条件) にもとづく推論を紹介する。

　3.1.4 節で取り上げた，命題論理の含意の例文「金を出さなければ殺すぞ」(「金を出すか，それとも殺されるか」と同じ) という例について次のような状況を想定しよう。ある家に押し入った強盗が「金を出さなければ殺すぞ」と言った時，その家の住民 (単純化して男が一人で住んでいたとしよう) に起こる状況として，次の 4 つの可能性が考えられる。

(3.18)　i. 男は金を出したので，強盗に殺されなかった。
　　　　ii. 男は金を出したのに，強盗に殺された。
　　　　iii. 男は金を出さなかったので，強盗に殺された。
　　　　iv. 男は金を出さなかったのに，強盗に殺されずに済んだ。

　i〜iv の状況の中で i と iii の状況は，先の「金を出さなかったら，殺される」という仮定と矛盾しないことは読者も認めるところだろう。問題は ii と iv で，どちらが先の仮定と矛盾しないだろうか。あるいはどちらも矛盾する，または矛盾しないのだろうか。先に結論をいってしまえば，強盗は金を差し出した男を殺してしまっても，論理的には全く正しく，情にほだされた強盗が金を出さなかった住民を殺さずに帰ったことは論理学的に全く許されないことである。つまり，金を出した男が殺されてしまってもそれは論理的には起こりうることであり，一方，金を出さなかった男が殺されなかったことは論理的に「矛盾している」のだ。

　もう少し正確にいえば，2 つの前提

(3.19)　a. **前提 1:**「金を出さなかったら殺される」「男が金を出した」

b. **前提 2:** 「金を出さなかったら殺される」「男が金を出さなかった」

があり，そこから 2 つの結論

(3.20) a. **結論 1:** 「強盗が男を殺した」
b. **結論 2:** 「強盗が男を殺さなかった」

があった時，論理的に矛盾していない組み合わせは先の前提 1 → 結論 1，前提 1 → 結論 2，前提 2 → 結論 1 である。人間の感情からすれば，強盗が金を出さなかった男を，たとえば貧乏に同情して殺さずにおいたとすれば，聞いたものは強盗にも情があったのか，と救われた気持ちにもなるだろう。また脅されて被害者が金を差し出したのに殺されてしまったとあっては，きわめて理不尽な感じがする。しかし，論理学的には強盗が金を出した男を殺してしまっても許される行為であり，金を出さなかった男を助けるのは許されざる (矛盾) ことなのだ。

ではまずもっとも単純な推論のメカニズムを形式的に見ていこう。我々がここで採用するのはスマリヤンにより発展された意味タブロー (分析タブロー) という方法で，きわめて単純かつ形式的に確立しており，誰にでも同じ結論が引き出せてしまう手法である。まず次の 8 つの事実からスタートする。以下ではスマリヤンに従い，タブローを構築するための基盤として，(3.21) のように論理結合子の働きを整理し直してみよう (3.2.2.1 節を参照のこと)。

(3.21) i. 否定 (negation)
 a. もし $\neg X$ が真ならば，X は偽である。
 b. もし $\neg X$ が偽ならば，X は真である。
 ii. 論理積 (conjunction)
 a. もし $X \wedge Y$ が真ならば，X と Y の両方が真である。
 b. もし $X \wedge Y$ が偽ならば，X が偽か，または Y が偽である。
 iii. 論理和 (disjunction)
 a. もし $X \vee Y$ が真ならば，X が真か，または Y が真である。
 b. もし $X \vee Y$ が偽ならば，X と Y の両方が偽である。

表 3.8　分析タブローの構築規則 (1)

i)　a. $\dfrac{T\neg X}{FX}$　　b. $\dfrac{F\neg X}{TX}$

ii)　a. $\dfrac{T(X\wedge Y)}{\begin{array}{c}TX\\TY\end{array}}$　　b. $\dfrac{F(X\wedge Y)}{FX\quad FY}$ (分岐)

iii)　a. $\dfrac{T(X\vee Y)}{TX\quad TY}$ (分岐)　　b. $\dfrac{F(X\vee Y)}{\begin{array}{c}FX\\FY\end{array}}$

iv)　a. $\dfrac{T(X\to Y)}{FX\quad TY}$ (分岐)　　b. $\dfrac{F(X\to Y)}{\begin{array}{c}TX\\FY\end{array}}$

iv. 含意 (implication)
　a. もし $X\to Y$ が真ならば，X が偽であるか，または Y が真である。
　b. もし $X\to Y$ が偽ならば，X が真であり，かつ Y が偽である。

各々の式の評価を分析木 (分析タブロー) に表すには以下のように行う．母式と 2 つの構成式が同時に成り立つ時，母式の下に縦線を引き，2 つの構成式を縦に並べる．実際には，縦線は省略されることが多い．

母式
|
構成式 1
構成式 2

2 つの構成式のうちどちらかが真だが，どちらが真であるかは分からない場合は，構成式をそれぞれ母式から枝分かれさせてその下に並列して書く．

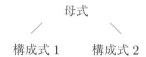

この式の評価を具体的にタブローとして提示してみよう。(3.21) の条件を分析タブローの構築規則として表 3.8 に示す (Smullyan 1995)。各々の式が真または偽であることを，サイン T および F の付加によって示す。

まず簡単な具体例でタブローがどのようなものかを理解しよう。我々は 3.1.4 節で「金を出さなければ殺す」という文が「金を出すか，それとも殺されるか」と同値であると述べた。これをタブローで確かめてみよう。

(3.22)
$$
\begin{array}{c}
(1)\ F[(\neg M \to K) \to (M \vee K)] \\
| \\
(2)\ T[\neg M \to K] \\
(3)\ F[M \vee K]
\end{array}
$$

(4) $F[\neg M]$	(5) $T[K]$
(6) $F[M]$	(7) $F[M]$
(8) $F[K]$	(9) $F[K]$
×	×

我々はまず (1)「お金を出さなければ殺される」が「お金を出すかそれとも殺されるか」を含意するという命題を否定する (命題の先頭に F のサインがついている) という前提から出発する。これは**背理法 (reductio ad absurdum)** を用いており，前提から推論によって矛盾が帰結された場合，前提が誤りであったと結論付けようというのである。

条件 iv.b) から，(2) と (3) を含意の命題の直下に書く。含意文全体が偽であれば，前件は真でかつ後件は偽となる。この時 (2) と (3) は (1) の**直接的帰結 (direct consequence)** であるという。次に (2) を見ると「金を出さないならば殺す」に T のサインがついている。含意が真となるのは条件 iv.a) に従い，前件が偽 (「金を出さない」の否定 = 金を出す) である (4) か，(5) のように後件が真 (殺される) の場合であるので，(4) と (5) のように枝分かれ (branching) が必要となる。(4) と (5) はこれ

以上分析できない単純式である．次に (3) の複合式を見ると，論理和の式に F のサインが付いているので，これが真となるのはそれぞれの構成要素の式が偽の場合だけであり，これは直接的帰結として (6)，(8) および (7)，(9) がそれぞれの枝分かれの下に書かれる．それぞれの枝分かれを上から追跡して，(1)-(2)-(3)-(4)-(6)-(8) と (1)-(2)-(3)-(5)-(7)-(9) の 2 つの推論の道筋があり，これらをパスと呼ぶことにしよう．前者 (左) のパスには (4) $F[\neg M]$ (「金を払わない」が偽) と (6) $F[M]$ (「金を払う」が偽) が生じており，A かつ $\neg A$ が同時に成立するという矛盾が生じているのでパスの終端に × を記入する．後者 (右) のパスには (5) $T[K]$ (「殺される」が真) と (9) $F[K]$ (「殺される」が偽) が生じており，やはり矛盾を生じているので終端に × を書きこむ．

(1) の式を最後の単純式になるまで分析してすべてのパスで矛盾が生じたため，(1) を真とするような M や K への真理値の割当 (付値) は存在しない．よって，(1) から F を取り去った $(\neg M \to K) \to (M \vee K)$ は恒真式である．一般に，論理式 ϕ と ψ があり，$\phi \to \psi$ が恒真式である場合，ϕ から ψ を推論することが妥当であり，またその逆も成り立つことが知られている．そこで，この場合，$\neg M \to K$ からの $M \vee K$ の推論は妥当である．結論として，「金を出さなければ殺す」からは「金を出さないか，それとも殺されるか」が推論されるのである．

問題 3.5 「金を出さないと殺す」と「金を出すか，それとも殺されるか」は論理的に同値であるが，前出のタブローでは前者が後者を含意することの証明しかしていない．後者から前者が導かれるということをタブローで示しなさい．

問題 3.6 「金を出さないと殺すぞ」というセリフは，同じ状況で強盗がよくいう「金を出せば命だけは助けてやる」というセリフと同じメッセージを含んでいるように感じられるが，論理学的にはこの 2 つのセリフは同値ではない．後者のセリフを言われれば (そして強盗が論理的に信頼できれば)，あなたはもう金を出してかつ殺されてしまうことはない．2 つのセリフが同値ではないことをタブローで示しなさい．

問題 3.7 タブロー法を用いて，$(P \wedge Q) \vee R$ から $P \wedge (Q \vee R)$ が推論され

表 3.9　分析タブローの構築規則 (2)

1) $\dfrac{\neg\neg X}{X}$

2) $\dfrac{(X \wedge Y)}{\begin{array}{c}X\\Y\end{array}}$　　$\dfrac{\neg(X \wedge Y)}{\diagup\ \diagdown}$
　　　　　　　　　　$\neg X\ \ \neg Y$

3) $\dfrac{(X \vee Y)}{\diagup\ \diagdown}$　　$\dfrac{\neg(X \vee Y)}{\begin{array}{c}\neg X\\\neg Y\end{array}}$
　　$X\ \ \ Y$

4) $\dfrac{(X \to Y)}{\diagup\ \diagdown}$　　$\dfrac{\neg(X \to Y)}{\begin{array}{c}X\\\neg Y\end{array}}$
　　$\neg X\ \ \ Y$

ないことを確かめなさい (3.2.1 節を参照のこと)。

問題 3.8 同じくタブロー法を用いて，$\neg(P \vee Q)$ から $\neg P \wedge \neg Q$ が推論されること，およびその逆も成り立つことを確かめなさい。なお，この 2 つが同値であることは，さらに $\neg(P \wedge Q) \equiv \neg P \vee \neg Q$ であることも含めて**ド・モルガンの法則 (De Morgan's Law)** と呼ばれる。

　私たちはオブジェクト言語の式の値を示すためにサインをつけてタブローを構築したが，実際にはこれは ¬ 記号の有無と全く同じである。つまり $F\neg X$ は $\neg X$ が偽であるといっているのだから，$\neg\neg X$ つまり X と同じことである。スマリヤンはサイン無しのタブロー構築規則も表 3.9 のように示している。サイン付きとサインなしの規則が同じであることを確認されたい。ただし TX については単に T を取ったものと同じなので省略する。

　ところで先ほどの例でいえば，「金を出さないと殺す」と言った強盗が被害者が金を出そうが出すまいが殺してしまっても論理学的には脅し文句を忠実に守ったことになる。これに対して，金を出さない被害者を殺さず

においたということは論理学的には脅し文句と矛盾を生じることになり許されざることである．逆に強盗に男が殺された場合，その男は強盗に金を出したか出さなかったかを我々は決定できないことになる．

　これをサインなしのタブローで確認してみよう．我々は「男が金を出したのに殺されてしまった」ということが，強盗の脅し文句と矛盾しないことを証明すればよいのである．次にはサインなしのタブロー構築規則を用いるとともに，背理法ではなく，上の2つの命題が矛盾しないことを確かめてみよう．

(3.23)

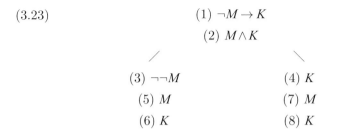

　(1) から (3) と (4) が，(2) から (5)/(7) と (6)/(8) が導かれる．左のパスも右のパスも矛盾した単純命題を含んでいない．したがって，(1) と (2) およびそれに含まれるすべての単純命題を同時に真とする付値が存在することになるわけで，強盗に「金を出さなかったら殺す」と脅されても，強盗に入られた人間は金を出したら助けてもらえると考えることはできないということを我々は証明できたのだ．

3.4　結論

　先にも述べたように，命題論理の表現力はきわめて限られている．しかしそれだけに，論理式の構造やその解釈，また推論のエッセンスについて学ぶにはよい機会なので，これらについてよく習熟してほしい．読者は次章以下で，これらの基本的概念が繰り返し，その都度バージョン・アップされた形であらわれるのを見ることになるだろう．

考えるヒント 3　　専門語

　この本でもよく使われる「A であることの必要十分条件は B であることである」は，英語の文献では 'A iff B' と書かれることが多い。普通の英和辞典を引いても，iff というような単語は載っていない。それもそのはずで，これは *if* and only *if* を省略して作られた語である。'A if B' は B が A の十分条件，'A only if B' は B が A の必要条件であることを表す。2つの論理積を取って，$A \equiv B$ を意味することになる。

　これ以外にも，論理学や数学のヨーロッパ語の文献では略語やラテン語に由来するジャーゴン (専門語) がよく使われる。この本に出てくる例では，第3章の reductio ad absurdum (背理法) や第 6, 7 章の de dicto reading (言表にもとづく読み)，de re reading (事物にもとづく読み) がある。初心者はとまどいを感じるかも知れないが，慣れるしかない。

第4章

述語論理

　この章では，**述語論理** (predicate logic) について解説を行う。前章で学んだ命題論理が文の内部の意味の成り立ちに立ち入らなかったのに対し，述語論理では，文の内部で成立する論理的関係を検討する。とりわけ，私たち自然言語に関心を持つ者にとっては，文が主語や目的語のような名詞句と動詞句とから構成されるということは重要だが，述語論理はこのような直観から出発して文を分析する。ただし，後で述べるように，このような主語や目的語，また名詞句や動詞句に相当するものを直接述語論理式の中に見出すのは困難なことであり，自然言語の文と述語論理式それぞれの構成を一対一に結びつけるには別に考察が必要になる。

4.1　述語論理のあらまし

　以下の (4.1a), (4.2a) の文はそれぞれ，述語論理では (4.1b) および (4.2b) のように表すことができる。

(4.1)　a. ルイスは三毛猫だ。
　　　 b. $M(l)$

(4.2)　a. ベッカムがマラドーナを追い抜いた。
　　　 b. $P(b,m)$

上記の M や P は自然言語の述語 (動詞や形容詞など) に対応しており，述語論理でも**述語** (predicate) と呼ばれる．l, b, m は固有名詞に対応しており，**個体定項** (individual constant) という．

また自然言語では，

(4.3) a. **その**猫は三毛猫だ．
　　　b. **彼**が**彼女**を追い抜いた．

のように，指示詞や代名詞を使った表現が可能である．ここで指示詞や代名詞は任意の個体を表しており，それが何を指示するかは文脈によって与えられる．これに類似して述語論理でも，**個体変項** (individual variable) を用いた文を作ることができる．

(4.4) a. $M(x)$
　　　b. $P(x, y)$

ただし，個体変項は後述のように量化された文の表示にも用いられる．この点で，個体変項は自然言語における代名詞とはかなり異なる．自然言語の代名詞に相当すると見なすことのできる個体変項の用法をともなう文を**開放文** (open sentence) と呼ぶ．個体定項と個体変項とを合わせて，**個体項** (individual term) と呼ぶ．

述語論理の文の主要部分は，述語およびそれに後続する 1 つ以上の項によって構成される．項をいくつ取るかは述語の種類によって決定される．(4.1a) のような「名詞句＋コピュラ」や「来る」「走る」などの自動詞，また「明るい」「早い」などの形容詞に相当する述語は項を 1 つのみ取り，$P(t)$ のように表記される．ここで，t は主語に対応している．このような述語は **1 項述語**と呼ばれる．(4.2a) の「追い抜く」や「食べる」「打つ」のような目的語を 1 つのみ取る他動詞に対応するのは 2 項を取る述語 (**2 項述語**) であり，$P(t_1, t_2)$ のように表される．また，「あげる」「教える」のような，直接目的語と間接目的語を取る他動詞は 3 項の述語 (3 項述語) に対応し，$P(t_1, t_2, t_3)$ のように表記する．一般に，n 個の項を取る述語 (**n 項述語** n-place predicate) は $P(t_1, t_2, \ldots, t_n)$ と表される．

4.2 量化子

　自然言語の文は数量に関する表現をともなうことが多いが，このことが文の意味の解析を複雑なものにしている．述語論理では，数量を扱うために**量化子 (quantifier)** を用いる．前節で述べたように，固有名詞を含む (4.1a) のような文は $M(l)$ のように表される．これに対して，

(4.5) a. すべての猫は黒い．

を

(4.5) b. $B(\langle$ 'すべての猫' の意味表示 $\rangle)$

のような形で表すことはできない．いま，議論領域に a, b, c の 3 匹の猫がいるとすると，(4.5a) が意味しているのは，

(4.6) a. a は黒い: $B(a)$
　　　b. b は黒い: $B(b)$
　　　c. c は黒い: $B(c)$

ということである．このような意味を表示するための一般的な枠組みとして，**全称量化子 (universal quantifier)** を用いる．例えば，(4.7a) の文の意味は (4.7b) のように表される．

(4.7) a. みんな走っている．
　　　b. $\forall x R(x)$

これは，議論領域のすべての要素について，述語 R (走る) が成り立っていることを表している．(4.5a) に対応する述語論理の文はより複雑で，

(4.5) c. $\forall x (C(x) \to B(x))$

となる．これは，「すべての x について，もしも x が猫なら x は黒い，ということが成立する」という意味である．図 4.1 のベン図を参照してほしい．後で詳しく見るように，述語論理の意味論は 2.1 節で学んだ集合にもとづいている．1 項述語の意味は，その述語を満たす要素の集合である

図 4.1 (4.5c) の意味としての包含関係

と考える。一般に，$P(t)$ が真となることの必要十分条件は，t の意味する個体が P を表す集合の要素として含まれることである。図 4.1 で，「猫」(あるいは，述語「猫である」) の意味は，集合 { アル, ベティ, チャック } である。これに対して，「黒い」の意味は集合 { アル, ベティ, チャック, デニス, エミル } である。前者の集合は後者の集合に包含される。あるいは，前者は後者の部分集合である (2.1.2 節を参照のこと)。(4.5c) が成り立つことは，この包含関係が成立することと必要十分条件の関係にある。一般に，述語論理では「猫」のような普通名詞は述語として扱われ，したがってその意味は個体の集合となることに注意すること。

図 4.1 の 2 つの集合の間に包含関係が成り立てば (4.5c) が真であることを確かめてみよう。5 つの個体，アル，ベティ，チャック，デニス，エミルを表す個体定項を a,b,c,d,e とする。アル，ベティ，… は存在するモノそのもの (個体) なのに対して，$a,b,\ldots$ はそれらに付けた名前であることに注意してほしい。まず a について，これが意味するアルは「猫」および「黒い」両方の集合に含まれるので，$C(a)$ は真で，しかも $B(a)$ も真となる。第 3 章で説明したように，条件文の前件と後件の両方が真なので，

(4.8) a. $C(a) \to B(a)$

は真となる。同じことが b および c についても言える。これに対して，d が表すデニスについては，「猫」の集合に含まれないので $C(d)$ は偽だが，「黒い」の集合には含まれるので，$B(d)$ は真となり，前件が偽でし

かも後件は真だから，

(4.8) b. $C(d) \to B(d)$

全体は真となる (3.1.4 節を参照のこと)。これは e についても言える。結局，$a \sim e$ すべてを $C(x) \to B(x)$ に当てはめてみると真だったので，(4.5c) が成り立つことが分かった。同様にして，(4.5c) が成り立つ場合に「猫」の集合が「黒い」の集合に包含されることも確かめることができるので，(4.5c) が真であることと図 4.1 の包含関係が成り立つこととは互いに必要十分条件の関係にあることが分かる。

このことを，別の観点から見てみよう。図 4.2 の図で，「猫」の集合に含まれて「黒い」の集合には含まれない部分 (白い逆三日月形) に f によって表されるある個体があるとする。すると，$C(f)$ は真で $B(f)$ は偽となるので，

(4.8) c. $C(f) \to B(f)$

は偽となる。この白い部分に個体が存在しないこと，言い換えれば図のグレーの部分にだけ存在することが (4.8c) が真であることの必要十分条件となる。「猫」の集合は「黒い」の集合からはみ出てはいけないのであり，このことを図示したものが図 4.1 に他ならない。ところで，すべての個体が図 4.2 のグレーの部分に含まれるということは $\forall x(\neg C(x) \lor B(x))$ ということと同等だが，このことは，3.1.4 節および 3.3.2 節で述べた

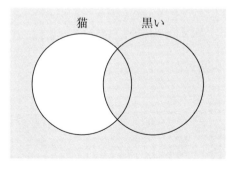

図 4.2 (4.5c) のもう 1 つのベン図

$P \to Q \equiv \neg P \lor Q$ と符合している。

問題 4.1
i. 「猫」「黒い」のどちらの集合にも含まれない個体が存在する場合，(4.5c) が真となるかどうかを確認しなさい。
ii. 文 (4.5a) に関して，(4.5c) が成り立つ時に「猫」の集合が「黒い」の集合の部分集合となることを説明しなさい。

以上で述べた全称量化子の他に，述語論理には**存在量化子 (existential quantifier)** がある。これは，「あるものが存在する」ということを表す。

(4.9) a. 走っているものが存在する。
b. $\exists x R(x)$

(4.9b) は，議論領域の中の少なくとも1つの存在物が述語 R (走る) を満足させることを表している。

(4.10) a. ある猫は黒い。
b. $\exists x (C(x) \land B(x))$

(4.10a) は，「猫であってしかも黒いものが1つ以上存在する」ということを表している。(4.10a) を「黒い猫が存在する」と言い換えても同じことである。

(4.5c) の全称文では $C(x)$ と $B(x)$ とが含意 $\to$ によって結びつけられているのに対し，(4.10b) では連言 $\land$ によって結合されている。なぜそうでなければならないのかを考えてみよう。(4.5c) が (4.5a) の意味を過不足なく表していることは上に述べた。また，

(4.5) d. $\forall x (C(x) \land B(x))$

は「すべてのものは黒い猫だ」と言うことを表すので，(4.5a) の意味とはかけ離れている。$C(x)$ と $B(x)$ とをつなぐ可能性のある論理結合子としては $\lor$ が残されているが，これは論外だろう。これに対し，(4.10a) の述語論理文として仮に

(4.10) c. $\exists x (C(x) \to B(x))$

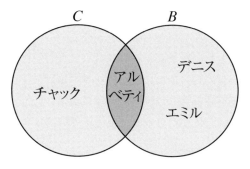

図 4.3　(4.10b) のベン図

を考えてみる。これは，「猫であるとすれば黒いような，あるものが存在する」という意味である。(4.10b) との違いはあまり無いように思われるかも知れない。しかし，そもそも猫が議論領域に存在しない場合は違いは際立ってくる。いま，猫が存在せず，他に何か黒いもの (例えば，黒い犬) が存在するとすると，前件が偽，後件が真で $C(x) \to B(x)$ 全体が真なので，(4.10c) が成り立つことになる。直観的に言って，猫が存在しない場合には (4.10a) は明らかに偽なので，(4.10c) はその述語論理文としては不適切である。これに対して，$C(x) \wedge B(x)$ は $C(x)$ と $B(x)$ の双方が真でなければ真とならないから，(4.10b) の方が (4.10a) に相当する述語論理文であることになる (Allwood et al. 1971 の解説を参考にした)。(4.10b) のベン図を図 4.3 に示しておく。

　自然言語の文の意味を述語論理を使って表記することは，自然言語から述語論理への一種の翻訳であると考えることができる。量化子が存在するためにこの翻訳は複雑なプロセスとなる。英語や中国語などの外国語を学ぶ際には，まず主語や目的語などの名詞句の語形を作ったり意味を考え，これと述語の語形や意味とを組み合わせる，といったことをよく行う。しかし，そのやり方は述語論理の量化子をともなう文では通用せず，文全体を一気に翻訳する必要がある。このことは自然言語の文の意味の取り扱いに深刻な問題を投げかけている。これについては後でもう一度論じることにする。

問題 4.2　以下の各々の文を述語論理式で表しなさい。

i. 日本人は全員松島を訪れる。
ii. ジョンはテレビを見ながら携帯をかける。
iii. 由美子のことを好きでない人は一人もいない。
iv. 千円札があったら太郎はいくら丼を食べる。
v. 好きな人がいるから，由美子は北海道大学へ行かない。
vi. 由美子は好きな人がいるから北海道大学へ行くのではない。

上記の ii や iv の述語論理式には各々 2 つの量化子が必要である。このように複数の量化子が同一の論理式中にあらわれる場合にはスコープの曖昧性が問題になることがあるが，これについては 4.5 節で述べる。

4.3 統辞論

述語論理の文を構成する語彙を以下に掲げておく。

(4.11) 語彙
  i. 個体定項: $a, b, c, \ldots$
  ii. 個体変項: $x, y, z, \ldots$
  iii. 述語定項: $A, B, C, \ldots$
  iv. 量化子: $\exists, \forall$
  v. 論理結合子: $\land, \lor, \neg, \rightarrow, \equiv$
  vi. カッコ: ( )

また，述語論理の整式は，以下の形成規則によって構成される。一部，前の章で説明した命題論理の形成規則 (3.11) と共通であることに注意してほしい。述語論理は命題論理を含んでいるのである。

(4.12) 形成規則
  i. $t_1, t_2, \ldots, t_n$ が個体項 (個体定項または個体変項) で P が n 項述語だとすると，$P(t_1, t_2, \ldots, t_n)$ は整式である。
  ii. ϕ が整式なら，$\neg \phi$ も整式である。
  iii. ϕ および ψ が整式なら，a. $(\phi \land \psi)$, b. $(\phi \lor \psi)$, c. $(\phi \rightarrow \psi)$, d. $(\phi \equiv \psi)$ も整式である。

iv. ϕ が整式で x が個体変項だとすると，$\forall x \phi$ および $\exists x \phi$ も整式である。

v. 上記 i~iv を有限回適用することによって形作られる表現のみが整式である。

ここでも ϕ および ψ はメタ変項を表し，(4.12.i-iv) のパターンに関する規則を再帰的に適用してみて，マッチするもののみが述語論理の整式と認められることになる。(4.12.i) は，1 項述語，2 項述語，3 項述語，... というように，いくつの項を持つ述語でも扱うことができる。このような，$P(t_1, t_2, t_3, \ldots, t_n)$ の形をした式を**単純式 (atomic formula)** と呼ぶ。これに対して，(4.12.iv) によって量化子を付加された式は**存在式 (existential formula)** や**全称式 (universal formula)** と呼ばれる。

先ほど例として挙げた

(4.5) c. $\forall x(C(x) \to B(x))$
(4.10) b. $\exists x(C(x) \land B(x))$

の式において，x は各々3回ずつあらわれているが，どのような定項を代入した場合でも，それらはつねに同一である。例えば，(4.5c) で x に a を当てはめてみると $C(a) \to B(a)$ となる。このような場合，量化子 $\exists x$ や $\forall x$ は $C(x)$ や $B(x)$ の中の変項 x を**束縛 (bind)** している，と言う。

より正確には，次のように述べることができる。(4.12.iv) の ϕ に相当する部分を量化子の**作用域**または**スコープ (scope)** と呼ぶ。いま，式 ϕ の中に変項 x があらわれ，しかも ϕ の内部に量化子 $\forall x$ や $\exists x$ が出現しないか，あるいは出現していてもその作用域内に無い場合，x は ϕ の中で束縛されていない，あるいは自由 (free) である，と言う。自由な変項を含む文を**開放文 (open sentence)** と呼ぶ。また，$\exists x \phi$ や $\forall x \phi$ の式に関して，x が ϕ の中で自由な変項として生起している場合，x は量化子 $\exists x$ や $\forall x$ によって**束縛されている (be bound)**，と呼ぶ。すでに述べたように，(4.5c) や (4.10b) は束縛が行われている例である。これに対して，以下はすべて自由な変項を含む式の例である。

(4.13) a. $C(x) \to B(x)$
b. $\neg A(x) \lor (B(x) \to C(x))$

c. $\exists x A(x) \land \forall x(B(x) \to C(x)) \land D(x)$

(4.13c) には注意しなければならない。連言でつながれた 3 つの式のうち，最後の $D(x)$ の中の x のみが自由であり，他の変項 x はすべて束縛されている。なお，(4.13b) で，否定の結合子 $\neg$ は直後の $A(x)$ だけを作用域とする。このように，否定結合子の作用域は，カッコによって範囲が明示されない場合はその直後の式に限定される。これに対し，$\neg (A(x) \lor (B(x) \to C(x)))$ では全体が作用域となって否定されている。

　自由な変項と異なり，束縛された変項として $x, y, \ldots$ のような名前をどう選ぶかということは文の意味には影響しない（ただし，(4.12.iv) の ϕ の内部の量化子により x が束縛される場合を除く）。例えば，$\exists x A(x)$ も $\exists y A(y)$ も同じことである。

　形成規則 (4.12.iv) は，以下のような**空虚な束縛 (vacuous binding)** が行われる場合を含む。

(4.14) a. $\exists x A(y)$
　　　 b. $\forall y \exists x (B(x) \land C(x))$

上の (4.14a) で，量化子 $\exists x$ の作用域内に束縛変項 x はあらわれない。同様に，(4.14b) の量化子 $\forall y$ の作用域に y は無い。そのため，これらの式は

(4.14) a$'$. $A(y)$
　　　 b$'$. $\exists x(B(x) \land C(x))$

と表記しても全く同じことである。このような，空虚だが無害でもある束縛を形成規則で許容するのは，その方が規則が簡単になるからである。しかし，このような束縛を初めから排除する規則を立てることもできる。

　なお，この章での説明は，変項が個体変項に限られ，述語の変項を考えない 1 階述語論理に限定されている。

問題 4.3 以下の述語論理式の中の自由な変項をすべて挙げなさい。また，各々の量化子のスコープを示しなさい。

　　i. $\exists x A(x, y)$

ii. $\forall x(P(x,y) \rightarrow \exists y Q(x,y))$
   iii. $\exists x(\exists y A(x,y) \land B(x,y))$
   iv. $\exists x(P(x) \land \exists x Q(x))$

4.4 意味論

4.4.1 集合としての意味

　繰り返しになるが，論理意味論では，言語表現の解釈とは言語表現に対して外延 (2.1.1 節参照) を与えることであるという考えを出発点とする．そのために使用する基本的な道具は集合であり，述語論理の意味論の構築においてそれは真価を発揮する．

　4.2 節であらかじめ述べたように，1 項述語の意味は，その述語を満たす個体の集合である．図 4.1 の例で，「猫」の意味は { アル，ベティ，チャック } であり，また「黒い」の意味は { アル，ベティ，チャック，デニス，エミル } となる．繰り返しになるが，述語論理で述語として扱われるものの中には，伝統的に動詞や形容詞とされてきたもの以外に，名詞も含まれることに注意してほしい．「猫」の意味は，むしろ「猫である」という述語の意味として考えられているのである．

　これに対して，2 項述語の意味は個体の順序対 (2.1.4 節参照) の集合であると考える．例えば，a が b を，c が d を，また d が b を好きである場合，述語「好きだ」の意味は順序対の集合 {⟨ アル, ベティ ⟩,⟨ チャック, デニス ⟩,⟨ デニス, ベティ ⟩} となる．また，3 項述語の意味は 3 個の要素からなる列 (2.1.4 節参照) の集合である．同様にして，一般に n 項述語の意味は，n 個の要素からなる列の集合である．

　量化子の解釈もまた，集合にもとづいて与えられる．以下の述語論理文は「走っているものが存在する」を表すが，

(4.9b) $\exists x R(x)$

これが真となるのは，述語 R の解釈である集合が 1 個以上の要素を含む

(すなわち,空集合でない) 場合である。また,

(4.15) $\forall x R(x)$

が真となるのは,すべての個体が述語 R を意味する集合に含まれる場合である。

量化子の作用域が複雑な式となる場合を考えてみよう。存在文の例 (4.10a) について,

(4.10) a. ある猫は黒い。
b. $\exists x(C(x) \land B(x))$

述語 B (黒い) および C (猫) を満たす要素は図 4.4 のベン図 (図 4.3 に同じ) の通りであったとする。(4.10b) が成り立つかどうかを調べるには,アル〜エミルについて順番にこれらを $C(x) \land B(x)$ の中の x の値としてみて,この式が真となるかどうかをチェックすればよい。まずアルを x の値とすると,これは B, C の集合の両方に含まれるので, $C(x) \land B(x)$ は真となる。こうして少なくとも 1 個の存在物について $C(x) \land B(x)$ が成り立つことが確かめられたので,(4.10b) は真である。

次に,以下の全称文について考えてみよう。

(4.16) $\forall x(C(x) \land B(x))$

存在文の場合と同様に,アル〜エミルについて順番に調べていく。まずアルを x の値とすると先に述べたように, $C(x) \land B(x)$ は真となる。ベティを値とした場合も同様である。しかし,チャックを値とすると,

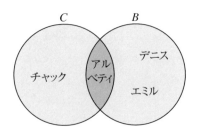

図 4.4 (4.10b) のベン図

チャックは集合 C の要素であっても B には含まれないので，$C(x) \wedge B(x)$ は偽となる．それゆえ，すべての存在物について $C(x) \wedge B(x)$ が成り立つとは言えず，(4.16) は偽となる．

4.4.2　2個の量化子

4.2 節で触れたように，自然言語の文において，量化子に相当する語句は 2 個以上，いくつでもあらわれることができる．そのために，述語論理でも 1 つの文の中でいくつもの量化子を許容する必要があるし，実際のところ統辞論，意味論ともにそのように構成されている．この節では，複数の量化子をともなう文がどのように意味を与えられるのか見てみよう．

まず，2 個の量化子をともなう文について考える．いま，ケン，ルイス，メアリーの 3 人の人物がいるとする．意味のレベルで取り扱われる人物そのもの (個体) を k, l, m で示す．そして，これらの間に「ケンがメアリーが好きだ」，「ルイスがメアリーが好きだ」，「メアリーがケンが好きだ」の関係が成り立っているとする．すなわち，述語「好きだ」の意味は (4.17) のように与えられる．この場合，「すべての人がある人を好きだ＝すべての人について，好きな人が存在する」を意味する二重量化文 (4.18) の解釈について考えてみよう．

これまでに暗に前提としてきたことだが，恒真文でも矛盾文でもない偶然文 (3.2.2.2 節を見よ) の意味 (真理値) は，世界がどうあるかによって変化する．ここの例では，誰が誰を好きであるかによって (4.18) の意味は変わってくる．そこで，1.3 節でも述べたように，論理意味論ではそのような世界のあり方を集合論を元にして捉え，**モデル (model)** と呼んでいる．(4.17) はそのようなモデルの例である．

(4.17)　$\{\langle k,m \rangle, \langle l,m \rangle, \langle m,k \rangle\}$

(4.18)　$\forall x \exists y L(x,y)$

この場合も，すべての個体 (人物) k, l, m について順番にチェックしていけばよい．しかし，ここでは二重の量化が行われているので，チェックも二重に行う必要がある．

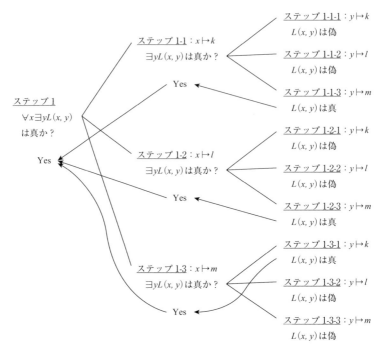

図 4.5　二重量化文 (4.18) の解釈

まず，(4.18) の一番外側の量化子は $\forall x$ なので，式の中の x について k, l, m を順番に値とすることを考える．図 4.5 の「ステップ 1-1」に示すように，$\forall x$ をはずして，x の値をまず k とする（'$x \mapsto k$' で示す）．すると，

(4.19)　$\exists y L(x, y)$

が得られる．この一重量化文の解釈を行うには，k, l, m を順番に，2 番目の量化子 $\exists y$ をはずして $L(x, y)$ の y の値としてみて，その解釈が真になることがあるかどうかを調べればよい．これが図 4.5 のステップ 1-1-1, 1-1-2, 1-1-3 である．(4.17) は $\langle k, m \rangle$ を含んでいるので，y を m とする時にこれは真になる（ステップ 1-1-3）．こうして，x の値を k とした場合 $\exists y L(x, y)$ は真となることが分かった．同様にして，l を x の値とした場合の $\exists y L(x, y)$ については y の値を m とするステップ 1-2-3 で $L(x, y)$ が

真となる。さらに，m を x の値とした場合の $\exists y L(x,y)$ においては，y の値として k を選ぶ (ステップ 1-3-1) と $L(x,y)$ が真となる。このようにして，k,l,m のすべてを x の値とする場合について $\exists y L(x,y)$ は成り立つので，(4.18) は真であることが確かめられた。

4.4.3 複数の量化子の形式的解釈

次に，量化子が 3 個以上の場合を含む，n 個の量化子をともなう文の解釈を形式的に行うにはどのようにすればよいかを考えてみよう。このような多重量化文を

(4.20) $Q_1 x_1\ Q_2 x_2 \ldots Q_n x_n\ \phi$

とする。ここで，$Q_1, Q_2, \ldots, Q_n$ は各々 $\exists$ または $\forall$ を表す。なお，実際の論理式では量化子が式の先頭でなく式中にあらわれるものもある。しかし，そのようなものでも，先頭に量化子を揃えた形に同値変形できることが知られているので，ここではそのような**冠頭標準形**だけを扱うことにする。

変項は文脈によってその指示対象を変えるので，その解釈のためには，各変項に対して**領域 (domain)** (2.1.1 節で説明した議論領域と同じ) D の中の個体を写像する関数，**割当関数 (assignment)** を必要とする。いま，モデル M と割当関数 g が与えられたとして，個体項 (個体定項および個体変項) t の解釈を行う関数 $[\![\ ]\!]$ は以下のように定義される。なお，$[\![\phi]\!]_{M,g}$ は「モデル M と割当関数 g の下での ϕ の解釈」と呼ぶ。

(4.21) i. t が定項の場合，$[\![t]\!]_{M,g} = I(t)$
 ii. t が変項の場合，$[\![t]\!]_{M,g} = g(t)$

t が定項であれば，それらは固有名詞に相当するので，各々に付けられた「名前」を手掛かりにして，解釈関数 I によってそれぞれの指示対象が返される。(4.10) や (4.16) で用いた例で言うと，$I(a) = $ アル である。変項の場合は，上に述べた理由で別の取り扱いが必要になる。

フォーマルな解釈に際しても外側の量化子から進めていく。それらの各段階において，割当関数を一部更新していかねばならない。いま，一般的

な枠組みで考えるために，i を任意の数として，i 番目の量化子以下からなる式，

(4.22) $Q_i x_i \ldots Q_n x_n \phi$

の解釈を行う段階にあるものとする。この直前の段階において，変項 x_{i-1} への指示対象の割当ては割当関数 g によって行われたと想定する。すると，ここで，変項 x_i を取り扱う割当関数は $g_{[x_i/d]}$ で表される。これは，変項 x_i の値を d とし，他の変項については g と全く同じ割当てを行う関数を表す。ただし，d は領域に含まれる任意の個体 ($d \in D$) である。(4.22) の解釈は以下のように行われる。$D = \{d_1, d_2, \ldots, d_m\}$ とする。

(4.23) i. $Q_i = \forall$ の場合，

$g_{[x_i/d_1]}, g_{[x_i/d_2]}, \ldots, g_{[x_i/d_m]}$ のすべてについて $Q_{i+1} x_{i+1} \ldots Q_n x_n \phi$ が真であることが (4.22) が真となることの必要十分条件である。

ii. $Q_i = \exists$ の場合，

$g_{[x_i/d_i]}, g_{[x_i/d_2]}, \ldots, g_{[x_i/d_m]}$ の少なくとも 1 つについて $Q_{i+1} x_{i+1} \ldots Q_n x_n \phi$ が真であることが (4.22) が真となることの必要十分条件である。

これにもとづき，i に対して 1 から n を順番に代入することで (4.20) の解釈が行われる。

先ほど，二重量化文 (4.18) の解釈について直観的な説明を行った。今度は同じ文がフォーマルに解釈される過程を見てみよう。前回と同じく，$D = \{k, l, m\}$ で，L の解釈は $\{\langle k, m \rangle, \langle l, m \rangle, \langle m, k \rangle\}$ であるとする。

いま，割当関数 g が変項に対して $[x \mapsto m, y \mapsto m]$ のように割当てを行っているとして，(4.18) の解釈はその下に行われるものとする (実はどう選んでも同じなのだが)。(4.23) が適用される過程は以下のようになる (図 4.5 も参照のこと)。$V_{M,g}$ は，次節で説明するように，モデル M および割当関数 g の下で文の真偽を評価する評価関数である。(4.20) のスキーマはここでは $Q_1 x_1 Q_2 x_2 \phi$ となり，これは $\forall x \exists y L(x, y)$ と同等である。すなわち，前者の Q_1 は後者の $\forall$，Q_2 は $\exists$，x_1 は x，x_2 は y となる。(4.22, 23) の適用に当り，まずステップ 1 で $i = 1$ となり，

4.4 意味論　77

(4.23.i) が適用され，当該の割当関数のすべてについて，$Q_2 x_2 \phi$ ((4.23) の $Q_{i+1}x_{i+1}\ldots Q_n x_n \phi$) に相当する $\exists y L(x,y)$ を調べなければならないことになる。次の段階のステップ 1-1, 1-2, 1-3 では $i = 2$ となり，それぞれの割当関数の下で，$\exists y L(x,y)$ に対して (4.23.ii) が適用される。Q_3 や x_3 はここでは存在しないので，さらにもう 1 段階深い（もっとも深い）ステップでは，各々の割当関数について $L(x,y)$ の解釈をチェックすることになる。

ステップ 1: $g : [x \mapsto m,\ y \mapsto m]$ における $\forall x \exists y L(x,y)$ の解釈

この式が真となるのは，$g_{[x/k]}, g_{[x/l]}, g_{[x/m]}$ のすべてについて $\exists y L(x,y)$ が真となることが必要十分条件。

ステップ 1-1: $g_{[x/k]} : [x \mapsto k,\ y \mapsto m]$ における $\exists y L(x,y)$ の解釈

この式が真となるのは，$(g_{[x/k]})_{[y/k]}, (g_{[x/k]})_{[y/l]}, (g_{[x/k]})_{[y/m]}$ の少なくとも 1 つについて $L(x,y)$ が真となることが必要十分条件。

ステップ 1-1-1: $(g_{[x/k]})_{[y/k]} : [x \mapsto k,\ y \mapsto k]$ における $L(x,y)$ の解釈

$V_{M,(g_{[x/k]})_{[y/k]}}(L(x,y)) = 0$

ステップ 1-1-2: $(g_{[x/k]})_{[y/l]} : [x \mapsto k,\ y \mapsto l]$ における $L(x,y)$ の解釈

$V_{M,(g_{[x/k]})_{[y/l]}}(L(x,y)) = 0$

ステップ 1-1-3: $(g_{[x/k]})_{[y/m]} : [x \mapsto k,\ y \mapsto m]$ における $L(x,y)$ の解釈

$V_{M,(g_{[x/k]})_{[y/m]}}(L(x,y)) = 1$

$V_{M,g_{[x/k]}}(\exists y L(x,y)) = 1$（ステップ 1-1-3 による）

ステップ 1-2: $g_{[x/l]} : [x \mapsto l,\ y \mapsto m]$ における $\exists y L(x,y)$ の解釈

この式が真となるのは，$(g_{[x/l]})_{[y/k]}, (g_{[x/l]})_{[y/l]}, (g_{[x/l]})_{[y/m]}$ の少なくとも 1 つについて $L(x,y)$ が真となることが必要十分条件。

ステップ 1-2-1: $(g_{[x/l]})_{[y/k]} : [x \mapsto l,\ y \mapsto k]$ における $L(x,y)$ の解釈

$V_{M,(g_{[x/l]})_{[y/k]}}(L(x,y)) = 0$

ステップ 1-2-2: $(g_{[x/l]})_{[y/l]} : [x \mapsto l,\ y \mapsto l]$ における $L(x,y)$ の解釈

$$V_{M,(g_{[x/l]})_{[y/l]}}(L(x,y)) = 0$$

ステップ 1-2-3: $(g_{[x/l]})_{[y/m]} : [x \mapsto l,\ y \mapsto m]$ における $L(x,y)$ の解釈

$$V_{M,(g_{[x/l]})_{[y/m]}}(L(x,y)) = 1$$

$V_{M,g_{[x/l]}}(\exists y L(x,y)) = 1$ (ステップ 1-2-3 による)

ステップ 1-3: $g_{[x/m]} : [x \mapsto m,\ y \mapsto m]$ における $\exists y L(x,y)$ の解釈

この式が真となるのは，$(g_{[x/m]})_{[y/k]}, (g_{[x/m]})_{[y/l]}, (g_{[x/m]})_{[y/m]}$ の少なくとも 1 つについて $L(x,y)$ が真となることが必要十分条件。

ステップ 1-3-1: $(g_{[x/m]})_{[y/k]} : [x \mapsto m,\ y \mapsto k]$ における $L(x,y)$ の解釈

$$V_{M,(g_{[x/m]})_{[y/k]}}(L(x,y)) = 1$$

ステップ 1-3-2: $(g_{[x/m]})_{[y/l]} : [x \mapsto m,\ y \mapsto l]$ における $L(x,y)$ の解釈

$$V_{M,(g_{[x/m]})_{[y/l]}}(L(x,y)) = 0$$

ステップ 1-3-3: $(g_{[x/m]})_{[y/m]} : [x \mapsto m,\ y \mapsto m]$ における $L(x,y)$ の解釈

$$V_{M,(g_{[x/m]})_{[y/m]}}(L(x,y)) = 0$$

$V_{M,g_{[x/m]}}(\exists y L(x,y)) = 1$ (ステップ 1-3-1 による)

$V_{M,g}(\forall x \exists y L(x,y)) = 1$ (ステップ 1-1, 1-2, 1-3 による)

このように，(4.23) に示した多重量化文の解釈では，外側から順に量化子をはずし，変項の値として指示対象を割当てていく。それらのステップの各々において，式全体の真偽は，量化子を 1 個はずした内側の式の真理値に依存する。あたかもタマネギの皮を 1 枚ずつむくように解釈を進め，ついにはそれ以上むけない (量化子の無い) 芯に至る。この段階で判明する真理値を手掛かりにして，今度はさっきとは逆の順に，より外側の式の真偽がより内側の式のそれによって決定されていく。最終的に，式全体の真理値が分かる。このようにして，(4.23) は量化子の数がいくつであっても適用できるように構成されているのである。

4.4 意味論   79

問題 4.4 (4.17) のモデルの下で，$\exists x \forall y L(x,y)$ の評価を行いなさい．

問題 4.5 $G = \{\langle a,a,b\rangle, \langle a,b,c\rangle, \langle a,c,b\rangle, \langle b,a,a\rangle, \langle b,c,a\rangle, \langle c,a,b\rangle, \langle c,b,a\rangle\}$ のモデルが与えられた場合，三重量化文 $\exists x \forall y \exists z G(x,y,z)$ の評価を，上記と同じステップを踏んで行いなさい．

4.4.4 評価の規則

　ここで再び，文が意味的に正しいかどうかを判断する「意味判定機」，前章で**評価 (valuation)** と名づけた関数が登場する．ただし，命題論理のそれよりもパワーアップしている．すでに暗に述べてきたことだが，述語論理文の意味としての真理値は，領域がどのような個体を含むかということと，個体定項や述語にどのような値が与えられるかということに依存する．このような条件がモデル (model) に他ならない．モデル M, 領域 D, 解釈関数 I, および割当関数 g が与えられた場合，**評価関数** $V_{M,g}$ は (4.24) のように定義される．ここで，評価がモデルと割当関数に依存していることを示すために，これらをサブスクリプトとして表記するのが慣例である．解釈関数 I は個体定項や述語を入力としてその値を返す．(4.17) の例では $I(Ken) = k$, $I(Louis) = l$ のようになる．また，$I(L)$ の値は (4.17) の集合である．モデル M は，領域 D と解釈関数 I の順序対 $\langle D, I \rangle$ として定義される．

(4.24) 述語論理の評価

　　i. $V_{M,g}(P(t_1, t_2, \ldots, t_n)) = 1$ であることの必要十分条件は，
　　　$\langle [\![t_1]\!]_{M,g}, \ldots, [\![t_n]\!]_{M,g} \rangle \in I(P)$ であることである．
　　ii. $V_{M,g}(\neg \phi) = 1$ であることの必要十分条件は，
　　　$V_{M,g}(\phi) = 0$ であることである．
　　iii. $V_{M,g}(\phi \wedge \psi) = 1$ であることの必要十分条件は，
　　　$V_{M,g}(\phi) = 1$ かつ $V_{M,g}(\psi) = 1$ であることである．
　　iv. $V_{M,g}(\phi \vee \psi) = 1$ であることの必要十分条件は，
　　　$V_{M,g}(\phi) = 1$ または $V_{M,g}(\psi) = 1$ であることである．
　　v. $V_{M,g}(\phi \rightarrow \psi) = 1$ であることの必要十分条件は，

$V_{M,g}(\phi) = 0$ または $V_{M,g}(\psi) = 1$ であることである.

vi. $V_{M,g}(\phi \equiv \psi) = 1$ であることの必要十分条件は,
$V_{M,g}(\phi) = V_{M,g}(\psi)$ であることである。

vii. $V_{M,g}(\forall x\phi) = 1$ であることの必要十分条件は,
$d \in D$ であるようなすべての d について, $V_{M,g_{[x/d]}}(\phi) = 1$ となることである.

viii. $V_{M,g}(\exists x\phi) = 1$ であることの必要十分条件は,
$d \in D$ であるような少なくとも 1 つの d について, $V_{M,g_{[x/d]}}(\phi) = 1$ となることである.

i において, $n=1$ で P が 1 項述語の場合は $\langle\ \rangle$ を使わず, $[\![t_1]\!]_{M,g} \in I(P)$ と記す. 上記のうち, ii〜vi は命題論理の評価 (3.14) と共通である. ここでも, 述語論理の体系は命題論理を含むことが分かる. また, 上記の vii と viii には, (4.23) が取り入れられている. 同一文中に複数の量化子が含まれる場合は, これらの定義は再帰的に適用される.

問題 4.6 (4.24) が (4.12) の統辞論的形成規則とどのように対応しているか, 説明しなさい.

問題 4.7 以下に挙げた, ペアをなす述語論理式 i〜v のうちで, 同値となるのはどれか.

i. $P(x), P(y)$
ii. $\forall x P(x), \forall y P(y)$
iii. $\forall x P(x), \forall x P(y)$
iv. $\exists x \forall y Q(x,y), \exists y \forall x Q(y,x)$
v. $\exists x \forall y Q(x,y), \exists y \forall x Q(x,y)$

問題 4.8 以下の各問の最初に掲げるモデル (セミコロン以前の部分) が与えられた条件下で, 各文の評価を行いなさい.

i. $D = \{a,b,c,d,e,f\}$, $I(A) = \{a,b\}$, $I(B) = \{c,d\}$; $\forall x(B(x) \to \neg A(x))$
ii. $D = \{a,b,c,d,e,f\}$, $I(A) = \{a,b,c\}$, $I(B) = \{c,d\}$; $\neg\exists x(A(x) \land B(x))$

4.5 スコープの曖昧性

自然言語の文が多重量化により翻訳される場合，対応する述語論理文は1つだけとは限らない．例えば，(4.25a) の文には (4.25b, c) の2つの述語論理文が対応している．

(4.25) a. みんなが誰かを愛している．
 b. $\forall x \exists y L(x,y)$
 c. $\exists y \forall x L(x,y)$

(4.25b) と (4.25c) の違いを明らかにするために，3人の人物ケン (k)，ルイス (l)，およびメアリー (m) の間に (4.26a) が成り立つ場合と (4.26b) が成り立つ場合の2つのケースを考えてみよう．

(4.26) a. $\{\langle k,m \rangle, \langle l,m \rangle, \langle m,k \rangle\}$
 b. $\{\langle k,m \rangle, \langle l,m \rangle, \langle m,m \rangle\}$

4.4節で見たように，(4.25b) が真であることは，x に k,l,m を割当てたそれぞれの場合について，y に k,l,m の少なくとも1つを割当ててみて $L(x,y)$ が真となることである．要するに，全員について好きな人がそれぞれいるということであり，好きな人は異なっていてもよい．(4.26a) はこの条件を満たすので，(4.26a) が成り立つモデルにおいては (4.25b) は真となる．また，(4.26b) のモデルにおいても真となる．

これに対し，(4.25c) が真であることの必要十分条件は，y に k,l,m の少なくとも1つを割当てたケースに関して，x に k,l,m のすべてを割当てて，$L(x,y)$ が真となることである．すなわち，一人でも複数でもよいが特定の人がいて，その人がみんなに愛されているということである．(4.26a) はこれには該当しないのに対し，(4.26b) は条件を満たす．メアリーのことをケン，ルイス，メアリーの全員が愛しているからである．そのため，(4.26a) のモデルにおいては，(4.25c) は偽だが，(4.26b) のモデルでは真となる．

同一の言語表現が2つ以上の意味を持つ場合，**曖昧である (be ambiguous)**，という．ここで説明した曖昧性は多重量化文のスコープ (作用領

域; 4.3 節を参照のこと) の相互作用から生じ，**スコープの曖昧性 (scope ambiguity)** と呼ばれる。曖昧性には，この他に**統辞論的曖昧性 (syntactic ambiguity)** と **語彙的曖昧性 (lexical ambiguity)** がある。前者については，第 5 章で説明する。理論的には曖昧な言語表現であっても，多くの場合，聞き手や読み手は可能なうちの 1 つの意味を選んで理解を行っている。このギャップを埋めるプロセスは**曖昧性の解消 (disambiguation)** と呼ばれ，形式文法や言語処理研究の大きな課題となっている。

問題 4.9 次の a および b の文の前半部分 (ダッシュ以前の部分) に対応する述語論理式を書きなさい。
(ヒント：これもスコープの曖昧性を持つ例である。論理式の 1 つは $\forall x(B(x) \to \exists y(W(y) \land L(x,y)))$ となる。)
　　a.　すべての英国人は 1 人の女性を愛している ─ それはお母さんだ。
　　b.　すべての英国人は 1 人の女性を愛している ─ それは女王だ。

4.6　述語論理の推論

「金を出さねば殺す」と言われ，「金を出したのに殺された男がいた」「ある男は金を出さなかったのに殺されなかった」のように論理式が顕在的にせよ，隠在的にせよ何らかの量化子を含んでいることは日常言語でよく見られることである。例えば強盗が「いかなる人間も金を出さなかったら殺すぞ」というように普遍的な陳述をし，それに対して「一人の男が金を出したのにも関わらず殺されてしまった」，というようなケースを考えてみよう。前者は述語論理の全称量化子を含む式に，後者の文は存在量化子を含む式に翻訳することができる。

(4.27)　a.　$\forall x(\neg M(x) \to K(x))$
　　　　b.　$\exists x(M(x) \land K(x))$

3.3 節の命題論理のタブローで見た推論は実際にはこのような量化子を含んでいる命題間の矛盾を確認したと見ることが妥当である。では逆に，これら 2 つの式が論理的矛盾を生じないことはどのようにすれば証明でき

4.6 述語論理の推論

るだろうか．4.4 節で見たように，量化子を外さない限り，命題論理の真理表やタブローを使ってこれら 2 つの命題が矛盾しないことは証明できない．述語論理のタブローに入る前に，まず量化子のはずし方をみよう．これこそが命題論理と述語論理の接点であり，これなくしては多くの初学者が命題論理と述語論理の関係を曖昧にしたままになってしまうので，この本だけでなく論理学の教科書も参照しながら十分に理解してほしい．

　私たちのモデルにジョンとビルとメアリーの 3 人の個体がいると想像してみよう．我々はジョンが歩いているのを見れば，「誰かが歩いている」「歩いているものが一人いる」が真であることは直ちに分かるが，「誰かが歩いている」と聞いて，「ジョンが歩いている」が真かどうかはわからない．しかし「誰もが歩いている」という命題が真ならば，「ジョンが歩いている」は当然真でなくてはならない．さらに否定も含めてこのような推論を行える量化子の扱い方を学ぼう．

　この本は論理学の教科書ではないので，ある程度自明と考えられる約束事については証明や詳しい解説をしないで，正しいものと受け止めて具体的に言語表現を考察しながら理解を進めていこう．また，論理式への**量化子の導入** (quantifier introduction) は自然言語の語彙的意味により行われるものとし，量化子の導入は考えず，ただ論理式から**量化子の消去** (quantifier elimination) だけを学ぶことにする．ここでもサインなしのタブロー式の提示により単純に次のような規則にまとめることができる．

(4.28) 　　規則 1 　$\dfrac{\forall x Px}{P[a/x]}$ 　　P の内部にあらわれる x をすべて a で置き換える

　　　　　規則 2 　$\dfrac{\exists x Px}{P[a/x]^{*}}$ 　　$*$ これまでの推論の中に出ていない定項 a で置き換える

　ここで $[a/x]$ は P の中の x のすべての生起を a で置換したことを示す．規則 1 における量化子消去のための規則は大変簡単で要するに，P に生起する変項 x をすべて a で置換したとしても P が成立することを意味している．この a は規則 2 のような但し書きがついていないので，どのよ

な定項で置換しても P は成立する。「誰もが歩いている」わけだから，ジョンであれ，ビルであれ，メアリーであれこの属性は成立する。なお，$[a/x]$ はここでは表現間の言い換えを表す。(4.23) のような変項への値の割当てとは区別する必要がある。

問題は規則 2 で，置換式の右肩に ∗ マークがついているが，これはこの規則に但し書き (proviso) が付記されることを示す。上記のモデルで，$\exists x W(x)$ が真だとしても我々は歩いているのがジョンか，ビルか，メアリーかを決めることはできない。その時，仮に a というこれまでに使ったことのない定項をある種のニックネームとして用いて P の内部のすべての x の生起に代入し，量化子をはずしてしまおう。名前が分からないので，仮に「名無しの権兵衛」と呼んでおくのと同じことである。これは推論の途中で使われるだけなので，これで十分である。ただしこの時の定項は，新しい定項 (スマリヤンの用語で new parameter) でなくてはならない。いわば仮の割当であり，我々はこの a が特定の個体であるということにはコミットしないのである。

規則 1 と 2 について先の例を取って具体的に示そう。すでに述べたように，「金を出さなければ殺すぞ」という強盗の言葉は，脅された人が金を出したからといって命を助けてくれる保証は無い。これを証明してみよう。つまり「金を出したのに殺されてしまった」人が少なくとも一人いて，これが論理的に矛盾していないことを示せばよいのだ。

(4.29)
$$(1)\ \forall x(\neg M(x) \to K(x))$$
$$(2)\ \exists x(M(x) \wedge K(x))$$
$$(3)\ M(a) \wedge K(a)$$
$$(4)\ M(a)$$
$$(5)\ K(a)$$
$$(6)\ \neg M(a) \to K(a)$$

$$(7)\ \neg\neg M(a) \qquad\qquad (8)\ K(a)$$
$$= M(a)$$

(1) は強盗の脅し文句だが，この強盗は押し入った家で誰にでもこのセリフを言っているので全称量化されている。(2) は金を出したのに殺された男が少なくとも一人いるという命題である。ここでは背理法ではなく，2つの命題を縦に並べてこれらが矛盾するかどうかを調べる。ここで大切なことは存在量化子を外すためには必ず「新しい」(仮の) 定項を使わねばならないので，存在量化子除去から始めなくてはならないということである。仮に a という個体が「金を出す」と「殺される」の二つの属性を充足したと仮定しよう (3)。この命題が真であるとすれば (4) と (5) のどちらもが真でなくてはならないのでこれらを縦に並べる (直接的帰結である)。一方，全称量化子を外すための定項は「新しい」という規定がなく何を入れてもよいが，ここで b やら c やらを入れてしまうと永遠に推論は終わらない。ここで既出の a を入れてみれば，もちろん強盗は a (特定の個体を指していないことに注意) にも同じセリフをいっているはずだ (6)。この命題が真となるためには前件が偽 (7) か，後件が真 (8) の場合に分けられるので，枝分かれしている。ここですべての式が単純式になったので，それぞれのパスを調べてみよう。どちらのパスも A と $\neg A$ の矛盾する式を含んでいないので，これらのパスは閉じていない。よって論理学に正確な強盗は金を出した被害者を殺してしまっても，脅し文句に何ら矛盾した行為を行っていないことが証明できた。

もう一例だけ見てみよう。私たちは「金を出せば命だけは助けてやる」と強盗が言えば，強盗は金を出した被害者を殺してはいけない (論理的に矛盾する) と述べた。これもタブローでチェックしてみよう。

(4.30)
$$(1)\ \forall x(M(x) \to \neg K(x))$$
$$(2)\ \exists x(M(x) \land K(x))$$
$$(3)\ M(a) \land K(a)$$
$$(4)\ M(a)$$
$$(5)\ K(a)$$
$$(6)\ M(a) \to \neg K(a)$$

$$(7)\ \neg M(a) \qquad\qquad (8)\ \neg K(a)$$
$$\times \qquad\qquad\qquad\qquad \times$$

強盗のセリフ (1) が違っただけで，あとは上と同様に存在量化子をはずして，そこで使った仮の個体名 a を使って全称量化子をはずした。それぞれのパスを見ればどちらも M という属性についても K という属性についても真と偽の相矛盾する命題を含んでいる。したがって，上の例と異なり，強盗が論理学に忠実であろうとすれば，「金を出せば命だけは助けてやる」と言えば，「金を出して殺されてしまうことはない」。もちろんこれは直観的には当然であるが，論理学の「恒真」「偶然性」「矛盾」という概念を利用して推論の妥当性を明示的に証明することに意味があるのである。

ところで，日常言語で「すべて P だというわけではない」と言えば「P でないものが存在する」という意味である。また，「P でないものは無い」は「すべて P だ」と同じ意味である。述語論理もこのことを反映して，下の a および b の左辺と右辺はそれぞれ同値である。なお，これら 2 つの同値式は，述語論理における**ド・モルガンの法則**と呼ばれる (3.3.2 節の問題 3.8 も参照のこと)。

(4.31) a. $\neg \forall x P(x) \equiv \exists x \neg P(x)$
　　　　b. $\neg \exists x \neg P(x) \equiv \forall x P(x)$

我々は 3.3 節および本節で推論のもっとも基本である論理的帰結を学んだ。文の境界を超えた談話の意味を論じる談話意味論の分野ではこのような entailment を当然のものとし，これに当てはまらない例 (例えば否定によりキャンセルできない**前提 presupposition** や**含意 implicature**) に強い関心を持つ傾向があるが，にもかかわらず複数の命題を含む談話の論理的帰結をまず十分に理解することが極めて大切である。また量化子も意味論で盛んに注目を集めているが，量化子を外さない限り複数の命題間の推論は行えないことに注意されたい。意味論の研究を始める人は否定の扱いも含めて量化子の論理操作に習熟しておくべきで，その意味でも存在量化子を外す際に「新しい」個体名を使わなくてはならない意味についてもよく考えていただきたい。

問題 4.10 次の論証が妥当であることを，タブローを使ってチェックしなさい。なお，記号 '∴' により，結論であることを示す。

a. $\quad \neg \forall x (P(x) \lor Q(x))$
$\quad\quad \underline{\forall x (\neg R(x) \to P(x))}$
$\quad\quad \therefore \neg \forall x (R(x) \to Q(x))$

b. $\quad \exists x (\neg P(x) \land \neg Q(x))$
$\quad\quad \underline{\neg \exists x \neg (Q(x) \lor R(x))}$
$\quad\quad \therefore \exists x \neg (R(x) \to P(x))$

問題 4.11 次の論証が妥当かどうかを，タブローを使って調べなさい．妥当な推論でないとき，前提を真とし，結論を偽とするのはどのような値割当ての場合かを，明示しなさい．

a. 「人の中で良心を持たない人はいない。」「しかし，世の中には悪い心を持つ人が実在している。」したがって「悪い心を持っていれば，良心など持っていない，といえる人間は存在しない。」

b. あるグループでご飯を食べに行こうということになったが，それぞれ主食に好き嫌いがある．少なくとも一人はご飯を食べない人がいる．全員がご飯を食べるか，またはパンを食べないか，である．また誰もがパンを食べるか，パスタを食べないか，である．この前提から少なくとも一人はパスタを食べない人がいると推論することが妥当であろうか？

c. 「日本人の誰もが神道を信じているわけではない．」「仏教を信じない人もいる．」という前提から「仏教を信じるか，神道を信じるか，という質問に答えられない（どちらにもあてはまらない）人も存在する．」と結論づけることはできるだろうか．

d. 「京都を訪れたら，誰でも清水寺を観光するというわけではない．」「すべての観光客が清水寺か，または金閣寺を見学するとはいえない．」これらの事実から「京都を訪れたのに，金閣寺を見学しない，という観光客が少なくとも一人は存在する．」と結論を下すことができるだろうか．

4.7 結論

　本章では,論理研究の重要な段階である述語論理について解説を行った。本章で学んだのは正確には古典的述語論理と呼ばれるものであり,この核心的部分に対して,その表現力を補うために内包が付け加えられたり,高階化がなされたりしている。このように古典的述語論理はヒトの思考内容や言葉の意味を表現する際には完全なものとは言えないが,それにしてもそれらについて正確に考えようとする時には,その要として無くてはならないものである。この本の残りの部分でも述語論理を言語の意味考察の中心に据える伝統的なやり方に従い,文の意味の表示としての述語論理式がどのような単語の意味表示や構文の働きの組み合わせによって形成されると考えればよいかを見ていくことにする。

考えるヒント 4　　主語,目的語とは何か

　以下の 1 項述語 P_1, 2 項述語 P_2, 3 項述語 P_3 を使った式を考えてみよう。

$P_1(t_1)$,
$(P_2(t_3))(t_2)$,
$((P_3(t_6))(t_5))(t_4)$

2, 3 項述語式については,$P_2(t_2, t_3)$ や $P_3(t_4, t_5, t_6)$ のように書いても同じことである。これらの述語の場合,t_2 と t_3,および t_4, t_5, t_6 については順序によって,自然言語では接辞や屈折や語順などによって区別される格の違いが示されている。この順序付け (格の区別) は,他動性 (transitivity) の強さを基準として行う傾向が顕著である。相対的に内側に位置するもの,すなわち t_2 に対して t_3 が,また t_4 に対して t_5 が,さらに t_6 が他動性がより強い。

　大多数の言語において,もっとも外側に位置する (他動性がもっとも弱い) t_1, t_2, t_4 に対して共通の格 (文法役割) である主語の資格を与えている。それ以外の,t_3 や t_5, t_6 は目的語となる。しかし,少数ではあるが他

のやり方をする言語もある。もっとも内側にあって他動性がもっとも強い t_1 や t_3, t_6 に対して共通の格 (絶対格) を与える言語もある。このような言語を能格語 (ergative language) と呼ぶ。

　主語や目的語というとまず統辞論で扱うべき事柄だと思っている人が多いようだが，実はこれらは意味論に深く根ざしたものである。言語の教育や研究に携わる人がいつも取り扱っている用語や概念の真の姿がどのようなものなのか，一度くらいは根源まで考えたり学んでみるのは意義のあることである。そのようなきっかけを与えるという意義を形式意味論は持っている。

第5章

句構造文法，カテゴリー文法およびタイプ理論

5.1 はじめに

あたかも車の両輪のように，意味論は統辞論とともに働くことによって力を発揮することができる。意味論から見れば縁の下の力持ちである統辞論を中心として，この章では解説を行う。

この章ではまず，意味をも含む形式的文解析研究においてもっとも広く利用されている句構造文法について述べる。次にモンタギュー意味論で採用されているカテゴリー文法について，それに対応する意味部門を扱うために必要なタイプ理論および λ (ラムダ) 計算とともに解説する。

5.2 句構造文法

5.2.1 直接構成素分析

直接構成素分析 (Immediate Constituent Analysis; IC-Analysis) はアメリカの構造主義言語学者ブルームフィールドによって 1930 年代に導入された概念である。構造主義言語学でもまたそれ以前の伝統文法でも，言語に何らかの「構造」が存在することは素朴な形で捉えられていたが，直接構成素分析はそのような直観をある程度客観化された手続きとして示し

たものである。それは十分に形式的ではないものの、句構造の先駆けをなす概念として通常受け取られている。

　一般に人は自分の母語とする言語の構造についての知識を持っていると考えられる。文法学者でもなく、また文法を学校で習ったことのない人でも、次の文、

(5.1) a. 太郎はおなかがすいた。

を2つに分けるように言われたなら、

(5.1) b. [太郎は] [おなかがすいた]

とカッコに示すように分けるだろう。同様に、この後半部分をさらに2つに分けるように言われたら、

(5.2) [おなかが] [すいた]

のように分けるに違いない。直接構成素分析はこのような言語話者の直観を手続きとして示そうとしたもので、それをさらに数学的に形式化したのが句構造文法である。

　(5.1b) の前半部分「太郎は」と (5.2) の「おなかが」、「すいた」は、さらに各々次のように分けられる。

(5.3) a. [太郎] [は]
　　　b. [おなか] [が]
　　　c. [すい] [た]

　以上に示したように、文の構成部分はそれが分割されるに際して優先順位の差があるのだが、これを上下関係として視覚的に示すと次の枝分かれ図のようになる。

(5.4)

太郎　は　おなか　が　すい　た

あるいは，次のようにカッコの中にカッコを埋め込んで表示することもできる。

(5.5) [[[太郎] [は]] [[[おなか] [が]] [[すい] [た]]]]

　直接構成素分析の基礎をなすのは，言語話者の持っている**言い換え (substitution)** の能力である。(5.1a) を私たち日本語話者は次のように言い換えることができる。

(5.6) 太郎は空腹だ。

　(5.6) の「空腹だ」は，それ以上は意味を持つ単位に分割できないので，1つの単語を構成していると言える。(5.1a) の「おなかがすいた」は，

(5.7) 太郎は＿＿＿＿＿＿＿。

上に下線で示した同一の文脈で1つの単語と同じあらわれ方 (分布) を見せるので，1つのまとまり，すなわち直接構成素として扱われるのである。このように，文を直接構成素分析することの背景には (そして一般に，文を統辞解析することの根拠として)，同一の文脈で生起しうる (パラディグマティックな) 言語表現に関して言語話者の持っている知識がある。

　人間が言葉を話したり書いたりする活動は時間に沿って，あるいは紙の上に一次元的に展開される。この意味で言語は本来，線条的 (linear) な構造しか持たないはずなのだが，直接構成素分析のような階層的な構造を仮定することによって，**曖昧性 (ambiguity)** の問題 (4.5節を参照のこと) をうまく説明することができる。次の例を見てみよう。

(5.8) a. 大きな 煙突のある家

　上で，形容詞「大きな」は「煙突」を修飾しているとも「家」を修飾しているとも解釈することができ，その点でこの名詞句は曖昧である。この意味の違いは，それぞれ次の異なる直接構成素分析 (少々簡略化して示す) を与えることによって説明することができる。

(5.8) b. 「大きな」は「煙突」を修飾

c. 「大きな」は「家」を修飾

　前と同じく，ここでも分析は言い換え可能性について話し手が持っている知識によって行われる。例えば (5.8a) の 2 つある意味の 1 つは，

(5.9) a. 大煙突 のある家

と言い換えることができる (少々ぎこちない表現だが，大目に見てもらうことにする)。このことによって，(5.8b) で「大きな煙突」がまず 1 つの直接構成素をなすことが説明される。残るもう 1 つの意味 ((5.8c) に示したもの) は，例えば，

(5.9) b. 大きな家

と関係があり，(5.8c) は (5.9b) の特殊な場合である。他方，(5.8b) と (5.9b) の間にはそのような関係が成り立たない。以上によって，(5.8c) では「煙突のある」がまず先に「家」を限定することが分かり，全体としては (5.8c) の分析を与えることが正当づけられる。

5.2.2 句構造文法による文の生成

数学的な基礎にもとづいて直接構成素分析を形式化したものが**句構造文法 (Phrase Structure Grammar)** である。

英語の文 (5.10) は (5.11) の**書き換え規則 (rewriting rules)** によって生成される。

(5.10) Poor John ran away. (可哀そうなジョンは逃げた)

(5.11)
  i. S → NP VP
  ii. VP → V Adv
  iii. NP → A N
  iv. N → John
  v. V → ran
  vi. A → poor
  vii. Adv → away

(5.11) に挙げた 7 個の書き換え規則はすべて X → Y の形をしている。ただし，それぞれの規則の中で X はつねに 1 個の記号に対応するが，Y は 1 個または 2 個の記号に対応している。これは，記号および文字からなる並びの一部分が規則の左辺 X に合致する時，合致する部分を文字通り「Y に書き換えよ」という規則である。3.2.1 節の「パターン・マッチング」の考えがここでも基礎をなしている。書き換えの手続きはつねに S から始め，書き換え規則を何回か適用して，最後にそれ以上書き換えられない記号 (このような記号を**終端記号 terminal symbol** と呼ぶ) の連続，(5.11) の規則では John, ran, poor, away のどれかの並びとなったものだけが，ここで定義されている文法によって正しい文として認められる。そして，そのような正しい文からなる集合だけが，その文法によって定義される文である。

文 (5.10) を例に取って，それが (5.11) の書き換え規則の集合 (すなわち，句構造文法) によって書き換えられていくプロセスを示すと次のようになる。それぞれの行の最後に記したカッコ内のローマ数字は，それぞれ

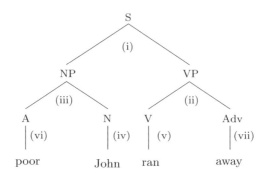

図 5.1　例文 (5.10) 生成の樹形図

(5.11.i-vii) の規則のうちどれが適用されて得られたかを示す．

(5.12)　　S　⇒　NP　VP　　　　　　　(i)
　　　　　　⇒　A　N　VP　　　　　　(iii)
　　　　　　⇒　poor　N　VP　　　　　(vi)
　　　　　　⇒　poor　John　VP　　　　(iv)
　　　　　　⇒　poor　John　V　Adv　　(ii)
　　　　　　⇒　poor　John　ran　Adv　(v)
　　　　　　⇒　poor　John　ran　away　(vii)

　このような規則適用の過程を分かりやすく図示したのが図 5.1 の**樹形図** (**tree diagram**; **木** **tree** とも言う) である．木の描き方は，木の構成要素である**部分木** (**local tree**)

の上の部分 (X) に (5.11) のような書き換え規則の左辺の記号を，また書

き換えによって得られる記号 (Y や Y_1, Y_2) を下の部分に書くというものである．このような派生過程によって作られる構造を**句構造 (phrase structure)** と呼ぶ．便宜のために，それぞれの部分木を得るに当たって適用された (5.11) の中の書き換え規則の中の番号を図の中に記しておく．

なお，(5.11) のような規則を行き当たりばったりに適用して書き換えていくと，必ずしも目指す文が生成できるとは限らない．むしろ，そうでない文が得られることの方が多い．そのような場合も含め，ターゲットの文が1度でも得られれば，その文が生成されたとするのである．また，文の派生過程を表す樹形図は，5.2.1 節で行った直観的な文の分析をフォーマルに行ったものと見なすことができる．S, NP, VP, N, V のような記号 (カテゴリー) は，文全体やその一部分 (句) を類別してラベル付けしたものに対応する．このように，文の生成と分析 (解析) とは表裏一体である．

実は，(5.11) の文法規則はあまり言語学者にとって面白いものではない．というのは，これらの規則で正しい文として生成されるのは (5.10) の1つしかないからである．これに加えて次の文も生成させるためにはどうしたらよいかを考えてみよう．

(5.13) John ran. (ジョンは走った)

(5.11) では，(5.11.iii) によって NP はつねに A と N に，(5.11.ii) により VP は V と Adv に書き換えられてしまい，(5.13) のように N 単独の NP や V 単独の VP は生成することができない．これらを行うのは次の2つの規則で，これを (5.11) に付け加えることによって (5.13) を生成することができる．

(5.11)　　viii.　VP　→　V
　　　　　ix.　NP　→　N

書き換え規則の適用によって文 (5.13) を派生する過程は図 5.2 で表すことができる．

それでは，次の文を生成するためにはどうしたらよいだろうか．

(5.14) John yawned. (ジョンはあくびをした)

98   第 5 章　句構造文法，カテゴリー文法およびタイプ理論

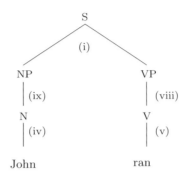

図 5.2　例文 (5.13) の派生

これまでのやり方を踏襲すると，次の規則を付け加えればいいことになる。

(5.11) x. V → yawned

確かに，これによって文 (5.14) を生成することはできる。しかし，ここで拡張された規則の集合 (5.11.i-x) が文法的に正しい文ばかりでなく，正しくない文まで派生してしまうことに注意してほしい。というのは，(5.11.x) の規則を適用する直前に，

(5.11)viii.VP → V

の代わりに

(5.11) ii. VP → V Adv

を適用することもできるからである。その結果は，

(5.15) *John yawned away.

という，英語として文法的でない文まで生成してしまうことになる。
　それでは，文 (5.14) を生成して (5.15) を生成しない文法，言い換えれ

ば (5.14) と (5.15) の文法性の違いを正しく区別できる文法はどのようにすれば作ることができるだろうか？それには，規則 (5.11.ii) が ran away を派生する時にだけ適用されて，yawned を含む句に対しては (5.11.viii) の規則だけが適用されるように文法を規定し直さなければならない．句構造文法の範囲内でそのことをやろうとすると，VP および V のカテゴリーに 2 種類の区別を立てなければならないことになる．すなわち，(5.11.i, ii, v, viii, x) の各規則を (5.11.i′, i″, ii′, v′, viii′, viii″, x′) のように修正しなければならない．

(5.11′)
- i′. S → NP VP$_1$
- i″. S → NP VP$_2$
- ii′. VP$_1$ → V$_1$ Adv
- iii. NP → A N
- iv. N → John
- v′. V$_1$ → ran
- vi. A → poor
- vii. Adv → away
- viii′. VP$_1$ → V$_1$
- viii″. VP$_2$ → V$_2$
- ix. NP → N
- x′. V$_2$ → yawned

　これらの規則の中で，(5.11.ii′, viii′) が示しているように VP$_1$ およびそれから派生される V$_1$ は Adv を含む構文と含まない構文の両方を導くことができるのに対し，VP$_2$ と V$_2$ は (5.11.viii″) に規定される Adv を含まない構文しか派生しない．これは，ran が単独でも，また副詞 away と一緒の文にもあらわれるのに対して，yawned が単独でしか使われていないことに対応している．なお，ここで Adv のカテゴリーを付与したのは，いわゆる群動詞 (group verb) の構成語としての副詞であって，副詞全般を指すのではないことに注意してほしい．その他の規則 (5.11.iii, iv, vi, vii, ix) はそのままで適用される．文 (5.10) と (5.14) の派生過程を樹形図で示すと図 5.3 および図 5.4 のようになる．図 5.1 および図 5.2 と比

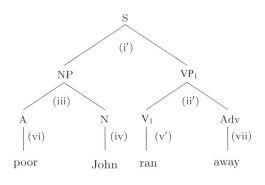

図 5.3 例文 (5.10) の派生

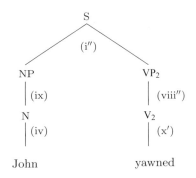

図 5.4 例文 (5.14) の派生

較してほしい。

このように，一群の書き換え規則にさらに規則を付け加えてより多くの文を生成することができ，原理的にはどの言語であれ，その言語で許容されるすべての文を生成できる文法を作ることが可能である。しかし，そのような書き換え規則の拡張は単純に規則を追加すれば済むというものではなく，それによって非文法的な文を派生してしまわないためには既存の規

則の改訂が必要になってくる。その際にしばしば必要になるのは，先で述べたようなカテゴリーの細分化である。これに対して，ここでカテゴリーの細分化によって行った文法情報の区別を素性を使って行う立場もある。

問題 5.1 書き換え規則 (5.11′) によって派生される (言い換えれば，文法的なものであるとして解析される) 文の数はいくつあるか。また，ii′ を $VP_1 \to VP_1\ Adv$ に変更するとどうなるか。

問題 5.2 これまでに扱った英文に加えて，

John ate it. (ジョンはそれを食べた)

のような文を派生するためには，他動詞 (カテゴリーを Vt とする) と代名詞 (Pr とする) とをまとめて VP とする規則が必要である。このような規則および終端記号 (単語) 導入の規則を付け加えて，実際に上記の文の派生過程を示しなさい。

問題 5.3 例文 (5.10) の和訳文「可哀そうなジョンは逃げた」の派生のためには (5.10) の英文には不要などのような規則が必要か，考察しなさい。また，その規則を使って，実際に日本語文を派生しなさい。

5.2.3 再帰的構造

日本語や英語などどの言語を取ってみても，その中で文法的な文として認められる文の数は無限にある。これは，どの言語でも文に**埋め込み (embedding)** の構造を持つ文を許すからである。

先に (5.8a) として挙げた名詞句を少し変えて，次の句について考えてみよう。

(5.16) [煙突のある] 家

伝統文法の用語を使うなら，上の句で，カッコで囲った文が名詞「家」を連体修飾している。このような句は

(5.17) [煙突のある] 家 が 立っている。

のように，より大きな文の一部 (ここでは主語) として役割を果たすこと

ができる。(5.17) のような日本語の文を生成する句構造文法は次のようになる (終端記号である単語を導入する規則は省略する)。

(5.18)　　i.　S　→　NP　VP
　　　　　ii.　VP　→　V　Aux
　　　　　iii.　VP　→　V
　　　　　iv.　NP　→　N　P
　　　　　v.　N　→　S　N

(5.18.ii) の Aux は助動詞，P は助詞のことである。先に挙げた英語の規則と違って，この中には形容詞や副詞を導入する規則は無いが，これらを扱うために文法を拡張することはむろん可能である。この規則を使って文 (5.17) を派生する樹形図は図 5.5 のようになる。

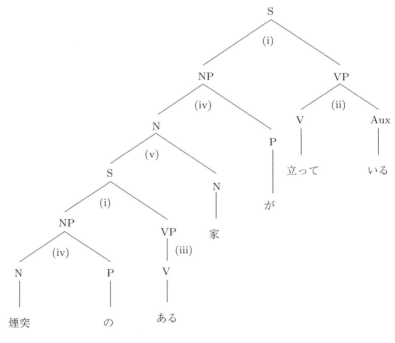

図 5.5　例文 (5.17) の派生

図の中で，連体修飾節である文「煙突のある」は文全体を派生する途中から派生されている．今，下の3つの書き換え規則を含む句構造文法を考えてみる．

(5.19)　　i.　　$X \to Y_1 \ldots Y_j \ldots Y_k$
　　　　　ii.　 $Y_1 \to Z_1 \ldots Z_l \ldots Z_m$
　　　　　iii.　$Z_l \to W_1 \ldots X \ldots W_n$

i, ii, iii の順で規則を適用していくと，iii の右辺の中に，i の左辺の記号 X がもう一度あらわれる．この次の書き換えとしては，X に対して，X を左辺とする規則 (例えば i) が適用されることになる．このように，一般にある記号を左辺として書き換え規則を順次適用していって，その記号が右辺にあらわれうるような句構造規則を**再帰的 (recursive)** であるという．再帰的な句構造規則は無限の数の文を派生することができる．

5.2.4　曖昧性と句構造

先に 5.2.1 節で，統辞論的に曖昧な次の句

(5.8)　a. 大きな煙突のある家

の2つの意味に相当する直接構成素分析 (5.8b) と (5.8c) を与えてその曖昧性を説明できることについて述べた．この方法を受け継いで，異なる句構造を付与することで文の曖昧性を説明することができる．今，曖昧な文 (5.20) を生成するための書き換え規則として (5.21) を考えてみよう．これは前に挙げた (5.18) に (5.21.vi) を付け加えたものである．前と同じく，終端記号を導入する規則は省略する．また，「大きな」は活用しないので伝統文法では連体詞とされているが，ここでは形容詞と見なしてカテゴリー A を与えておく．

(5.20) 大きな煙突のある家が立っている．

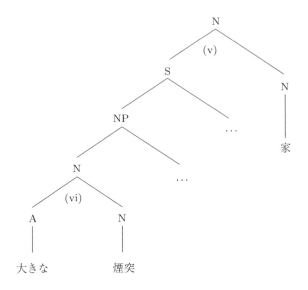

図 5.6 「大きな」は「煙突」を修飾

(5.21)　i.　S　→　NP　VP
　　　　ii.　VP　→　V　Aux
　　　　iii.　VP　→　V
　　　　iv.　NP　→　N　P
　　　　v.　N　→　S　N
　　　　vi.　N　→　A　N

　上の規則を適用して文 (5.20) を派生する過程には 2 通りがあり，それぞれ 2 つの意味に対応している．ここで問題になる，(5.20) の主語に立つ名詞句 (つまり (5.8a)) の部分だけの派生に相当する句構造を図 5.6 および 5.7 に挙げる．
　図 5.6 ではまず規則 (5.21.v) が適用され，S が展開されてから (5.21.vi) によって A が導入されているのに対し，図 5.7 では逆に最初に (5.21.vi) が適用され，それにより派生される N をさらに書き換える (5.21.v) によって S が導かれている．こうして (5.8a) の 2 つの意味は，同じ書き換え規則の集合 (5.21) をどのような順序で適用するかの違いとして説明さ

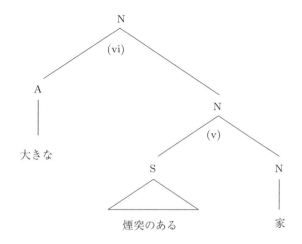

図 5.7 「大きな」は「家」を修飾

れる。

　このようにして，一般に句構造文法において文の統辞論的曖昧性は，その文に対して同一の書き換え規則の集合の中から異なる規則を適用するか，または同じ複数の規則を異なる順序で適用した結果，異なる句構造が与えられることにより説明される．構造の違いとして示すこと自体は 5.2.1 節の (5.8b, c) で見た直接構成素分析の場合と同じだが，ここで述べたように適用される書き換え規則の違いとして明示的に示せるという点で句構造文法の方が優れている．

問題 5.4 同一の語形の単語が 2 つ以上の意味を持つ場合，語彙的に曖昧である，という．例としては，英語の bank (銀行/土手) がよく挙げられる．語彙的曖昧性を持つ日本語の単語を答えなさい．

問題 5.5 統辞論的曖昧性は埋め込みが存在すればつねに起りうる問題であり，通常考えられているよりもずっと多くあらわれる．ところが，日常生活において，統辞論的な曖昧性のためにコミュニケーションに不便を感じることは稀である．このギャップは私たちが何らかの方法で曖昧性を解消しているためであると考えられる．それはどのような方法 (1 つとは限ら

ない) によるのか,考察しなさい.

5.2.5 生成文法と計算可能性

句構造文法を言語の解析に応用することは第 2 次大戦以前から試みられていたらしいが,それを,ある言語について表現可能な無限の数の文を産み出す有限の文法規則の体系である**生成文法** (Generative Grammar) として提示した功績はチョムスキーに帰せられている.数学においては,前提となる一連の公理から出発して,それにもとづいてある定理が証明できるかどうかを問題とする.例えば,ユークリッドの公理によってピタゴラスの定理 (三平方の定理) を証明する方法を私たちは学校で学んだ.生成文法の基本的な思想も全くこれと同じである.この場合,公理系には規則の集合としての文法が相当する.この文法から特定の文が派生されることを示すことができれば,その文が当該の文法から生成できるという仮説 (定理) を証明したことになる.例えば,5.2.2 節の文 (5.10) や (5.14) は (5.11′) の文法から生成することができるので,ここで定義された文法における正しい文であることが証明されたことになる.

ある文法によって生成することのできる文の中にある文が含まれるかどうかを判定するための具体的な手順が存在することを**認識可能** (recognizable) であると言う.句構造文法の中には,認識可能なものとそうでないものとがあることがチョムスキーにより明らかにされている.書き換え規則に何の制限も無く,したがってもっとも生成力の強い **0 型文法** (別名,**帰納的可算文法** recursively enumerable grammar) に始まり,制限がよりきつくなる (表現力が弱くなる) 順に,**1 型文法** (文脈依存文法 context sensitive grammar),**2 型文法** (文脈自由文法 context free grammar),**3 型文法** (正規文法 regular grammar),というように分類されている.それぞれの文法が生成する言語は,0 型言語 ⊇ 1 型言語 ⊇ 2 型言語 ⊇ 3 型言語,というように階層的な包含関係にある.これを**チョムスキーの階層** **(Chomsky hierarchy)** という.

生成文法とは,初期のチョムスキーも含めて,ヒトが言葉を産出したり理解したりする過程を計算モデルとしてシミュレートしようというアプローチだが,この立場から,上記の 4 つの文法のうちどれが言語のモデル

としてふさわしいかを論じることができる。0型文法は認識可能でないことが分かっている。ヒトは母語の文を聞いて，それが母語の文法的な文であるかどうかを瞬時に答えることができるから，明らかに0型言語は上記の目的には不適格である。他方，5.2.3節で述べた再帰的構造は恐らくヒトが話しているどの言語にも見られ，特に文の左端や右端だけでなく中央部分に埋め込まれる構造も持つことが特徴的であるのに対し，3型言語は中央埋め込みの構造を生成できないので，これも候補から外れる。結局，1型または2型にもとづいて言語の計算モデルを作るのがよいことになる。

5.2.2節で述べたように，句構造文法を使って処理できる文の数を増やそうとする時，単に文法規則の数を増やすだけでなく，実際には同一である規則を繰り返し記述しなければならないことがある。例えば (5.11′) では，群動詞とそうでない一般の動詞のために，(5.11′.i′) および (5.11′.i″) という同一の規則を指数で区別して使い分けている。英語の主語と動詞の一致 (agreement) や日本語における助動詞と動詞活用形の依存関係を扱う場合にも同様の必要が生じる。結果として，日常使われている十分な種類の文型をカバーしようとすると，規則の数が膨大なものにふくれ上がる。さらに問題なのは，上記のように同一の規則が複数存在することである。何か必要が生じて1つの規則を修正する場合に他も修正しなければならないが，その際に間違いが生じやすい。このように全体を見通しにくい文法は言語処理が目的のプログラム開発には不向きだし，原理的に考えても何かが根本的に間違っているのではないかと考えられる。この問題に対する答としては，大きく言って2つが提案されている。

その1つはチョムスキーが提唱した**変形 (transformation)** である。これによると，上記のような規則の二重化を避ける代わりに，必要な場合には変形による書き換えや移動を行って，適切な語形を作り出す。

先に述べた認識可能性に関して，変形をともなう文法はどのような振舞いをするだろうか？驚くべきことに，1型文法や2型文法に変形を付け加えると0型言語を生成してしまう，ということが Peters and Ritchie (1973) によって明らかにされた。言語の理解や産出を計算にもとづく情報処理システムとして捉えようとする立場と変形文法とは相容れないこと

になる。

　上記の文法規則の二重化 (あるいは多重化) の問題へのもう 1 つの対処として，素性を用いる方法がある．5.2.2 節の例に戻ると，規則の数は元の (5.11) のように最低限度に抑え，(5.11′) の VP_1, VP_2 における 1 や 2 のような指数に相当する情報を，書き換え規則と連動する素性として付加するのである．これによって規則の増加は抑えられ，何よりも変形を使わないので認識可能な文法の範囲内にとどまることができる．この立場の文法には Generalized Phrase Structure Grammar (GPSG; Gazdar et al. 1985), Head-driven Phrase Structure Grammar (HPSG; Pollard and Sag 1994, Sag et al. 2003), Lexical Functional Grammar (LFG; Bresnan 2000) などがあり，言語処理にも広く応用されてきた．この章の後半で解説する，モンタギューによって採用されたカテゴリー文法は素性こそ用いないものの変形を持たず，生成力は 2 型文法に等しい．表現力をある程度制限した句構造文法やそれと同等の文法にもとづいて言語の理解や産出をモデル化していこうとするアプローチこそが，むしろ初期の生成文法の理念に忠実であると言える．

5.3　カテゴリー文法，タイプ理論と λ 計算

5.3.1　序論

　本節では，第 7 章でモンタギュー意味論について解説するための前提として，その理論的支柱であり，互いに密接に関連するカテゴリー文法，タイプ理論，および λ (ラムダ) 計算について説明する．

　前章までは量化子を除き，名詞句，動詞句などの文の内部構造を分析せずに意味解釈を考えてきた．私たちの関心は最終的な文の真理値であって，文の構成素がどのような意味を与えられるかということは考察しなかった．このアプローチでは例えば「太郎は花子を好きだ」のような 2 項述語文は $L(t,h)$ のように翻訳されるとしても，「花子を太郎は好きだが，次郎は好きではない」のような文はどのようにして $L(t,h) \wedge \neg L(j,h)$ のような式に変換されるのだろうか．また動詞の「好きだ」だけを取り出した時，それはどのような意味を持つのだろうか．私たちが自然言語

の意味を考察する時のもっとも大切な前提は**構成性原理 (Principle of Compositionality)** として知られる原理であるが，これはおおよそ「複合表現の意味はその構成要素の意味の関数である」と述べることができる[1]。したがって意味の分析には統辞論的分析が暗黙のうちに前提とされている。本節では統辞論的分析と意味的分析の平行性に特に関心を持ち，正しい，しかし柔軟な統辞論的分析が適切な意味分析を保証するということを理解しよう。

自然言語はスクランブリング，コントロール，繰り上げ，複文など多様な構文をもち，それらを述語論理式に翻訳する過程は複雑なはずなのに，論理学の入門書などでは自然言語の例文を論理式に変換するプロセスは，論理学者の直観に委ねられてしまって，ほとんど示されていない。一方，自然言語の意味を考察する言語学では前章までの論理学の知識を応用するために自然言語の複雑な構文を分析し，構成素の意味を厳密に捉えながら文全体の意味へと翻訳する自動化された手続きが必要である。最終的には論理学者が与えるのと同じ 1 階論理式に翻訳されるとしても，統辞論的派生 (あるいは統辞論的解析) に対応して意味を考えるために途中段階として**高階論理**[2]の概念を導入する必要がある。自然言語の分析では，個体だけではなく，述語の変項を扱う必要が生じ，そのためには異なる変項のタイプ (型) の概念にもとづく (有限) タイプ理論が大変便利である。本節では，次章以降でモンタギュー意味論について解説するための前提として，高階論理の考え方を基本に据えて，語や句など構成素の統辞論的分布を定義するカテゴリー，構成素が指示する意味の階層を示すタイプ，そして意味を関数の概念を使って表示する λ 表記法について概説する。

最初に注意すべき点を指摘しておく。カテゴリー文法を枠組みとして採

---

[1] より詳しくは，7.1 節を参照のこと。また，この原理における「意味」はフレーゲによると sense と reference に区別されるが，本章ではその相違については詳細に述べず，第 6 章で説明する。読者は本章の文や句では「意味」が reference (指示) を意図していると解釈していただきたい。

[2] 第 3 章で見た述語論理は 1 階論理と呼ばれ，関数表現 (述語) の引数となるのは談話領域を定義域とする個体変項だけであった。しかし，ここで学ぶ高階論理とは，引数として集合 (属性) や集合の集合などを変項として取る演算子を扱う論理である。別の言い方をすれば，高階関数とは引数として関数を取ることが可能な関数であり，その引数が属性指示表現 (談話領域の部分集合) に限定されるものを 2 階論理という。

用する論文を読んでいると，しばしばカテゴリーが統辞論的概念，タイプがそれに対応する意味的概念であり，λ 表記法が構成素の意味そのものを表示しているかのように理解してしまうことがある。しかし，タイプ理論にせよ，λ 表記法にせよ，それぞれ統辞論と意味論をもち，この3つの理論—カテゴリー文法，タイプ理論および λ 計算—は高階関数の概念を共有するとはいえ，それぞれが独立した理論である。読者は自然言語の意味を論理表示する際に，今自分が何を分析し，何を表示しているのかをつねに留意する必要がある。カテゴリーとタイプについてもその対応関係が内在的に定義された枠組み (hard-wired) から，タイプ付与関数のような装置を介在させて，カテゴリーに対して柔軟にタイプを関係づける枠組みまで幅広い。この本における統辞論の役割はあくまで自然言語の意味を考察するためのツールであるので，カテゴリーとタイプをあたかも統辞範疇と意味タイプのように対応づけた枠組みを提示するが，それがカテゴリーやタイプ，さらに厳密な意味表示への唯一のアプローチではないことを記憶にとどめておかれたい。

5.3.2 カテゴリー文法

5.2 節では句構造文法において多様な構文が多数の句構造規則を用いて解析されるさまを見てきた。これから紹介する**カテゴリー文法 (categorial grammars)** においては，すべての句の結合が唯一，またはせいぜい2種類しかない関数適用の規則として統一的に捉えられるという特色がある。それぞれの句に与えられるカテゴリー (文法情報) も少数の基本カテゴリーの組み合わせとして表現され，どのようなカテゴリーの句と結合できるか，また結果としてどのような句が得られるかが一目瞭然である。

カテゴリー文法のカテゴリーは，他の文法理論でよく使われる品詞範疇を意味するカテゴリーという用語と必ずしも同意ではなく，カテゴリー (圏) という用語そのものにすでに写像の概念を含んでいる。しかし，この本ではここでこの点に深く立ち入らず，各表現に与えられるカテゴリーの定義と多くの例示から直観的な理解を深めていくことにする。

もう1つカテゴリー文法というアプローチにおいて注意すべきことは，単一の理論的枠組みが存在するのではなく，個々の枠組みの分析装置が自

由に定義可能であることと，広い意味でカテゴリー文法に入る理論的枠組みが，方法論的な違いにより概ね2つのグループに大別されることである。一方はこの本で採用するように統辞分析の個々の段階をモデル理論的意味と関係づける手法を取っており，例えば Steedman (1996) らの **結合カテゴリー文法 (Combinatory Categorial Grammar)** や Szabolcsi (1989), Jacobson (1996) らがしばしば自然言語の意味分析で採用しているものである。もう1つの枠組みは時にタイプ論理文法と呼ばれ，より演繹的，証明理論的アプローチをとっている。両者は基本的な概念を共有しているが，前者が自然言語の多彩な現象の分析により関心を抱く記述的文法の性格を持つ一方，後者は形式文法の概念の理論的定義や証明に強い関心を持つ傾向がある。この本では一貫して古典論理やモデル理論的意味論を記述の柱として採用してきたので，演繹的なアプローチではなく，自然言語分析の派生の段階にモデル理論的解釈を関係づける前者のアプローチを解説する。

　我々が自然言語の統辞構造を分析するのは，文の構造に対応して意味を構築する段階を厳密化するためであり，統辞分析そのものを目的としているのではない。カテゴリー文法の最大の特徴は統辞分析と意味分析の平行性に固執するところであり，後の章のモンタギュー文法も，その主要論文の 'The Proper Treatment of Quantification in Ordinary English'(略称 PTQ; Montague 1973) などではこの統辞論的アプローチを採用している。「**カテゴリー**」という用語はひとまず言語学で常識的な統辞範疇と見なすことにする。

　カテゴリーは，2.2 節で学んだ「関数」の概念にもとづいて，次のように帰納的に定義される。

(5.22) a. 基本カテゴリー (basic categories) は S, N, CN である。
　　　　b. α と β がカテゴリーであるとすると，α/β または $\alpha\backslash\beta$ はカテゴリーである。
　　　　c. 以上で定義されたものだけがカテゴリーである。

(5.22a) で，基本カテゴリーは文 S と名詞句 N，普通名詞 CN であると定義する。(5.22b) では，複合的なカテゴリーが，関数への入力となる項 β

および結果として出力される α にもとづいて定義される。複合的カテゴリーにおけるスラッシュの向きや意味については，理論によって様々なバリエーションがあるので注意が必要である。この章では，項が関数本体から見て左右どちらにあるかを示す方向付きスラッシュを採用し，また結合の結果 (出力) をつねにスラッシュの左側に表記することにする。α/β は，関数本体の右側に項 (入力) としてカテゴリー β の表現が存在し，適用の結果 (出力) がカテゴリー α となるようなカテゴリーを表す。$\alpha\backslash\beta$ は逆に，関数から見て左側に項 β があり，結果として α が得られることを示す。項 (入力) として何を取るか，またその結果 (出力) として何を生じるかという関数の表記をカテゴリーそのものとしているのである。結果のカテゴリーでは関数適用により β が**キャンセル (cancellation)** された，という。

関数としての複合的カテゴリーの表現が項表現と結合することを可能にする規則は**関数適用**として知られており，次のように定義される。

(5.23)　関数適用
a.　α/β　β　$\Rightarrow$　α　(前方適用)
b.　β　$\alpha\backslash\beta$　$\Rightarrow$　α　(後方適用)

(5.22b) の α/β に対応する関数適用規則は (5.23a) である。これは，関数本体に相当する α/β のカテゴリーを持つ言語表現 (いま仮に ϕ とする) が，項に相当する，右方向 (後続) のカテゴリー β の表現 (ψ とする) と結合すると，カテゴリー α の表現 $\phi\psi$ が結果として生じることを示している。例えば，他動詞である likes $= \phi$ が $(S\backslash N_s)/N_o$，目的語である Mary $= \psi$ が N_o のカテゴリーを与えられたとする。likes は，目的語の名詞が後続するなら動詞句になれるというカテゴリーを与えられているわけだが，実際に Mary は N_o となっているため，関数適用の結果，動詞句 likes Mary $= \phi\psi$ のカテゴリーからは N_o がキャンセルされて，$S\backslash N_s$ のカテゴリーを持つことになる。これに対して，(5.22b) の $\alpha\backslash\beta$ は項が関数本体の左側に先行するケースに対応し，(5.23b) の規則が適用される。先の例で得られた動詞句 likes Mary はさらに主語名詞句を取ることができる1項関数のカテゴリー $S\backslash N_s$ が与えられている。これがその左側にあ

らわれる主語 N_s (例えば，John) と結合すると，最終的にカテゴリー S を持つ文 John likes Mary を派生する。John と Mary はともに名詞カテゴリー N の表現であるが，ここではそれぞれが持つ潜在的な格の情報を，素性として添え字でカテゴリーに付加して表記している。以下に，この他動詞文の派生過程を示す。

(5.24) a.
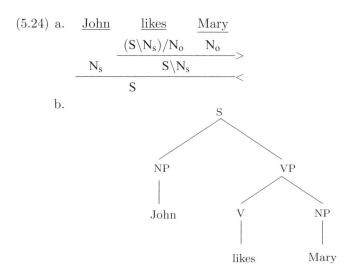

なお，(5.23) で，「前方」というのは英語の forward, 「後方」は backward の訳で，日本語の語感とは逆方向になっていることに注意が必要である。

このように，カテゴリー文法の派生過程は通常，末端の単語のカテゴリーを最上部に，文全体のカテゴリーを最下部に記す。5.2 節で解説した句構造文法に従うと，(5.24b) が (5.24a) に相当する句構造である。両者は，上下関係が逆だということを除けば同一の統辞論的情報を表しているが，(5.24a) では $(S\backslash N_s)/N_o$ や $S\backslash N_s$ のように，関数本体のカテゴリーが次に何と結合するかが一目瞭然である。また，派生の各段階ごとに，<, > 記号の向きによって関数本体と項との位置関係を区別する。さらに，この先で学ぶ関数合成の適用などは B などの記号を付けて区別するが，詳しくは Steedman (1996) を参照してほしい。なお，関数本体に相当する語句を**主要部 (head)**，項にあたる語句を**補部 (complement)** と呼ぶ。この

用語はカテゴリー文法以外に句構造文法でも用いられるが，任意的要素に関してさらに複雑な区別をすることが多い．

日本語で，格名詞句はつねに動詞よりも左側にあらわれ，ディフォールトの語順は主語-目的語-動詞とすると，日本語の他動詞のカテゴリーは $(S\backslash N_s)\backslash N_o$ となる．本節では，日本語の他動詞がこの順序でそれぞれの名詞句と結合することはその語彙指定で決まっていると仮定しよう．しかし動詞はつねに語彙的に指定されている順序で，構成素と結合できるわけではない．次のような例を考えてみよう．

(5.25) カレーを花子が作って，太郎が食べた．

「花子がカレーを作る」や「太郎がカレーを食べる」がもっとも標準的な語順の文と考えられることから，他動詞「作る」および「食べる」に対しては $(S\backslash N_s)\backslash N_o$ のカテゴリーを与えることが出来る[3]．ところが，(5.25) では動詞「作る」「食べた」が目的語「カレーを」と直接結合できないばかりか，「花子が作って，太郎が食べた」という派生された表現が目的語を共有している．意味の考察に焦点を当てるためには，我々は構成素の概念をもっと柔軟に捉え，「花子が作って，太郎が食べた」というような連鎖を**非標準的構成素 (nonstandard constituent)** として派生できるような統語規則を持たねばならない．

上のような (関数) 適用規則しかない文法は，その表現性 (expressivity) に関して文脈自由文法 (5.2.5 節を参照のこと) と同等であることがよく知られている．生成文法の出現以降自然言語の多くの現象が文脈自由文法だけでは扱えないということが広く常識とされ，変形や移動が提案されたが，それらは非常に制限力が弱い (表現力が強い) ため，その適用を様々な条件でもってコントロールすることに追われることになる．カテゴリー文法の中にはできるだけ表現力を弱くして文脈自由文法に近い枠組みを持

---

[3] 日本語に動詞句 (VP) があるかどうかについては論理言語学の文献で長い間議論されているが，再帰代名詞の分布などの証拠から VP を認めるのが常識なので，この本でも他動詞が目的語と結合して VP に相当する $S\backslash N$ の構成素を形成するような語彙指定を前提としている．カテゴリー文法でも日本語のような言語における構成素の語順の自由さを扱うために異なる扱いが提案されているが，ここでは現象の問題に深く立ち入らず，統辞論と意味論の平行性を見ることに焦点を当てる．

つものから,「控え目に文脈依存的な (mildly context-sensitive)」文法を目指し, 不連続構成素を派生できる追加規則を導入して扱える言語現象を拡大しようとするものまである。我々は純粋に概念的な議論に紙数を費やすより, 言語学の研究者にとっては扱える現象が広い方が有益であると考え, 2つの追加的な規則を導入することにする。

(5.26)　タイプ繰り上げ
　　　a.　$\alpha \Rightarrow \beta/(\beta\backslash\alpha)$　または
　　　b.　$\alpha \Rightarrow \beta\backslash(\beta/\alpha)$

(5.26) は関数本体である $\beta\backslash\alpha$ または β/α のカテゴリーの表現に対してカテゴリー α の表現が項となる時, 項と関数の関係を逆転させて, 元の α に相当する表現を新たな関数に変換して $\beta\backslash\alpha$ または β/α のカテゴリーの表現を項として取るようにしたもので, **タイプ繰り上げ (Type raising, Type shifting, Lifting)** と呼ばれる。以下でその例を見てみよう。

(5.27) a.　花子が　　歩く
　　　　　―――――――――――<
　　　　　N_s　　$S\backslash N_s$
　　　　　―――――――――――
　　　　　　　　S

　　　b.　花子が　　歩く
　　　　　N_s　　$S\backslash N_s$
　　　　　↓T
　　　　　$S/(S\backslash N_s)$
　　　　　―――――――――――>
　　　　　　　　S

(5.27a) ではタイプ繰り上げが行われず, 関数である「歩く」のカテゴリー $S\backslash N_s$ が項のカテゴリー N_s に適用されて文を派生する。これに対して, (5.27b) では N_s がタイプ繰り上げされて, 述部を取って文を返す関数である $S/(S\backslash N_s)$ となっている。この関数が「歩く」のカテゴリー $S\backslash N_s$ に適用されると結果は S となる。「花子が」に対してタイプ繰り上げが行われようと行われまいと, 結果として得られる表現「花子が歩く」が S のカテゴリーとなることには影響しない。

(5.25) のような例で目的語と結合する前に,「花子が作る」「太郎が食べる」の構成素を派生するためには, 2.2.4 節で学んだ合成関数に似たも

う1つの規則が必要で，これはカテゴリー文法では**関数合成 (functional composition)** と呼ばれる (Steedman 1996)。

(5.28) 関数合成規則
  a. α/β β/γ $\Rightarrow$ α/γ 前方合成
  b. $\beta\backslash\gamma$ $\alpha\backslash\beta$ $\Rightarrow$ $\alpha\backslash\gamma$ 後方合成
  c. α/β $\beta\backslash\gamma$ $\Rightarrow$ $\alpha\backslash\gamma$ 前方交差合成
  d. β/γ $\alpha\backslash\beta$ $\Rightarrow$ α/γ 後方交差合成

(5.28a) はカテゴリー β/γ の従属関数表現がその項であるカテゴリー γ の表現と結合する前に，先行する関数カテゴリー α/β の表現と結合して，その結果右側にカテゴリー γ の表現を取る新しい関数カテゴリー α/γ の表現を派生することを許す。(5.28b) は単純に二つの関数カテゴリーの線形順序が逆になっただけである。また，(5.28a, b) のように主従二つの関数カテゴリーのスラッシュが同じである場合を調和的関数合成 (harmonic composition) といい，一方 (5.28c, d) のように二つのスラッシュの方向が一致しない合成を交差合成 (crossing composition) または不調和合成 (disharmonic composition) という。

(5.28a) の規則による派生図を以下に示す。

(5.29)
$$\frac{\dfrac{\alpha/\beta \quad \beta/\gamma}{\alpha/\gamma}{>}B \quad \gamma}{\alpha}{>}$$

関数 β/γ の表現は本来はまず γ の表現と結合するはずだが，非標準的構成素を作る必要がある場合はこれを先送りし，γ をキャンセルしないまま，γ を取って α を返す，新しい関数カテゴリー α/γ の表現を派生することができる。γ の表現との結合は，その後の課題となる。交差合成の適用は一般的に適用を制限されるが，以下の例のように日本語では必要な場合がある。

(5.26) のタイプ繰り上げと (5.28) の関数合成の規則で拡張されたカテゴリー文法は (5.25) のような文を次のように派生できる (「作って」＝「作る」＋「て」については詳述しない)。

(5.30)

```
カレーを    花子が        作る          て       太郎が       食べた
  N_o       N_s       (S\N_s)\N_o   (X/X)\X    N_s      (S\N_s)\N_o
            ↓_T                                ↓_T
          S/(S\N_s)                          S/(S\N_s)
          ─────────────────────>B            ─────────────────────>B
                  S\N_o                              S\N_o
                                                                    <Φ>
                                  S\N_o
   N_o    ─────────────────────────────────────────────
                              S\N_o
   ─────────────────────────────────────────────────────── <
                              S
```

「て」のカテゴリーの定義の詳細には立ち入らないが，「て」を等位接続要素として見なすと，その左右の表現 (「花子が作った」と「太郎が食べた」) の構成素のカテゴリーは等しくなくてはならないことになる (同等構成素制約 Like-Constituent Constraint)。ここではまず「花子が作った」と「太郎が食べた」という目的語が無い (前置された) 構成素を派生するため，まず「花子」と「太郎」という主語名詞句が元の N_s のカテゴリーから，右側に述部を取る関数カテゴリー $S/(S\backslash N_s)$ へとタイプ繰り上げされており，次にこの高階表現が $(S\backslash N_s)\backslash N_o$ カテゴリーの他動詞と関数合成 (交差合成) される。(5.28c) の規則が適用され，α に相当するのは S，β には $S\backslash N_s$，γ に N_o が当てはまるので，その結果として，関数カテゴリー $S\backslash N_o$ という，左側の目的語と結合しうる表現 (非標準的構成素) を派生している。このカテゴリーの二つの構成素が $X/(X\backslash X)$ のカテゴリーの等位結合子によって結びつけられ (X は任意のカテゴリー)，派生した「花子が作って，太郎が食べた」全体も $S\backslash N_o$ のカテゴリーを持つので，共通の目的語「カレーを」と最終的に結合できる。「花子が作って，太郎が食べた」は全体で 1 つの構成素となり，同一の目的語を共有している。このことからも上記の分析の正しさが理解できる。一般的にカテゴリー文法では移動のような強力な規則を持たないが，もっとも表現力を制限した適用カテゴリー文法にタイプ繰り上げと関数合成の結合規則を付け加えることにより，控え目な文脈依存文法となり，構成素に対する柔軟な派生を許しているのである[4]。

---

[4] (5.25) のような前置された目的語が等位結合された二つの節の共通の目的語となっている場合，移動のような規則で直接派生されることはできないことに注意されたい。

カテゴリー文法がいかに文脈依存性を制限した枠組みを目指すにせよ，その言語学的な価値は扱える言語現象の広さが生成文法に匹敵し，その分析に対する代案を提供できるという事実で証明されねばならないだろう。ただしすべてのカテゴリー文法が合成規則を持たねばならないということはない。次章で見るモンタギュー文法は合成規則を採用していない。カテゴリー文法を採用する大きな長所は高階論理をベースにして統辞論と意味論を平行して扱えるということにあるので，自然言語の意味の取り扱いに不可欠なタイプ理論について次に解説する。

問題 5.6 下線部の表現にどのようなカテゴリーを与えるべきかをよく考えて，全体の表現の派生過程を明らかにしなさい。なお，本文では説明を簡単にするために名詞句に N のカテゴリーを与え，名詞句と名詞とは区別しなかった。しかし，英語の名詞句は冠詞を伴い，その内部の解析のためには両者の区別が必要である。以下，問題 5.6, 5.7, 5.8 の a では名詞句に NP，名詞に N のカテゴリーを与えること。

a. John loves <u>the</u> girl.
b. 太郎は <u>ゆっくり</u> 歩く。
c. ジョンは <u>ユーモラスな</u> 人です。
d. 花子はカレーを作ら <u>ない</u>。

問題 5.7 合成やタイプ繰り上げを必要に応じて利用しながら，以下の表現の派生を示しなさい。

a. Tom sees the girl whom John loves.
b. この本は私たちが書きました。
c. 猫がネズミに追いかけられる。
d. 山田君は <u>実家が</u> 金持ちだ。(まず「山田君は金持ちだ」の派生を考察してから，この文の派生との類似性や相違性が分かるように示し

この点は，
　(i) そのようなカレーは花子が作って太郎が食べた。
のような主題を移動で派生させることができないことと同じである。カテゴリー文法はそもそも痕跡や PRO のような音声的に空の要素を仮定しないので，問題なくこのような構文を派生/解析できる。

なさい)

5.3.3 タイプ理論

タイプ理論 (theory of types) は，自分自身を要素として含む集合を想定した場合に生じるパラドクスを解決するために**ラッセル** (Bertrand Russell) が作り上げたもので，集合 (の名前) とその要素を異なるレベルとして区別する ($\alpha \in \alpha$ はタイプ理論では適格な表現ではない)。この理論では諸々の集合が互いの包含関係によって区別され階層化されるが，このことは意味としての指示対象の階層化に利用することができる。自然言語意味論においてこのタイプの区別は，多様な文法機能に対応して異なる意味領域を区別できることから，自然言語の意味記述の強力なツールとして使用されている。モンタギュー意味論などのカテゴリー文法では例えば統辞カテゴリー CN (普通名詞) に対応して意味タイプ $\langle e,t \rangle$ が与えられたりしているため，タイプそのものが意味表示であるかのように感じられるが，それは正しくない。タイプ理論もカテゴリー統辞論と対応する統辞機能をもたせることができるので，極端にいえば語彙カテゴリーと意味タイプが緊密に関係づけられたタイプ理論があれば，カテゴリー文法の統辞部門は必要ない。タイプの統辞論の定義はカテゴリー文法のカテゴリーの定義とよく似ているが，それはともに関数の概念を中心に据えているので当然である。まず我々が持つタイプは個体を指示する表現のタイプである e と真理値を指示する命題のタイプの t であり，残りのタイプはすべてこの二つの**基本タイプ** (basic types) から帰納的に定義される。

(5.31) i. $e, t \in T$
 ii. $a, b \in T$ である時，$\langle a, b \rangle \in T$ である。
 iii. i, ii 以外の何ものもタイプではない。

T は i と ii を充足する最終のタイプの集合である。タイプ $\langle a, b \rangle$ は，項に相当する a タイプの表現に適用されて b タイプの表現を派生する関数を表している。このプロセスはやはり関数適用と呼ばれる。一例を挙げると，固有名詞は個体指示表現 (individual expression) で e タイプの表現であ

り，動詞句は1階1項述語で，主語として個体指示表現を取り，結果として生じる文の意味は真理値なので，$\langle e,t \rangle$ タイプの表現である．また，他動詞は個体指示表現と結びついて項述語となるので，$\langle e,\langle e,t \rangle \rangle$ タイプを付与される．

自然言語分析に必要な典型的なタイプを以下のように例示し，参考のために対応するカテゴリーも追加する．次章および第7章のモンタギュー意味論ではさらに「内包」の概念を取り入れたタイプを提示するが，ここではこれまでと同様に外延的なタイプのみを挙げる．

(5.32)

タイプ	表現	対応するカテゴリー	例
e	個体指示表現	N	John, 花子
$\langle e,t \rangle$	1項述語	S\N, CN	泳ぐ, カレーを作る, 犬
t	文	S	花子はカレーを作る
$\langle t,t \rangle$	文修飾表現	S\S, S/S	not, ではない
$\langle e,e \rangle$	個体から個体への関数	N/N, N\N	母親, 手
$\langle \langle e,t \rangle, \langle e,t \rangle \rangle$	述語修飾表現	(S\N)/(S\N) など	ゆっくり, 上手に
$\langle e,\langle e,t \rangle \rangle$	(1階) 2項述語	(S\N)\N	愛する, 作る
$\langle e,\langle e,\langle e,t \rangle \rangle \rangle$	(1階) 3項述語	((S\N)\N)\N	与える, 示す

表の2行目で，自動詞も名詞も目的語プラス他動詞からなる連鎖も，1個の個体指示表現と結合して文となりうるので $\langle e,t \rangle$ タイプを与えられている．4行目の否定表現は文を修飾して全体でも文となることから，文を入力として文を出力するので $\langle t,t \rangle$ である．5行目で，「母親」のような関係名詞は，名詞 (個体指示表現) を入力として，結果として得られるのも「太郎の母親」のように名詞と同じ働きをする句なので $\langle e,e \rangle$ となる．さらに，6行目のような述語を修飾する表現は，述語のタイプに適用されて述語のタイプを派生するので $\langle \langle e,t \rangle, \langle e,t \rangle \rangle$ タイプを与えられるのが適切である．

自然言語表現は辞書においてこのようなタイプが定義されていると考えることもできるし，カテゴリー文法では表現のカテゴリーが定義されれば，タイプ付与関数などを介してタイプが決定されると考えることもできる．自然言語の分析のツールとしては各語彙とタイプ／カテゴリーの定義

は辞書で定義されていると考えるのが便利であろう。タイプ理論の統辞論は前章で見た1階述語論理の統辞論とよく似ており，語彙は全く同じであるが，その形成規則は注意すべきである。例えば前章の1階述語論理の形成規則 (4.12) では

> i. $t_1, t_2, \ldots, t_n$ が個体項 (個体定項または個体変項) で P が n 項述語だとすると，$P(t_1, t_2, \ldots, t_n)$ は整式である。

とされていたが，タイプ理論ではそれに対応する $\langle e, e, \ldots, t \rangle$ のようなタイプはなく，カリー化，すなわち多項関数を1項関数の逐次適用として書き換えて (2.2.5 節を参照のこと)，$\langle e, \langle e, \ldots \langle e, t \rangle \ldots \rangle \rangle$ のようなタイプとして定義される。他動詞のような個体間の関係 (個体の順序対から真理値への関数) は，個体から集合 (つまり個体から真理値への関数) への関数というように定義されねばならない。多項述語のタイプは (5.33.i) のように規定される。

(5.33) i. α がタイプ a の表現であり，β がタイプ $\langle a, b \rangle$ の表現であるとすると，$\beta(\alpha)$ はタイプ b の表現である。

これを帰納的に適用すれば，多項述語のタイプが得られる。結合子や量化子を含む文に関しては述語論理とほぼ同様で (5.33.ii–v) のように定義される。

(5.33) ii. ϕ がタイプ t の整式なら，$\neg \phi$ もタイプ t の整式である。
  iii. ϕ および ψ がタイプ t の整式なら，a. $(\phi \land \psi)$，b. $(\phi \lor \psi)$，c. $(\phi \to \psi)$，d. $(\phi \equiv \psi)$ もタイプ t の表現 (整式) である。
  iv. α および β が同一タイプの表現であるとすると，$\alpha = \beta$ はタイプ t の整式である。
  v. ϕ がタイプ t の整式であるとすると，$\forall x \phi$ および $\exists x \phi$ もタイプ t の整式である。

(5.33.i–v) を有限回適用することにより，すべての表現に対してタイプが与えられることになる。これにより，多様なタイプの表現に適用できるよう結合子などを柔軟に定義することも可能となり，後で量化などについ

て見るように，タイプ理論のこの柔軟な定義が自然言語の統辞構造をより緻密に分析することを可能にしてくれる．

タイプの意味論を見る前にタイプ理論とカテゴリー文法の統辞論を比較してみよう．前述したように，タイプ理論も統辞論を定義しているので，言語の意味分析にカテゴリーの概念は必ずしも必要ではないし，一方，表現のカテゴリーが語彙的に定義されていれば，そのタイプはほぼ自動的に決まるので（この反対は成立しない．例えば通常のカテゴリータイプの対応では S\N カテゴリーの表現（1 項述語）も CN カテゴリーの表現（普通名詞）もタイプ $\langle e,t \rangle$ に対応づけられるが，逆にタイプからカテゴリーを予測することはできない），文法が両方の統辞論を持つ必要はないといえるかも知れない．一方自然言語の意味分析にはタイプの介在は必須ではないまでも非常に有益であるし，またカテゴリー文法におけるカテゴリーの定義は自然言語の統辞分析から意味を構築する際に言語学研究者にとって直観的に理解しやすい記号でカテゴリーを表示できる，という利点がある．例えば「花子がカレーを作る」という例文で，個体指示表現「花子が」に個体から真理値への関数を指示する表現「カレーを作る」を適用する，というより，名詞句を取って文を返す関数カテゴリー S\N 表現の「カレーを作る」が名詞句「花子が」と結合して文となる，という方が分かりやすい．またカテゴリー文法やモンタギュー文法はしばしば VP や CN など複雑な関数カテゴリーを簡略表記して直観が働きやすいように定義する．さらに，カテゴリー文法ではカテゴリーに格，人称，数などの素性を追記して，構成素の結合の際に利用することがある．これは Head-driven Phrase Structure Grammar における素性の利用と共通の考えにもとづいている（5.2.5 節参照のこと）．しかし，タイプ表記においては，不可能ではないにせよ，通常はこのような統辞素性を加えることはしない．したがって，言語学的にはカテゴリー文法の統辞論は有益であると考えられるし，さらに文構造に注目して部分の意味から全体の意味を構築する際には，明示化されようがそうでなかろうが，タイプの統辞論が次に示す意味論と直結していることがきわめて重要なので，結局カテゴリーとタイプは多分にオーバーラップしているにしても両方の概念を使い分けることは非常に便利であるといえる．

問題 5.8 下線部の表現に当てはまるタイプを答えなさい。

a. John loves <u>the</u> girl.
b. 太郎は <u>ゆっくり</u> 歩く。
c. ジョンは <u>ユーモラスな</u> 人です。
d. 花子はカレーを作ら <u>ない</u>。

5.3.4 タイプ理論の意味論

タイプやカテゴリーは小さな構成素から大きな構成素を構築する際の形成規則に利用されてきたが，その際意味的にはどのようなことが起こっているのだろうか。例えば「花子がカレーを作る」の文は図 5.8 のように派生すると考えてみよう。

タイプ e の表現の「花子」は個体を指示している。1 項述語に相当する「カレーを作る」は，S\N のカテゴリー，$\langle e,t \rangle$ のタイプを持ち，人々の領域 A (定義域) からこの属性を充足する人の部分集合 B (値域) の要素に 1 を付与し，その補集合の要素に 0 を付与する (A 上の) B の特性関数 (characteristic function B over A) として解釈を与えられる。2.2.6 節の解説を思い出していただきたい。慣習に従い，集合と特性関数は事実上同一視しても無害であるということを前提としよう。「カレーを作る」人は

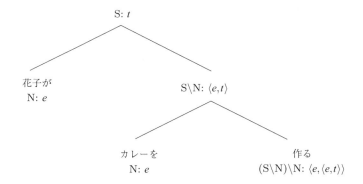

図 5.8 「花子がカレーを作る」の派生

すべての人からなる領域の部分集合であるので，この述部がすべての人からなる領域から $\{1, 0\}$ への関数 f_B であるとすれば，カレーを作る人の集合 B は，$B = \{a \mid f_B(a) = 1\}$ と定義される。「日なたぼっこする」「ゆっくり歩く」など異なる 1 項述語は異なる特性関数として解釈される。ある言語のすべての 1 項述語の集合 $\{0,1\}^D$ は領域 D の冪集合 (2.1.4 節を参照のこと) $\wp(D)$ と同一である。領域中の各々の個体に対して 1 を写像 (マッピング) するか，それとも 0 を写像するか，というバリエーションを考えていくと，結局，領域の冪集合となってしまうからである。2.2.6 節も参考にしてほしい。

では「作る」は何を意味するだろうか。「作る」は個体から個体の集合 (の特性関数) への関数であるから，すべての個体の集合である領域 D (**個体領域**とも呼ぶ) から，'個体領域から真理集合 (真理値 0, 1 からなる集合) への関数' への関数，$(\{0,1\}^D)^D$ と理解できる。便宜のために，「カレー」の意味も個体として扱っている。この関数を目的語に対応する領域 D の要素に適用すれば，「カレーを作る」が指示する特性関数が得られ，さらに「カレーを作る」の特性関数を領域 D の要素である「花子」に適用すれば全体の文の意味が得られる。文全体は t タイプの表現であるから真理集合の要素として解釈され，「花子がカレーを作る」が事実なら真の値が返される。

すべての派生表現は e と t から派生されるので，領域 D が与えられた時，タイプ a を持つ各表現の**解釈領域** (解釈の集合) $\mathbf{D}_{a,D}$ は次のように定義される。

(5.34)　i. $\mathbf{D}_{e,D} = D$
　　　　ii. $\mathbf{D}_{t,D} = \{0,1\}$
　　　　iii. $\mathbf{D}_{\langle a,b \rangle, D} = \mathbf{D}_{b,D}{}^{\mathbf{D}_{a,D}}$

2.2.7 節の復習になるが，(5.34.iii) は定義域 $\mathbf{D}_{a,D}$ から値域 $\mathbf{D}_{b,D}$ へのすべての関数の集合を表す。タイプ $\langle a,b \rangle$ の表現の解釈は，この集合の 1 つの要素 (関数) となる。

図 5.8 の文を例に取って，単語や句や文の解釈領域がどのように与えられるかを見てみよう。

5.3 カテゴリー文法，タイプ理論と λ 計算　125

(5.35) 花子，カレー　　　　$\mathbf{D}_{e,D} = D$
　　　　作る　　　　　　　$\mathbf{D}_{\langle e,\langle e,t\rangle\rangle,D} = (\mathbf{D}_{t,D}{}^{\mathbf{D}_{e,D}})^{\mathbf{D}_{e,D}} = (\{0,1\}^D)^D$
　　　　カレーを作る　　　$\mathbf{D}_{\langle e,t\rangle,D} = \mathbf{D}_{t,D}{}^{\mathbf{D}_{e,D}} = \{0,1\}^D$
　　　　花子がカレーを作る　$\mathbf{D}_{t,D} = \{0,1\}$

各々の表現の解釈は，それぞれこれらの解釈領域 (集合) の 1 要素となる．具体的に例を考えてみると，$D = \{a,b,c,d\}$ の個体領域において，

(5.36) a. $[\![花子]\!] = a \in \mathbf{D}_{e,D} = D$
　　　b. $[\![カレー]\!] = c \in \mathbf{D}_{e,D} = D$
　　　c.

$$[\![作る]\!] = \{\langle a,c\rangle, \langle b,c\rangle, \langle b,d\rangle\} \text{ または} = \begin{bmatrix} a \mapsto \begin{bmatrix} a \mapsto 0 \\ b \mapsto 0 \\ c \mapsto 0 \\ d \mapsto 0 \end{bmatrix} \\ b \mapsto \begin{bmatrix} a \mapsto 0 \\ b \mapsto 0 \\ c \mapsto 0 \\ d \mapsto 0 \end{bmatrix} \\ c \mapsto \begin{bmatrix} a \mapsto 1 \\ b \mapsto 1 \\ c \mapsto 0 \\ d \mapsto 0 \end{bmatrix} \\ d \mapsto \begin{bmatrix} a \mapsto 0 \\ b \mapsto 1 \\ c \mapsto 0 \\ d \mapsto 0 \end{bmatrix} \end{bmatrix}$$

$\in (\mathbf{D}_{t,D}{}^{\mathbf{D}_{e,D}})^{\mathbf{D}_{e,D}}$

　　　d.
$$[\![カレーを作る]\!] = \{a,b\} \text{ または} = \begin{bmatrix} a \mapsto 1 \\ b \mapsto 1 \\ c \mapsto 0 \\ d \mapsto 0 \end{bmatrix} \in \mathbf{D}_{t,D}{}^{\mathbf{D}_{e,D}}$$

　　　e. $[\![花子がカレーを作る]\!] = 1 \in \mathbf{D}_{t,D}$

のように考えられる。後に 6.5.2 節で内包タイプ理論を導入し，それに対応した解釈領域の再定義を行う。

「作る」のような他動詞を述語論理の章では順序対から真理値への関数 (= 個体領域における要素の順序対の集合) と定義した ((4.24.i) を参照のこと) が，ここではカリー化を採用して個体領域を個体の集合 (の特性関数) に写像する関数として定義し直す。このようにタイプを帰納的に定義することにより，文の精密な統辞分析に対応した意味を定義することができ，フレーゲによる構成性の原理 (5.3.1 節参照) をより反映した記述が可能となる。

タイプ理論の式 (内包でないもの) に意味 (解釈) を与える規則は，実質的に，述語論理式の評価である (4.24) に次の規則を付け加えて拡張したものと考えてよい。

(5.37) もし α がタイプ a の表現であり，β がタイプ $\langle a,b \rangle$ の表現であるとすると，
$[\![\beta(\alpha)]\!]_{M,g} = [\![\beta]\!]_{M,g}([\![\alpha]\!]_{M,g})$

これは，タイプ理論の式の解釈において構成性原理が保たれることを規定したものである。1 項述語と 1 個の項により構成される式の解釈は，述語の解釈 (関数となる) を項の解釈に適用した結果に等しいことになる。

これがどのように具現化されるかについては例を取りながら見ていくことにして，その前にタイプ理論と密接に関係する λ 計算について概説する。

5.3.5 λ 計算—その統辞論と意味論の概観

前節で何度も「個体から真理値への関数」のような表現を使ってきたが，その関数を定義する際によく利用されるのが，**λ 演算子 (λ-operator)** である。私たちは前節の例で文の統辞論的分析を精密化し，小さな構成素から大きな構成素を作り上げるステップごとに，それに応じた意味の定義が可能であることを見たが，そのような統辞分析と意味分析を並行して表示するためには多様な関数そのものを定義する表記法があった方が好ましい。そこで本節では，**λ 計算 (λ-calculus)** が具体的にどのように自然言

語意味論分析のために使用されるかということを中心に説明する。λ 計算はこれ自身独立した研究分野であり，理論自体がタイプという概念と結びつけられる必要は全くない。またこの枠組みそのものが統辞論と意味論の両方を備えており，λ 表記法がそのままタイプ理論やカテゴリー論と直結しているわけではない。しかし本節はカテゴリー論，タイプ理論，λ 計算について立ち入った，概念的な説明を試みようとしてのものではなく，意味論を志す研究者のために分析のツールとして 1 つの枠組み (モデル理論的意味論とその拡張) を解説し，次章以下における内包論理およびモンタギュー意味論の理解を助けることを目的としている。

　私たちは統辞カテゴリーやタイプを関数という概念を使って理解してきたが，時には関数が写像を表す時と，値を表す時とを混同する場合がある。λ 表記法は関数を簡潔に表す際に大変便利である。

　例えば，

(5.38) a. $f(x) = x^2 + x + 1$

のように書いたのでは，一定の働きをする関数を意味するのか，それともそのような関数の x にある値を代入して得られる値を表すのか不明である。

(5.38) b. $\lambda x (x^2 + x + 1)$

のように書くと，1 個の変項 x を取って (5.38a) と同じ働きをする関数を示すことができる。関数をただ f と表記するのに比べるとその働きが示されているし，また変項が x であることが明示されている。これにより，例えば (5.38a) で x に 2 を代入した $f(2)$ を計算するのと全く同じように，関数 (5.38b) を 2 に適用して，

(5.38) c. $\lambda x (x^2 + x + 1)(2) = 2^2 + 2 + 1 = 7$

のように計算することができる。このように，λ 表記法は λ 変換によってより単純な表現に変換できるが，詳しくは次節で述べる。

　形式意味論では λ 計算は，後で述べる λ 抽象化によって文の断片としての語や句の意味表示を λ **表現** (λ-**expression**) として表し，これらから

文の意味表示に相当する論理式を構成的に組み立てるのに利用される。これを逆に述べると，うまく文全体の論理式が組み合わせとして得られるように，語や句の λ 表現を与えるのである。

λ 表記法の大きな特徴はいわゆる多変項関数を 1 変項関数として帰納的に定義し，段階的に表示 (すなわち，カリー化) することである。例えば，他動詞「愛する」に対応する述語 L は 1 階述語論理では順序対から真理値への関数と表現したり，個体から個体の集合への関数と表現したりしてきた (タイプ理論においても $\langle\langle e,e\rangle,t\rangle$ と $\langle e,\langle e,t\rangle\rangle$ の二つのタイプは等価であるといえる)。

一方 λ 表記法では，L が $\langle e,\langle e,t\rangle\rangle$ タイプの定項であるとして，その内項に相当する変項 x をひとまず固定し (あるいは自由変項とみなし)，外項の値だけを考えるとすれば，$f_x(y) = (L(x))(y)$ の 1 変項関数が得られるので，これを $\lambda y_{\in D}((L(x))(y))$ と表記する (y のタイプを示す $\in D$ の部分は任意)。この時，変項 y について **λ 抽象化 (λ abstraction)** が行われている，と言う。この λ 表現が $\langle e,t\rangle$ タイプの式であることに注意されたい。次に述語 L の内項に対応する自由変項 x に対してもう一度 λ 抽象化すると $\lambda x_{\in D}(\lambda y_{\in D}((L(x))(y)))$ が得られ，この λ 表現は $\langle e,\langle e,t\rangle\rangle$ タイプの表現であるので，L に等しい。この λ 表現は内項，すなわち意味的には対象である x と先に結びつくことからこれを統辞論的に目的語として扱っており，また外項，すなわち意味上の動作主 y とはその後で結合するので，統辞論上の主語として扱っている。つまりこれは，能動の L の意味 (L_{act}) に対応している。さて今度は，y をひとまず固定して変項 x を先に λ 抽象化すると，1 項述語 $\lambda x((L(x))(y))$ が得られ，タイプとしては上のケースと同じく $\langle e,t\rangle$ である。さらに自由変項 y に対してもう一度抽象化すると，タイプは同じく $\langle e,\langle e,t\rangle\rangle$ ではあるが，異なる表現 $\lambda y(\lambda x((L(x))(y)))$ が得られる。これは先に動作主と結合し，次に意味的には対象を表す項と結合する。動作主を表す名詞句を統辞論的には目的語として扱い，対象を表す名詞句を統辞論的主語としていることになり，受動の L_{pass} に相当する。2 変項関数を λ 表記法で表す時，どちらの変項を先に λ 抽象化するか，についてつねに注意が必要である。

λ 表現は文の派生の段階ごとに意味を考察する時，非常に便利であ

5.3 カテゴリー文法，タイプ理論と λ 計算　129

る。例えば，図 5.8 の例で，VP「カレーを作る」の意味表示は関数 $\lambda y((C(c))(y))$ で表すことができる。これは 1 項述語に相当し，個体の集合の特性関数を表す。言い換えれば，主語として「カレーを作る」を満たす個体の集合が意味である。

さらに，λ 表記の大きな特徴はあらゆるタイプの変項に抽象化を適用できることであり，本節で学んでいる高階関数 (関数を引数として取る関数) の記述に大変便利なことである。例えば walk slowly という表現の意味を考えてみよう。統辞論的には slowly は述部と結合してより大きな述部を作るカテゴリーである $(S\backslash N)\backslash(S\backslash N)$ の表現であると考えられる。表 (5.32) では，これに対応するタイプは $\langle\langle e,t\rangle,\langle e,t\rangle\rangle$ である。$\langle e,t\rangle$ のタイプの表現は 1 項述語であり，個体の**属性 (property)** を表す。$\langle\langle e,t\rangle,\langle e,t\rangle\rangle$ は属性を取って複合的な属性となる関数，簡単に言えば集合から集合 (の特性関数) への関数を指示するはずである。次にこの述部 walk slowly は $\langle e,t\rangle$ タイプであるから，その意味は $\lambda x(S(W(x)))$ のように表示される。これは，全体が 1 項述語であること，また $W(x)$ 単独の場合に比べてその意味を限定 (一定以下のスピードであるなど) していることから，S が $W(x)$ を埋め込むと考えるのが適切なことによる。そこで，一般に，slowly が修飾する動詞句を VP，その意味表示を X とすると，VP slowly の意味表示は $\lambda x(S(X(x))$ となる。これにもとづき，副詞 slowly が単独で持つ意味表示は，これから X を λ 抽象化することによって得られる。すなわち，$\lambda X(\lambda x(S(X(x))))$ となる。実際，この関数を W に適用すると，元の $\lambda x(S(W(x)))$ が得られる。このように文の派生段階で単語や句の部分的な意味を捉えようとする時，λ 表記法は原則的にどんな言語表現の意味でも表示することができる。

一般的に λ 抽象化でタイプ理論の統辞論を拡張する時，次のような規則が追加される。λ 演算子はつねに変項を 1 個のみ取る。

(5.39) α がタイプ a の表現であり，v がタイプ b の変項であるとすると，
　　　　$\lambda v(\alpha)$ は $\langle b,a\rangle$ の表現である。

λ 計算にはいろいろな表記法があり，よくカッコが省略されて λxPx のように簡略表記されることがある。しかし，λ 表現が正確に何を表して

いるのかということはしばしば初学者には分かりにくいことがあるので，本節では明白な場合を除き，丁寧にカッコを導入していくアプローチを取る。一方，λ 表現の形成について，ある変項を固定し，別の変項について抽象化し，という様な詳細は既存の意味論の入門書にならい，この本でも簡略化して表示するが，読者は上記の λ 表現形成の本質的な部分を十分に理解されたい。

規則 (5.39) の統辞規則に対してはどのような意味が与えられるだろうか。我々は述語論理について解説した前章ですでに変項に対する意味（割当関数 g の働き）の与え方を理解したが，これを高階論理の λ 表記に敷衍することになる。λ 演算子が束縛する変項のタイプは基本的にどの階のものでもよい（ただし有限）のでこれを b タイプとし，スコープとなる表現のタイプを a タイプとして添え字で表示すれば，$\lambda v_b(\alpha_a)$ の意味は b タイプの領域から a タイプの領域への関数であることになる。$\lambda v_b(\alpha_a)$ の解釈は以下のように提示される。

(5.40) α がタイプ a の表現であり，v がタイプ b の変項であるとすると，$[\![\lambda v(\alpha)]\!]$ は，すべての $d \in \mathbf{D}_b$ について，$h(d) = [\![\alpha]\!]_{M,g_{[v/d]}}$ となるような，関数 $h \in \mathbf{D}_a^{\mathbf{D}_b}$ である。

いつもどおり，M はモデルであり，g は変項に対する割当関数である。1 項述語 W を取り上げ，$\lambda x(W(x))$ の意味が (5.40) によってどのように与えられるかを考えてみよう。W のタイプは $\langle e,t \rangle$ なので，$[\![\lambda x(W(x))]\!]_{M,g} = h$ は個体の領域 $\mathbf{D}_{e,D} = D$ から真理値へと写像する関数であり，集合 $\mathbf{D}_{t,D}^{\mathbf{D}_{e,D}} = \{0,1\}^D$ の 1 つの要素である。これは，個体の集合の特性関数となる。(5.40) により，$h(d) = [\![W(x)]\!]_{M,g_{[x/d]}}$ である。言い換えれば，$h(d) = 1$ であることの必要十分条件は，$[\![W(x)]\!]_{M,g_{[x/d]}} = 1$ であることである。また (5.37) により，その必要十分条件は，$[\![W]\!]_{M,g_{[x/d]}}([\![x]\!]_{M,g_{[x/d]}}) = 1$ であることである。さらに，その必要十分条件は，$I(W)(d) = 1$ であることである（I は解釈関数）。要するに，$h(d) = 1$ であることの必要十分条件は，W が意味する属性を d が持つことである。ここで，h は W の属性を持つ個体の集合と同一視することができる。このことから，$\lambda x(W(x)) = W$ となる。

5.3 カテゴリー文法，タイプ理論と λ 計算

いま，1項述語 W (歩く) と S (眠る) および 2 項述語 T (飲む)，F (友達である)，A (毎朝駅で会う) の意味があるモデルにおいて以下のように与えられたとする。j, k, l, m および n をそれぞれジョン，ケン，ルーシー，メアリー，ナタリーとする。また，c および t はコーヒーおよび紅茶を表すものとする。

$[\![W]\!]_{M,g} = \{j, k, l\}$
$[\![S]\!]_{M,g} = \{m, n\}$
$[\![T]\!]_{M,g} = \{\langle j, c\rangle, \langle j, t\rangle, \langle l, c\rangle, \langle m, t\rangle\}$
$[\![F]\!]_{M,g} = \{\langle j, k\rangle, \langle j, m\rangle, \langle l, m\rangle, \langle m, l\rangle\}$
$[\![A]\!]_{M,g} = \{\langle j, l\rangle, \langle j, m\rangle, \langle k, n\rangle\}$

ここで，$h = [\![\lambda x(W(x))]\!]_{M,g}$ は，$[j \mapsto 1, k \mapsto 1, l \mapsto 1, m \mapsto 0, n \mapsto 0]$ のように写像を行う関数である。すなわち，$h(j) = h(k) = h(l) = 1$, $h(m) = h(n) = 0$ となる。この関数は入力すると 1 を出力するような個体の集合と同一視され，$[\![\lambda x(W(x))]\!]_{M,g} = \{j, k, l\} = [\![W]\!]_{M,g}$ である。

同様にして，$[\![\lambda x(T(x, c))]\!]_{M,g}$ も個体を取って真理値を返す特性関数であり，上のモデルから，$[\![\lambda x(T(x, c))]\!]_{M,g} = \{j, l\}$ となる。これは，コーヒーを飲んでいるのがジョンおよびルーシーであることを表す。また，$[\![\lambda y(T(j, y))]\!]_{M,g} = \{c, t\}$ となるが，これはジョンが飲む物がコーヒーおよび紅茶であることを表す。

さらに，述語を変項とする λ 表現を考えてみよう。$[\![\lambda P(P(j))]\!]_{M,g}$ は，1 項述語を取って真理値を返す特性関数なので，出力を 1 とするような述語の集合である。ここでは $[\![\lambda P(P(j))]\!]_{M,g} = \{[\![W]\!]_{M,g}$, $[\![T(c)]\!]_{M,g}$, $[\![T(t)]\!]_{M,g}$, $[\![F(k)]\!]_{M,g}$, $[\![F(m)]\!]_{M,g}$, $[\![A(l)]\!]_{M,g}$, $[\![A(m)]\!]_{M,g}, \ldots\} = \{\{j, k, l\}, \ldots\}$ (最後の集合は長くなるので省略) だが，このことは，ジョンがしていることが歩くこと，コーヒーを飲むこと，紅茶を飲むこと，ケンと友達であること，... などであると言っているのに等しい。なお，ジョンを項として取ることのできる述語としては，この他にも，コーヒーを飲みかつ紅茶を飲むこと ($[\![\lambda x(T(x, c) \wedge T(x, t))]\!]_{M,g}$) など，論理結合子によって作られる複合的なものも含まれる。また，$[\![\lambda Q(Q(j, m))]\!]_{M,g} = \{[\![F]\!]_{M,g}, [\![A]\!]_{M,g}, \ldots\} = \{\{\langle j, k\rangle, \langle j, m\rangle, \langle l, m\rangle, \langle m, l\rangle\}$,

$\{\langle j,l\rangle, \langle j,m\rangle, \langle k,n\rangle\}, \ldots\}$ となるが，このことは，ジョンとメアリーの間に成り立つ関係が友達であることや毎朝駅で会うこと等であることを表している．

問題 5.9 以下の文がすべて真であるようなモデルがあると仮定する．その場合，a–d を表す λ 表現を書きなさい．

ジョシュアはヘブライ語，英語および日本語を話す．
ミン・スーはベトナム語，中国語および日本語を話す．
ジョージは英語しか話せない．
太郎は日本語と英語を話す．
シルビアはフランス語と英語が話せる．

a. 英語が話せる人の集合
b. ミン・スーが話せる言語の集合
c. ジョシュアと太郎が共通して話せる言語の集合
d. ジョシュアとミン・スーと太郎が共通に持つ属性

5.3.6 λ 変換

文の生成や解析において，主語と述部が，あるいは他動詞と目的語が関数適用により結合してより大きな構成素が作られた場合，解釈ではどのようなことが起こるだろうか．再び単純な図 5.8 の例の構成素の結合を考えてみよう．まず (S\N)\N カテゴリーの他動詞と N カテゴリーの目的語が関数適用 (単純に**結合 concatenation** と呼ばれることもある) により結合すると，動詞カテゴリーの最初の N が打ち消されて，S\N カテゴリーを持つ動詞句が派生されると 5.3.2 節で述べた．(カリー化した) タイプ理論ではほぼ同様に他動詞は $\langle e, \langle e, t \rangle \rangle$ タイプ，目的語は e タイプなので関数適用により派生した動詞句は $\langle e, t \rangle$ タイプ (個体から真理値への関数，あるいは個体の集合) となる．λ 計算を備えたタイプ理論でその派生を表示してみよう．

5.3 カテゴリー文法，タイプ理論と λ 計算

(5.41)

```
    カレーを                         作る
     e : c              ⟨e,⟨e,t⟩⟩ : λx(λy((C(x))(y))) = C
        \                      /
           カレーを作る
       ⟨e,t⟩ : λx(λy((C(x))(y)))(c) =
              λy((C(c))(y)) = C(c)
```

λ 表現で表記した他動詞の意味表示としての関数 $\lambda x(\lambda y((C(x))(y)))$ が目的語に適用されて派生した述部は，$\lambda x(\lambda y((C(x))(y)))(c)$ のように表示される。この λ 表現は，x を c で置き換えた $\lambda y((C(c))(y))$ と等価であり，要するに「カレーを作る」という属性，つまり動作主変項の解釈領域から個体を取って，変項 y に代入した結果の式を返す関数，を指示している。このように λx を取り除き，それが束縛する式の部分の変項に名詞句の意味を代入する操作を **β 変換 (β-conversion)** (**λ 変換 λ-conversion** あるいは **β 縮約 β-reduction** とも言う) と言い，縮約化される前の形式を **β 縮約体 (β-redex)** という。[5]

(5.42) β縮約 : $\lambda v \beta(\gamma) \Rightarrow \beta[\gamma/v]$

ここで $[\gamma/v]$ が表すプロセスは「γ を β 内の v のすべての生起に代入する」ことであり，縮約によって得られた表現は λ 表現と等価であるということを意味する。述語も変項として扱われることがあることに注意が必要である。

ここで重要な条件がある。例を取ってみてみよう。いま，(5.42) のスコープ β に相当する表現を $\exists y A(x,y)$ とすると，$\lambda x \beta(y) = \beta[y/x] = \exists y A(y,y)$ となるはずである。ところが，$\exists y A(x,y)$ は「彼が愛している人がいる」に相当するのに対して $\exists y A(y,y)$ の方は「自分を愛している人がいる」ということだから，同一に扱うことはできない。これは，β の内部で変項 y が量化子に束縛されているのに対して入力項がたまたま同一の y だったことから，元来の β では自由であった第 1 項の変項までもが束縛されてしまったためである。このような偶発的束縛を防ぐために，ある

---

[5] Gamut (1991, p. 109) のように $[\gamma/v]$ をスコープの式を表す記号の前につけて $[\gamma/v]\beta$ のように表記する方法もある。

変項が自由であるための条件と λ 変換適用の条件を次のように明記しておこう。

(5.43) 表現 β 内部における v(の任意の自由生起) が量化子 $\exists v'$ や $\forall v'$ または λ 演算子 $\lambda v'$ の作用域の中に存在しない場合に限り，変項 v' は表現 β 内の v に関して自由である。

(5.44) $\lambda v \beta(\gamma)$ が λ 変換の適用を受ける際には，γ 内部のすべての自由な変項は，β 内の v に関して自由でなくてはならない。

これにより，上記のように $\beta = \exists y A(x,y)$ である場合，(5.42) による $\lambda x \beta(y)$ の適用 ($y = \gamma$) は，y が β 内の x に関して自由ではないために行われない。

(5.42) に従い，(5.38b) の関数に対する項として 2 を入力すると，

(5.38) c. $\lambda x(x^2 + x + 1)(2) = 2^2 + 2 + 1 = 7$

となる。

λ 変換の結果 λ 表現が得られる例を以下にいくつか挙げておく。(5.45a-c) では個体を表す変項 x, y が λ 抽象化され λ 変換されているだけなのに対し，(5.45d-f) では述語変項である P や Q が含まれている。

(5.45) a. $\lambda x(A(x))(a) = A(a)$
　　　b. $\lambda x(\lambda y((L(x))(y)))(a) = \lambda y((L(a))(y))$
　　　c. $\lambda x(\lambda y((L(x))(y))(a))(b) = \lambda y((L(b))(y))(a) = (L(b))(a)$
　　　d. $\lambda P(P(x))(L) = L(x)$
　　　e. $(\lambda P(\lambda x(P(x)))(A))(b) = \lambda x(A(x))(b) = A(b)$
　　　f. $\lambda P(P(y))(\lambda x(Q(x))) = \lambda x(Q(x))(y) = Q(y)$

次に，翻訳が行われる過程を λ 計算の長所に注目しながら (5.25) の文の翻訳について考えてみよう。この章では統辞論と意味論の並行的分析を解説することを目的としてきた。より大きな構成素の意味が部分の意味の関数であるという構成性の原理を言語学的に応用すれば，正しい統辞論的分析から妥当な意味論的分析が自動的に得られるはずである。

例文 (5.25) のカテゴリー文法による派生 (5.30) において，それぞれの等位節の他動詞「作る」と「食べる」はこのままでは目的語と結合できないため，それぞれの主語「花子が」と「太郎が」が述部を取って文を派生するカテゴリー（一般化量化子と呼ばれる。7.5.1 節参照。）に繰り上げられている。つまり主語が上位の関数カテゴリーで述部が項カテゴリーである。一般化量化子のタイプは $\langle\langle e,t\rangle,t\rangle$ であり，このタイプの表現は個体の集合 (の特性関数) から真理値への関数 (または集合の集合 (の特性関数)) を意味する。$S/(S\backslash N_s)$ のカテゴリーを与えられる主語名詞句の意味表示としては，$\lambda P(P(h))$ および $\lambda Q(Q(t))$ が適切である。ここで，h と t は花子と太郎を表す個体である。これらはそれぞれ h が満たす属性の集合と t が満たす属性の集合を表す。実際，例えば前者については，$\lambda P(P(h))(\lambda y(\lambda x((C(x))(y)))) = \lambda y(\lambda x((C(x))(y)))(h) = \lambda x((C(x))(h))$ と適切な論理式に還元される。λ は集合抽象化子 (set-abstractor) として原則的には任意の階 (ただし有限) の変項を束縛することができ，λ 変換のプロセスも (5.41) で示したように e タイプの項が抽象化されている場合と全く同様である。$\lambda P(P(h))$ や $\lambda Q(Q(t))$ が意味論的に何を表しているかについては，第 7 章で詳しく考察する。(5.30) の派生は意味的には図 5.9 のように示すことができる。

等位接続表現「て」の扱いについてはさらに検討する必要があるが，ここでは簡略表記を行っている。等位結合により派生した述部の解釈は

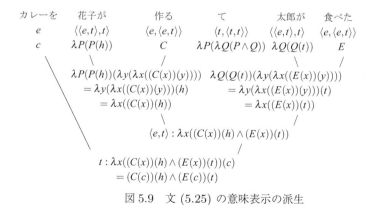

図 5.9　文 (5.25) の意味表示の派生

次のように作られる。繰り上げられた「花子」と「太郎」は $\langle e,t \rangle$ タイプの 1 階述語変項を抽象化した $\lambda P(P(h))$ もしくは $\lambda Q(Q(t))$ の λ 表現で表示される $\langle \langle e,t \rangle, t \rangle$ タイプの表現であるから、意味しているのは「花子」あるいは「太郎」が持つ属性の集合である。つまり $[\![\lambda P(P(h))]\!]_{M,g}$ とは、$f \in \mathbf{D}_{t,D}{}^{\mathbf{D}_{e,D}}$ で、$f(h) = 1$ となるような関数 f の集合 (の特性関数) を指示しており、花子の属性の集合を意味する。$[\![\lambda Q(Q(t))]\!]_{M,g}$ も同様である。繰り上げられた主語がそれぞれの他動詞と結合し、さらにそれらを等位結合して、目的語について λ 抽象化することで派生する表現 $[\![\lambda x((C(x))(h) \land (E(x))(t))]\!]_{M,g}$ は「花子が作り、かつ太郎が食べる」という属性を意味している。つまりこの λ 表現の意味はある個体 $d \in D$ について $[\![(C(x))(h) \land (E(x))(t)]\!]_{M,g[x/d]} = 1$ となる、すなわち $[\![(C(x))(h)]\!]_{M,g[x/d]} = 1$ かつ $[\![(E(x))(t)]\!]_{M,g[x/d]} = 1$ となるような関数 $f \in \mathbf{D}_{t,D}{}^{\mathbf{D}_{e,D}}$ である。

　ここから目的語と結合した最終的な文「カレーを花子が作って、太郎が食べた」の派生はすでに見た 1 階レベルの関数適用の意味論と全く同じなので省略する。我々はここで λ 抽象化 ((5.39) の統辞規則と (5.40) の意味規則) を備えたタイプ理論がいかに柔軟に自然言語の意味を表示するかという一例を見た。この枠組みは移動などの規則を使わず、非標準的構成素を作りながら、さらにそれらを (等位) 結合し、目的語がスクランブルした構文の意味を構成性の原理に忠実に解釈できるようにする表示を与えてくれる。それは λ 計算が高階論理を容易に扱え、しかも λ 変換 (β 縮約) をきわめて単純な書式にしたがって繰り返し適用しながら、最終的には我々が学んだ 1 階述語に翻訳することができるからである。最終的にこれ以上 λ 変換が適用できなくなった式のことを **β 標準形 (beta normal form)** と呼ぶ。

　重要なことは、λ 表現の形成 (λ 抽象化) や λ 変換が決して解釈を表しているのではないということを十分に理解することである。解釈は命題論理や述語論理のところで学んだように、モデル、解釈関数、割当関数などの概念にもとづいて真理条件として理解されなくてはならない。またタイプ理論だけでは関数合成、関数適用などの結合形態が明示的に提示されないのに対し、素性と単一化の概念を取り入れたカテゴリー文法では、言語

学研究者に分かりやすい自然言語分析のための統辞論を与えてくれるだろう。先に述べたようにカテゴリーからタイプへの言い換えは，語彙的に定義づけるにせよ，タイプ付与関数を使うにせよ，一義的に決まるが，表現のタイプからそのカテゴリーを得ることはできない。カテゴリー文法のよく知られるもう 1 つの長所は緊密な統辞論と意味論の関係に加え，**変項を持たない (variable-free)** アプローチを採用しているため空カテゴリーなどを仮定する必要が無いこと，局所的移動と長距離移動に関する現象を説明するためにスラッシュを用いた関数適用だけで多様な語順とその制限を説明してしまうこと，があげられる。

統辞構造を分析するための道具としてのカテゴリー文法において，カテゴリー，タイプにオーバーラップしている概念があるが，カテゴリーは自然言語の統辞構造を言語学研究者の直観により分析することを容易にし，しかも解釈への手掛かりとなるタイプへの対応も緊密な統辞論-意味論の連繋を保証する特性により保証されている。自然言語の文の意味は，最終的には 1 階述語論理の式に翻訳されるわけであるが，分析途中で複雑な言語の統辞構造に対応する解釈を検討したい時，高階論理を扱うタイプ理論や λ 計算は非常に強力な装置を提供してくれる。一方，意味論研究においては決してタイプの設定や λ 表現への翻訳 (変換規則による縮約) などに満足してはならない。これらはあくまでそれぞれの理論の「統辞論」であり，解釈そのものではないからである。我々はこの点をモンタギュー意味論の解説でも再び見ることになる。自然言語の意味を考察する際にはつねに考察対象の最終的なモデル理論的解釈 (特に最終的な命題の真理値) を念頭に置いて途中段階の分析を記述することが大切である。

問題 5.10 以下の各々の式に対して，λ 変換を行いなさい。

a. $\lambda y(L(x,y))(b)$
b. $\lambda y(\lambda x(L(x,y)))(b)$
c. $\lambda x(\exists x(P(x) \to Q(x)))(y)$
d. $\lambda y(\lambda x((L(y))(x))(a))(b)$
e. $\lambda P((P(y))(x))(\lambda x(Q(x)))$

問題 5.11 問題 5.9 で考えた λ 表現を使い，以下の各文をヒントにしてまず β 縮約体の式を作り，次にそれらを λ 変換して，最終的に述語論理式を完成させなさい。

a. 英語を話すのは，ジョシュアとジョージと太郎とシルビアだ。
b. ミン・スーが話すのは，ベトナム語と中国語と日本語だ。
c. ジョシュアと太郎が共通して話せる言語は日本語と英語だ。
d. ジョシュアとミン・スーと太郎が共通に持つ属性は，日本語を話すことだ。

5.4 結論

この章では，文の意味を解釈するに当たって不可欠な統辞論について説明した。章の前半部分では形式統辞論の中で使われることのもっとも多い句構造文法について解説し，続いて，カテゴリー文法について，意味の扱いにおいて必要となるタイプ理論および λ 計算とともに述べた。特にカテゴリー文法はモンタギュー意味論によって採用されているので，よく習熟する必要がある。

それにしても読者は，本章で扱われた句構造文法とカテゴリー文法との間に多くの共通点があることに気付いたことだろう。両者に共通するのは文解析 (パージング) によってヒトの文理解をシミュレートしていこうという志向であり，個々の技法を超えて，これをこそ学んでほしい。意味論の研究においてそれが力を発揮することはもちろんだが，読者がこれから言語に興味を持ち続ける限り，様々な機会に役に立ってくれるはずである。

考えるヒント 5　再帰的定義

「先祖」という言葉の意味を問われて，「先祖とは親の先祖のことだ」と答えたとする。これは答になっているだろうか？別の言い方をすると，この語の定義として有効だろうか？常識的には，否定的な反応が返ってくるだろう。この定義は元の「先祖」という語をそのまま使って，これに対して何ら新しい説明を付け加えていないように見えるからである。しか

し，以下を見てほしい。

i. 任意の x, y, z について，
    a. $P(x,y)$ なら $A(x,y)$
    b. $A(x,y) \land P(y,z)$ なら $A(x,z)$

P が親，A が先祖を表すとすると，i.b はまさに「先祖とは親の先祖のことだ」と言っている。さらに，以下の事実が成り立つとする。

ii. $P(a,b), P(a,c), P(b,d), P(c,e)$ はすべて真である。

ii が成り立つモデルでは，例えば，$A(a,e)$ が真である（a が e の先祖である）ことを証明することができる。それは，以下のような推論のパスが存在するからである。

  $P(a,c)$ が真であることから，i.a により，$A(a,c)$ は真
  $P(c,e)$ が真であることから，$A(a,c) \land P(c,e)$ は真
  i.b により，$A(a,e)$ は真

このような，定義すべき対象を定義の中に使う定義の仕方を**再帰的定義**と呼ぶ（**帰納的定義**とも言う）。3.2.1 節および 5.2.3 節も参照のこと。またこの本の他の部分でもたびたび使用している。再帰的定義は定義を簡潔なものにするという利点があるが，それを使った推論が有限回で停止する限りにおいて有効である。

第 6 章

内包論理と可能世界意味論

　この本ではこれまでに，モンタギュー意味論を理解するための前提として必要な，意味論および統辞論についての基本的な考え方を説明してきた。意味論としては第 4 章で解説した述語論理がその基礎をなすが，それだけでは自然言語の意味を扱うには不十分である。そのための拡張として考えられてきた**内包論理 (intensional logic)** について，この章では学ぶことにしよう。これまでに学んだ命題論理と述語論理が古典論理と呼ばれるのに対し，ここで学ぶ内包論理は非古典論理に属している。

6.1　内包論理のあらまし

　次の文を見てほしい。

(6.1) a. 外は雪が降っているかも知れない。

この文が真であると私たちが感じる状況を考えると，それは必ずしも以下の (6.1b) とは同じではないし，また (6.1c) とも異なる。

(6.1) b. 外は雪が降っている。
　　　 c. 外は雪が降っていない。

　(6.1b, c) のような文の真理値は現実の世界で雪が降っているか否かに応じて決定されることを第 1 章で述べた。しかし，(6.1a) の発話を真とすることのできる状況——急に気温が下がって湿っぽくなってきたとか，外で

サラサラと音がするなど——であるにもかかわらず，現実には雪が降っておらず，したがって (6.1c) が真である場合が考えられる．他方で，(6.1a) が正しい状況であるのに，現実には雪が降っていて (6.1b) が真，(6.1c) が偽である場合も考えることができる．このように，(6.1a) のような文を評価するにはこれまでのように単純に現実世界と照らし合わせるだけでは不十分で，これまでに無かった枠組みが必要になる．

　形式意味論では通常，このような文に真理値を与えるために**可能世界 (possible worlds)** という概念を導入する．SF 小説や映画で，次のような物語を読んだり見たことのある人は多いと思う．——主人公が宇宙船で旅行し，故郷の惑星に帰還した．初めのうちは帰って来た星が自分の故郷であると信じて疑わなかったのだが，しばらく経つうちに，様々な事柄が自分の記憶と一致しないことに気づく．何らかの理由で，主人公は現実とは異なる世界に来てしまったのだった．——このように，様々に異なる「あり方」をした無数の可能世界を考え，私たちが暮らしている現実世界はその中の 1 つにすぎないものと想定する．これにもとづいて，(6.1a) のような可能性について言及する文が真となるのは，大まかに言って，少なくとも 1 つの可能世界において雪が降っている時であると考える．また，

(6.2) 外は雪が降っているに違いない．

のように必然性を表す文が真となるのは，すべての可能世界において雪が降っている場合であると考える．このように，命題の可能性や必然性を扱う**様相論理 (modal logic)** の根底には，可能世界の考え方がある．

　以上で説明してきたのは論理的な真理値の必然性と可能性に関わる**真理論理 (alethic logic)** についてである．しかし，厳密には，(6.1a) や (6.2) のような文は話し手が知覚可能な証拠にもとづいてどの程度まで真理値にコミットできるかを表しており，真理論理の定式化では不都合な点があるため，様相論理の下位分野である**認識論理 (epistemic logic)** において検討されるべきものである．同様にして，

(6.3) a. 3 時になったらおやつを食べてもよい．
　　　b. 入国審査ではパスポートを提示しなければならない．

のような社会的規範に関する表現は**義務論理** (deontic logic) で扱われる。しかし，この章ではそれらの間の違いには立ち入らず，様相論理として共通する事柄についてのみ解説する。

また，様相論理と深い関係にあるものに**時制論理** (tense logic) がある。時制論理においては，時系列上に並べられた時点が各々可能世界に対応する。

問題 6.1 日本語の副詞および助動詞の中から，その意味を様相論理で取り扱う必要があるものを挙げなさい。

第 4 章の述語論理までは，言語表現の意味を外延として扱ってきた。外延は，**指示** (reference) あるいは**指示値** (denotation) とも言い換えることができる。例えば，普通名詞の外延 (指示値) は個体の集合であり，文の指示値とは真理値 (真または偽) であった。

これに対して内包意味論では，意味とはそれが評価される世界に応じて指示値を変えると考える。例えば，「アメリカ大統領」という名詞の指示値は世界によって異なる。それは，私たちが住んでいる現実世界の 2015 年 11 月時点ではバラク・オバマだが，1962 年ではジョン・F・ケネディである。あるいは，ヒラリー・クリントンが大統領になっている非現実の (未来の？) 世界を想定することもできる。このように，「アメリカ大統領」のような名詞の内包的意味とは，世界から個体としての指示値への関数 (写像) であると考えることができる (図 6.1 A 参照)。

同様にして，例えば，

(6.4) 今シーズンは楽天が優勝した。

におけるように，文の内包的意味は，様々に異なるあり方をする世界から真理値 (1 または 0) への関数と見なすことができる (図 6.1 B 参照)。

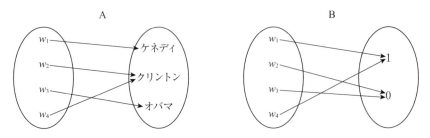

図 6.1　内包的意味の関数としての働き

内包とはフレーゲの**意義** (sense) に相当し，外延とは**指示対象** [1] (reference) に相当する。ここまで学んできた古典論理は言語表現の意味として外延だけを考える分野であり，アプローチはいろいろあっても対象としているものについては大きな相違はなかった。しかし，文脈に応じて言語表現に異なる指示値が与えられると考えようとすると，どのような内包論理 (様相論理) を学ぶかという問題が生じる。内包というものをある表現が使われる状況あるいは可能世界から，その表現の指示値である外延への関数というように考えることについてはどの内包論理でも同意されているが，内包論理には残念ながら非常にたくさんの理論があり，標準的と考えられるものを単純に紹介することはできない。本章では様相論理の哲学に深く立ち入るのではなく，自然言語の意味を考えるために必要な道具立てとしての単純化された内包論理を紹介するにとどめる。我々はまず命題論理を内包化した単純な様相論理を見るが，ここで重要なものは複数の世界間の**到達可能性** (accessibility) という概念である。次に述語論理における量化と様相の演算子の相関を考えよう。様相や内包を構成性の原理の視点から命題を構成する要素にまで敷衍する時，タイプの概念が活躍する。外延的なタイプを敷衍した内包タイプを活用して，すべての言語表現が使用の文脈に応じて意味を評価されるタイプ意味論の枠組みを説明する。これがモンタギュー意味論を理解する際に役立つだろう。

---

[1] フレーゲは言語の意味について Sinn と Bedeutung の区別をしており，前者を「意義」，後者を「意味」と訳す文献も多いが，この本では後者の英訳 reference にもっとも適切に対応しているのは「**指示**」であると考える。Denotation の訳としてもしばしば「指示」という表現を用いているが，できる限り後者の場合「**指示値**」と呼ぶことにする。

6.2 様相論理の基礎

様相論理は**必然性 (necessity)** を表す □ と**可能性 (possibility)** を表す ◇ の二つの演算子を古典論理に追加した体系であるということができる。私たちが今目前の世界 (文脈, 状況, 時間) ではない他の世界における出来事を陳述してその真偽を考える時, すべての世界や状況を考慮に入れる必要は無い。ある世界 (文脈) における真偽を評価する際に関与的な世界 (文脈) だけを考慮すればよいわけで, そのような世界は, 演算子を含む命題が発せられ, 評価される世界から**到達可能な (accessible)** 世界の集合と呼ばれる。したがって, 演算子 □ や ◇ の付いた命題の真理値は, 古典論理におけるように評価 (valuation) により直接真あるいは偽の値が与えられるのではなく, ある世界 (文脈) w から到達可能な別の世界 (文脈) w' における命題の真理値にもとづいて評価される。□ϕ は, ϕ が**必然的に真である (it is necessarily the case that ϕ)** ことを意味しているが, この式は命題が述べられる世界 (文脈) k から到達可能なすべての世界 (文脈) k' において ϕ が真である場合, 真の値が与えられる。他方, ◇ϕ は ϕ が**真であることが可能である (it is possibly the case that ϕ)** ことを意味し, k から到達可能な世界の少なくとも 1 つの世界で ϕ が真である時, ◇ϕ が真となる。

図 6.2 を見てほしい。話し手が存在する世界を w_0 とし, そこから到達可能な世界を w_1, w_2, w_3, w_4 とする。w_0, w_1, w_2, w_4 において p が真であり, w_3 で ¬p が真である (すなわち, p が偽である) とする。以下で, 世界 w から w' へと到達可能であることを矢印を使って, $w \longrightarrow w'$ のように図示する。図 6.2 では, w_0 から w_1, w_2, w_3 および w_4 に到達可能である。この時, w_0 から到達可能なすべての世界において p が真なわけではないので, □p は偽となる。もしも w_3 においても p が真なら, □p は真となる。また, w_0 から到達可能な世界のうち少なくとも 1 つ (実は, 3 つ) において p が真なので, ◇p は真となる。

まとめると, 様相論理におけるモデル M は次の (6.5a-c) からなる。

(6.5) a. 世界 w の空でない集合 W。

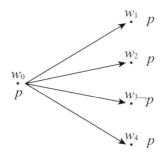

図 6.2 到達可能性と $\Box p$ および $\Diamond p$ の評価

b. W 内の可能世界 w と w' の間の到達関係の集合 R。
c. それぞれの $w \in W$ において命題記号 p に真理値 $V_w(p)$ を付与する**評価関数 (valuation function)** V。

(6.5a, b) は**フレーム**と呼ばれる。このモデル M および世界 w における様相論理式 ϕ の評価 $V_{M,w}\phi$ の構成と評価について，順を追って考察していくことにする。

(6.6) 統辞論 (古典命題論理の拡張)
ϕ が整式である時，$\Box\phi$ と $\Diamond\phi$ も整式である。

これは，3.2.1 節の (3.11) の iii の後の項として付け加えられるものと考えればよい。ϕ は命題変項であるので，(6.6) から $\Box p, \neg\Diamond(p \vee q)$ などが整式の例として得られる。

　先に述べたことから，必然性演算子 $\Box$ と可能性演算子 $\Diamond$ とが全称量化子 ($\forall$) および存在量化子 ($\exists$) に類似していることが容易に理解されよう。後でこの類似性を利用して演算子をはずし (eliminate)，タブローを使う推論法を提示するが，必然性および可能性演算子と全称および存在量化子の間には重要な相違もある。1 つは様相演算子が複数個の積み重ねを許すこと ($\Box\phi \rightarrow \Box\Box\phi$ のように) である。このような多重様相演算子についてどのような原理を認めるかによって K, D, S4, S5 などたくさんのモデルが提案されてきた。このことは到達可能関係にどのような関係を認めるかという問題と密接に関わっている。自然言語意味論では多重様相演算子に

関係する重要な現象がさほど存在するようには思えない一方，到達可能性については一定の重要性があるといえる。例えば世界 k がこの世界自身と到達可能な関係にある時 (言い換えれば，すべての世界がそれぞれの世界自身に到達可能である時)，このモデルを**反射的 (reflexive)** というが，内包の概念に時間や義務を含める時，モデルは反射的ではないと考えるのがむしろ自然であろう。例えば

(6.7) 人間は生まれながらに平等であるべきだ。

という命題をこの世界で真とするためには，命題の真が成立する世界の中に，私たちが現実に生活して発話を行っているこの世界は含まれていないと多くの人が考えるのではないだろうか。

したがって，演算子のスタックについて自然言語意味論の議論で多くの時間を割く必要が無いのに対し，到達可能性の概念だけは具体的に見ておく必要がある。一例として次のようなモデルを考えてみよう。

(6.8)
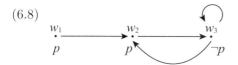

(6.8) で示されたモデルは次のように説明できる。可能世界は w_1, w_2, w_3 の3つなので，$W = \{w_1, w_2, w_3\}$ である。世界間の到達可能関係を順序対の集合で示すと，$R = \{\langle w_1, w_2 \rangle, \langle w_2, w_3 \rangle, \langle w_3, w_3 \rangle, \langle w_3, w_2 \rangle\}$ と表すことができ，これが (6.8) のモデルのフレームである。(6.8) にはただ一つの命題しかないが，それぞれの可能世界のすべての式への真理値の付与が決定されている。これは $V_{w_1}(p) = 1$, $V_{w_2}(p) = 1$, $V_{w_3}(p) = 0$ と表すことができる。

それではここでそれぞれの世界における $\Box p$ の真理値を考えてみよう。w_1 から到達可能な世界は w_2 だけであり ($w_1 R w_2$)，ここで p は真である ($V_{M,w_2}(p) = 1$)。よって，w_1 において $\Box p$ は真であり ($V_{M,w_1}(\Box p) = 1$)，$\Diamond p$ も真である ($V_{M,w_1}(\Diamond p) = 1$)。すでに述べたように外延である真理値は世界に対し相対的に変化する。つまり世界から外延への関数である。命題 $\Box p$ も $\Diamond p$ も世界に対し相対的に真理値が変わることを確かめてみよう。w_2 から到達可能な世界は w_3 だけなので $w_2 R w_3$。w_3 におい

て $V_{M,w_3}(p) = 0$ であるから,$V_{M,w_2}(\Box p) = V_{M,w_2}(\Diamond p) = 0$ であること が分かる。ところで 3 つ目の世界 w_3 におけるこの 2 つの命題の真理 値はどうなるだろうか。w_3 から到達可能な世界は w_2 と w_3 の 2 つな ので,$w_3 R w_3$, $w_3 R w_2$。w_2 と w_3 の世界において命題 p の真理値は, $V_{M,w_2}(p) = 1$, $V_{M,w_3}(p) = 0$ である。したがって,w_3 から到達可能な世 界すべての命題 p が真である場合に真となる $\Box p$ の w_3 における評価は $V_{M,w_3}(\Box p) = 0$ となり,一方少なくとも 1 つの世界で p が真であればよい $\Diamond p$ の w_3 における評価は $V_{M,w_3}(\Diamond p) = 1$ となる。

一般的に可能世界の集合 W,到達可能関係 R,評価関数 V を持つモデ ルにおいて,任意の世界 w における,必然性および可能性演算子を持つ 命題の真理値は (6.9) のように定義される。

(6.9) a. $V_{M,w}(\Box \phi) = 1$ となることの必要十分条件は,wRw' であるすべ ての $w' \in W$ について $V_{M,w'}(\phi) = 1$ となることである。
b. $V_{M,w}(\Diamond \phi) = 1$ となることの必要十分条件は,wRw' である少な くとも 1 つの $w' \in W$ について $V_{M,w'}(\phi) = 1$ となることである。

(6.9a) は「ϕ であることが必然である」という意味を持つ命題は,「すべ ての到達可能な世界において ϕ が真である」ということ,(6.9b) は「ϕ であることが可能である」という命題は,「少なくとも一つの到達可能な 世界において ϕ が真である」ということを意味する。

到達可能関係が様相演算子を持つ命題の真理値にどのように影響を与 えるかを見てみよう。3.3 節および 4.6 節ですでに命題論理と述語論理に ついて見たタブロー法による推論は様相論理に拡張することができる。 Priest (2008) のタブローを使った様相演算子を持つ命題の推論法を紹介し よう。すべてのタブローの枝に,評価の行われる可能世界を A,w や wRw' のように付加する。結合子に関する規則は同じであるが,式に付加されて いる可能世界はその直下の式にも継承される。質量含意 $P \to Q$ の式の値 が真である場合,ある 1 つの世界に関する情報がそのまま $\neg P$ と Q の枝 に引き継がれる。

(6.10) $P \to Q, w$
         ╱   ╲
      $\neg P, w$ Q, w

様相演算子に関する新しい規則は次の 4 つである。

(6.11)   a. $\neg \Box A, w$ b. $\neg \Diamond A, w$
                  ↓   ↓
              $\Diamond \neg A, w$ $\Box \neg A, w$

          c. $\Box A, w$ d. $\Diamond A, w$
               wRw' ↓
                  ↓ wRw'
               A, w' A, w'

(6.11) の規則は必然性演算子と全称量化子，可能性演算子と存在量化子の類似性をよく表している．(6.11a) の「A は必ずしも真ではない」は「A が真ではない可能性がある」と言い換えられるし，(6.11b) の「A が可能であるということはない」の式は「必然的に A は真ではない」と書き換えられるということを示している[2]．(6.11c) の規則では $\Box A$ が w の世界で真であり，世界 w が世界 w' に到達可能であれば A, w' が真でなくてはならない，ということを示す．(6.11d) では $\Diamond A$ が世界 w において真である時，そこから到達可能な世界を w' と仮定して，世界 w' で A は真であるということを示す．したがって，存在量化子を消去する場合と全く同様 (4.6 節を参照のこと) に w' は「新しい (new)」ものでなくてはならない．すなわち，それまでの推論の中で言及されていない世界でなくてはならない．

上で概説したタブローの様相論理への拡張について，ここで 2 つの例を挙げて見てみよう．

---

[2] 4.6 節の (4.31) で示したように，$\neg \forall x P(x)$ は $\exists x \neg P(x)$ と，$\neg \exists x P(x)$ は $\forall x \neg P(x)$ と同値であることを思い出されたい (後者は $\neg \exists x \neg P(x) \equiv \forall x P(x)$ から)．

例題 1

前提: 必然的に人は善ではなく，かつ悪でもないか，もしくは必然的に人間は変化しないかである。

結論: ということは必然的に，人が善であることと，変化することは両立しない。

$$(1)\ (\Box(\neg J \wedge \neg Y) \vee \Box \neg X), w_0$$
$$(2)\ \therefore\ \Box \neg (J \wedge X), w_0$$

$$(3)\ Asm: \neg \Box \neg (J \wedge X), w_0$$
$$(4)\ \Diamond (J \wedge X), w_0$$
$$w_0 R w_1$$
$$(5)\ J \wedge X, w_1$$
$$(6)\ J, w_1$$
$$(7)\ X, w_1$$

$(8)\ \Box(\neg J \wedge \neg Y), w_0$ 　　　 $(11)\ \Box \neg X, w_0$
$(9)\ \neg J, w_1$ 　　　　　　　　　 $(12)\ \neg X, w_1$
$(10)\ \neg Y, w_1$ 　　　　　　　　　　 ×
×

(1) の前提から (2) の結論が得られるかどうかを調べるために，(1) と (2) を否定して得られる仮定（*Asm* で示す）である (3) とが両立するか否かを見る。(3) からは (4)〜(7) の推論が得られる。(1) からの推論は枝分かれするが，(8)〜(10) にしても (11)〜(12) にしても (6) や (7) と矛盾する。この推論は，前提を真とし，結論を偽とするような値の割当てが存在しないので，妥当である。

例題 2

前提: ネッシーが存在するかも知れないなら，ネッシーは目に見える，というのは間違いだ。

結論: 必ずしも，どんなものでも，必然的に目に見えるか，それとも存在しないかである，とはいえない。

$$
\begin{aligned}
&(1)\ \neg(\Diamond E(q) \to P(q)), w_0 \\
&(2)\ \therefore \neg\Box\forall x(\Box P(x) \vee \neg E(x)), w_0 \\
&\rule{4cm}{0.4pt} \\
&(3)\ Asm: \Box\forall x(\Box P(x) \vee \neg E(x)), w_0 \\
&\qquad (4)\ \neg P(q), w_0 \\
&\qquad\qquad w_0 R w_1 \\
&\qquad (5)\ \Diamond E(q), w_0 \\
&\qquad (6)\ E(q), w_1 \\
&\qquad (7)\ \forall x(\Box P(x) \vee \neg E(x)), w_1 \\
&\qquad (8)\ \Box P(q) \vee \neg E(q), w_1 \\
&\qquad\quad \diagup \qquad\qquad \diagdown \\
&(9)\ \Box P(q), w_1 \qquad (11)\ \neg E(q), w_1 \\
&(10)\ P(q), w_0 \qquad\qquad \times \\
&\quad\ \times
\end{aligned}
$$

ここでも例題 1 と同様に，結論 (2) を否定して得られる (3) が前提 (1) と両立できるかを調べる。(1) からは (4)〜(6) が，また (3) からは (7) 以下が推論される。枝分かれのうち，(10) は (4) と，また (11) は (6) と両立しない。このように，この推論には前提を真とし，結論を偽とするような割当てが存在しないので，この推論は妥当である。ここで $\Box P(q), w_1$ から $P(q), w_0$ への証明のステップは，到達可能性に関する制限の 1 つである対称性を許すモデル (B または S5 と呼ばれる) を前提としていることに注意されたい。次節で述べるように，通常は任意の世界から自身を含めていかなる世界へも到達可能なモデル (S5) を想定する。

問題 6.2 次の日本語の文をそれぞれ，様相命題論理式に翻訳しなさい。

  i. 明日は雨が降らなさそうだ。
 ii. 明日は雨が降りそうではない。
iii. 落し物を拾ったら，警察に届けるかも知れない。
 iv. 犯人は地下道から逃げたか，屋根を伝って逃げたに違いない。
  v. ボーイに荷物を運んでもらったら，チップを渡すに決まっているということはない。

問題 6.3 次の日本語の文をそれぞれ，様相述語論理式に翻訳しなさい。

 i. 日本人は全員，松島を訪れるに違いない。
 ii. 日本人の中には，松島を訪れない人もいるかも知れない。
 iii. 学生は全員，スマホを見ながら勉強するに違いない。
 iv. 美穂子が好きでない人がいるはずがない。
 v. 千円札があったら太郎はいくら丼を食べるかも知れない。
 vi. 好きな人がいるから，美穂子は北海道大学へ行くだろう。
 vii. 美穂子は好きな人がいるから北海道大学へ行くのだろう。

問題 6.4 以下の様相論理式と同じ意味を持つ日本語の文を考えて書きなさい。

 i. $A \to \Diamond B$
 ii. $\neg \Diamond (P \to Q)$
 iii. $A \land \Box B$
 iv. $\forall x \Box (P(x) \to \neg Q(x))$
 v. $\forall x (\Diamond P(x) \lor \neg Q(x))$

6.3　到達可能性に関する条件

必然性および可能性演算子は全称量化子や存在量化子と類似点を多く持つ一方で，到達可能性などフレームに関する条件を持つ点で相違があることをすでに見た。ここでよく知られている到達可能性に対する3つの制限をざっと見ておくことにする。

(i) 再帰性 (reflexivity)

再帰性とは任意の世界がその世界自身について到達可能であるフレームの特性である。例えば次のモデルを見てほしい。

(6.12)

このフレームでは，すべての $w \in W$ について wRw が成立する。よってそれぞれの世界における $\Box p$ と $\Diamond p$ について，$V_{w_1}(\Box p) = 0, V_{w_2}(\Box p) = 0, V_{w_1}(\Diamond p) = 1, V_{w_2}(\Diamond p) = 1$ の真理値が与えられる。もし同じフレームが再帰性を持たない (6.13) のようなモデルだと仮定すればこれらの同じ命題は $V_{w_1}(\Box p) = 0, V_{w_2}(\Box p) = 1, V_{w_1}(\Diamond p) = 0, V_{w_2}(\Diamond p) = 1$ のように全く異なる真理値を持つことになる。

(6.13)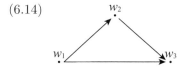

通常，再帰性は $\Box p \to p$ が妥当であるようなフレームを特色づける特性である。

(ii) 対称性 (symmetry)

任意の世界 $w_1, w_2 \in W$ について $w_1 R w_2$ ならば $w_2 R w_1$ となることにより特色づけられるフレーム。(6.13) のモデルはその典型であり，$\Diamond \Box p \to p$ が妥当となるフレームである。

(iii) 推移性 (transitivity)

任意の世界 $w_1, w_2, w_3 \in W$ について $w_1 R w_2$ かつ $w_2 R w_3$ なら $w_1 R w_3$ が成立するフレームである。これは $\Box p \to \Box \Box p$ の原理で表される。この特性が成立するのは，以下のようなフレームである。

(6.14)

すでに述べたように，自然言語の意味を考察する時，複数の様相演算子が重なった複雑な命題を考察に含めなくてはならないケースはあまりないと思われる。また私たちは内包述語論理や内包タイプ理論の叙述において，すべての w, w' について wRw' である**普遍的到達関係 (universal accessibility relation)** が成立するような，つまり私たちが言語を使う時に常識的に前提としているような可能世界の枠組みを前提として話を進め

る。しかしそれにもかかわらず，到達可能性は命題の真理値や推論の妥当性に重大な影響を与える概念であることは，自然言語の意味研究においても十分に理解しておく必要がある。

問題 6.5 以下のモデルの図を描きなさい。また，このモデル M の下で i–vi の評価を行いなさい。

$W = \{w_0, w_1, w_2\}$
$R = \{\langle w_0, w_0\rangle, \langle w_0, w_1\rangle, \langle w_1, w_2\rangle, \langle w_2, w_0\rangle, \langle w_2, w_2\rangle\}$
$V_{M,w_0}(p) = 1,\ V_{M,w_1}(p) = 0,\ V_{M,w_2}(p) = 1,\ V_{M,w_0}(q) = 1,\ V_{M,w_1}(q) = 1,\ V_{M,w_2}(q) = 0$

  i. $V_{M,w_0}(\Box p)$
 ii. $V_{M,w_0}(\Diamond p)$
iii. $V_{M,w_2}(\Box p)$
 iv. $V_{M,w_2}(\Diamond p)$
  v. $V_{M,w_0}(\Box q)$
 vi. $V_{M,w_2}(\Box q)$

6.4 内包的文脈とは何か

ここまでは古典論理を必然性および可能性演算子で拡張した様相論理について概説したが，必然性および可能性の演算子は真理値を考察の対象とするものであり，文の内部構造における内包性を考えるツールとしてはさらに拡張する必要がある。モンタギュー意味論を学ぶ前に，構成性の原理を実現する自然言語の意味論のもっとも適切なツールとして**内包タイプ理論** (intensional theory of types) をこれから学んでおこう。ここでは可能世界から真理値への関数だけでなく，可能世界から様々な解釈領域への関数を作り出すことができるようになる。

自然言語の意味論ではこれまでも多くの**内包的文脈** (intensional contexts) と呼ばれる環境が指摘されている。ここでは内包タイプ理論を紹介するために例を見てみよう。

(6.15) 花子は昨日届いた手紙の差出人を探している。

　例えば，花子に昨日届いた手紙の差出人が「山田太郎」という個人であったと仮定しよう。「昨日届いた手紙の差出人」と「山田太郎」とは同じ外延を持っていることになる。にもかかわらず，両者が同一人物であることを花子が知らない場合，(6.15) は「花子は山田太郎を探している」という文と同じ意味ではない。つまり，真理値が同じとは言えない。一方，「花子は昨日届いた手紙の差出人に会った。手紙の差出人は山田太郎であった。」という2つの文は「花子は山田太郎に会った」という結論を含意している。内包的文脈とは大雑把にいうと，この例における「探す」のような一部の動詞がともなう項 (ここでは必須格名詞句や補文) について，それと同一指示 (coreferential) である他の表現と入れ換えると文の真理値が保持できず，不特定的解釈 (unspecific reading) を許す，言い換えれば実在性を保証しないような表現であるといえる。この時，当該の補助的成分は**言表にもとづく読み (de dicto reading)** を受ける，と言う。私たちは「神の存在を信じる」といえるが，「神の実在を知っている」とはあまり言わないのは，「信じる」がその補文について内包的文脈を作っているからである。

　次章で述べるが，「花子は昨日届いた手紙の差出人を探していた。手紙の差出人は山田太郎であった。」という2つの文からは「花子は山田太郎を探していた」が推論される場合があり，この解釈を**事物にもとづく読み (de re reading)** と呼ぶ。ここで，de re とは「事物に関する」という意味である。言い換えれば，

(6.16) ある人間，すなわち手紙を花子に出した男が存在し，花子がその男を探していた。
　　　花子に手紙を出した男は山田太郎であった。
　　　―――――――――――――――――――
　　　ある人間が実在し，それは山田太郎であり，花子が山田太郎を探していた。

の推論が妥当である場合がある。

外延的な (すなわち, 内包的文脈を作らない) 動詞「話す」「出会う」などに後続する名詞句はこの解釈しか持たない。

(6.17) 花子は, 彼女に手紙を出した男と出会った。
　　　 花子に手紙を出した男は山田太郎であった。

　　　 花子は山田太郎と出会った。
　　　 (= ある人間が実在し, それは山田太郎であり, 花子が山田太郎を探していた。)

この推論はつねに妥当である。

　一方,「探す」「あこがれる」「信じる」など, 目的語や補文が内包性をともなうことを特性とする動詞は, 同じ外延を持つ別の表現と置き換えると真理値が変化したり, あるいは特定性や実在性を担保しない解釈を容易に生じる。これまでの命題論理や述語論理では, 文の中で, 外延的意味を同じくする表現を入れ換えても文全体の真理値は変わらないという**外延性の原理** (**principle of extensionality**) が適用されてきた。しかし, これらの動詞にあってはそれは通用しない。むしろ「探す」のような動詞では「手紙を書いた男」が存在しなかったり, あるいは発見できなかったとしても「花子がその男を探した」という文自身が真になるような状況がより容易に想像できる。また同様に, 私たちは神 (の存在) を信じることはできる一方で, ほとんどの人が神に会うことは困難だろう。「信じる」は内包的目的語を取る他動詞であって (以下, **内包的動詞**と呼ぶ), 特定の対象物の存在がなくても命題全体を真にすることが可能であるのに対し,「会う」は外延的目的語を取る他動詞であって (以下, **外延的動詞**と呼ぶ), 目的語の解釈は外延でなくてはならないからである。

　しかし統辞論的には「探す」「信じる」「会う」などは単純に目的語を取る他動詞なので, 構成性の原理からもなぜ上で見たような含意が異なるかは, これまでの外延性原理にもとづいたタイプ理論では記述することはできない。前節で学んだタイプ理論では必然性および可能性演算子のところでみた可能世界の概念を取り入れていない外延的モデルにもとづいて意味を定義していたため, 名詞句は e タイプでその対象域は個体であった。

この限界を超えることのできる内包意味論はモンタギュー意味論でほぼ完成されており，次章で具体的に提示する．次節ではその基礎となる内包意味論について，様相論理で説明した可能世界の概念を文の要素の解釈にまで敷衍しながら説明する．

上で見た「探す」などの内包的動詞に関する事物にもとづく読み (de re reading)/言表にもとづく読み (de dicto reading) の問題は次章で詳しく議論することとし，ここではこのような外延性の原理が適用されない内包的文脈を扱うための準備として内包タイプ理論を発展させていくことにしよう．

6.5 内包タイプ理論

6.5.1 統辞論

内包の概念を取り入れたタイプ理論は大きく 2 種類存在する．1 つは可能世界のタイプ s を基本タイプとせず，可能世界の概念を取り入れたタイプの定義のためにだけ使用する理論で，モンタギュー意味論とその後継理論がこの考えを採用する．もう 1 つは可能世界のタイプ s を基本タイプとして持ち，そのタイプの定義域を可能世界の集合として独立して仮定する立場である．後者では可能世界そのものに対し抽象化 (abstraction) のような操作が許されるので，$\lambda w(\exists x P(x,w))$ のように「属性 P を充足する個体が少なくとも 1 つは存在する世界の集合」のような解釈を与えることができる一方で，□ や ◇ のような演算子は不必要となる．この立場はしばしば **2 ソートタイプ理論 (two-sorted type theory)** と呼ばれ，Groenendijk and Stokhof (1982) 以降好んで用いられている．本節ではモンタギュー意味論の理論的中核となる，前者の立場に立つ内包タイプ理論を概説する．

まずこれまで意味の中心に据えてきた外延であるが，可能世界を取り入れた内包意味論では，すでに述べたように，「外延とは世界 (可能な状況) により変化する」と考える．これは外延性の定義にもとづく代置可能性が成立しないことからも明らかである．したがって，逆に内包とは，世界 (すべての可能な状況) からその世界 (状況) における外延への関数であ

ると定義される．この意味を表示するには，従来の $[\![\alpha]\!]_{M,g}$（モデル M における割当関数 g に相対的な外延）に「世界（可能な状況）」をパラメータとして付け加え，$[\![\alpha]\!]_{M,w,g}$，すなわち可能世界に対し相対的な，モデル M における，割当関数 g に対する α の外延を定義することになる．

前章の外延的タイプ理論で定義した基本タイプの規則 (5.31.i) = (6.18.i) と派生的な関数タイプの規則 (5.31.ii) = (6.18.ii) に加えて，内包タイプ理論では (6.18.iii) の規則による派生タイプを容認する．

(6.18) i. $e, t \in T$
　　　 ii. $a, b \in T$ である時，$\langle a, b \rangle \in T$
　　　 iii. $a \in T$ である時，$\langle s, a \rangle \in T$

e は個体のタイプ，t は真理値のタイプであり，ここまでは外延的タイプ理論と同じである．(6.18.iii) が内包タイプを作るための新しい定義であり，$\langle s, a \rangle$ はすでに述べたように可能世界の集合を定義域とし，タイプ a の解釈領域 $\mathbf{D}_a$ を値域とする関数を指す．モンタギューと同様に，可能世界のタイプ s は (6.18.iii) の関数タイプを作るためのものであり，基本タイプに含まれていない．例えば，$\langle s, e \rangle$ は可能世界から個体への関数を表し，**個体概念 (individual concepts)** と呼ばれる表現のタイプである．(6.18.iii) の規則の a には任意のタイプが入る．例えば，$\langle s, \langle e, t \rangle \rangle$ は可能世界から属性（個体の集合）へのタイプであり，また，$\langle s, \langle \langle e, t \rangle, t \rangle \rangle$ は可能世界から一般化量化詞への関数，言い換えれば内包的一般化量化詞 (intensional generalized quantifier) のタイプである (7.5.1 節参照)．

新しい内包論理の言語は外延的なタイプ論理言語で仮定した論理定項をすべて引き継ぎ，前節でみた □，◇ に加え，$^\wedge$ (cap または up と呼ばれる，内包を派生する演算子) と $^\vee$ (cup または down と呼ばれる，外延を派生する演算子) を論理定項として加える．以下では，内包タイプ理論の例として**モンタギュー**が **'The Proper Treatment of Quantification in Ordinary English'** (略称 **PTQ**; Montague 1973) で取り上げたものを解説する．

この内包タイプ理論は，基本的に，5.3.3〜5.3.4 節で述べたものの拡張となっている．まず，その語彙は以下のように与えられる（↔ は ≡ と

6.5 内包タイプ理論　159

同じ)。

(6.19) a. すべてのタイプ a について，タイプ a に属する無限個の変項の集合 VAR_a
b. すべてのタイプ a について，タイプ a に属する定項の集合 CON_a
c. 結合子 $\land, \lor, \rightarrow, \neg, \leftrightarrow$
d. 量化子 $\exists$ および $\forall$
e. 同値記号 $=$
f. オペレーター $\Box, \Diamond, \char`^, \char`\v$
g. カッコ (および)

次に，統辞論について説明する。第 3 章および 4 章で説明した整式 (well-formed formulae) は，PTQ では**意味を持つ表現 (meaningful expressions)** と呼ばれる。以下，タイプ a の意味を持つ表現を ME_a と表し，以下のように再帰的に定義する。

(6.20) a. もし $\alpha \in \text{VAR}_a$ であるかまたは $\alpha \in \text{CON}_a$ ならば，$\alpha \in \text{ME}_a$
b. もし $\alpha \in \text{ME}_a$ で $u \in \text{VAR}_b$ ならば，$\lambda u \alpha \in \text{ME}_{\langle b, a \rangle}$
c. もし $\alpha \in \text{ME}_{\langle a,b \rangle}$ で $\beta \in \text{ME}_a$ ならば，$\alpha(\beta) \in \text{ME}_b$
d. もし $\alpha, \beta \in \text{ME}_a$ ならば，$\alpha = \beta \in \text{ME}_t$
e. もし $\phi, \psi \in \text{ME}_t$ で $u \in \text{VAR}_b$ ならば，$\neg \phi, (\phi \land \psi), (\phi \lor \psi), (\phi \rightarrow \psi), (\phi \leftrightarrow \psi), \exists u \phi, \forall u \phi, \Box \phi, \Diamond \phi \in \text{ME}_t$
f. もし $\alpha \in \text{ME}_a$ ならば，$\char`^\alpha \in \text{ME}_{\langle s, a \rangle}$
g. もし $\alpha \in \text{ME}_{\langle s, a \rangle}$ ならば，$\char`\v\alpha \in \text{ME}_a$
h. すべてのタイプ a について，a~g のステップを有限回用いて構成された表現のみが ME_a に属する。

これらのうち，(6.20b) は (5.39) と，(6.20c) は (5.33.i′) と，(6.20d) は (5.33.iv) と同等である。また，(6.20e) のうち $\Box \phi$ と $\Diamond \phi$ の規定を除く部分は (5.33.ii)，(5.33.iii.a-d) および (5.33.v) と同等である。(6.20f) で，演算子 $\char`^$ は任意のタイプ $a$ の表現に適用されて，$\langle s, a \rangle$ の表現を派生する。$\phi$ が命題であれば，$\char`^\phi$ は可能世界から命題への関数を指す。一方，(6.20g) で，$\char`\v$ は内包タイプ $\langle s, a \rangle$ の表現に適用されて，解釈が行わ

れる世界における外延を返す関数である。□ や ◇ の演算子としての機能は様相演算子のところですでに見た通りである。

6.5.2 内包タイプ理論の意味論

意味論についても外延的タイプ理論に新しく追加される概念を解説しよう。モデルに加わるのは可能世界の集合であるので，a タイプの任意の表現が単純に解釈領域 $\mathbf{D}_a$（$\mathbf{D}_{a,D}$ の略; 5.3.4 節を参照のこと）に含まれる個体や集合を指示するのでなく，それが可能世界に対して相対的に変化することを仮定する。6.1 節で述べたことを一般化して，a タイプの表現は可能世界から解釈領域 $\mathbf{D}_a$ の要素への関数として解釈できるのである。例えば「天才」という普通名詞を考えてみよう。外延だけを含むモデルではその解釈領域は個体領域においてこの属性を充足する個体を取り出した部分集合として固定されている。今我々が江戸時代のある瞬間を考えているとすればその当時の「天才」たちの集まりと今現在の「天才」たちの集まりでは当然全く違うものである。この例は普通名詞の意味をある時間の瞬間から個体への集合への関数のように解釈しているが，この時間上の瞬間を1つの可能世界と考えてみると理解しやすいだろう。

(6.20) の統辞論に対応して，意味論は次のように与えられる。$[\![\alpha]\!]_{M,w,g}$ は，モデル M，世界 w，および割当関数 g が条件として与えられた場合の α の解釈を表す。表現に対して意味を与えることは，これまでは評価と呼ばれてきたが，今後は**解釈 (interpretation)** と呼ばれる。これは，述語論理の段階までは文に対し 1 または 0 の真理値を与えることだけが問題とされたのに対し，モンタギュー以降は，文の部分，例えば名詞句や動詞句に対しても意味が考察されるようになったためである。可能世界の集合 W，領域 D，および解釈関数 I が与えられた場合，モデル $M = \langle W, D, I \rangle$ である。

(6.21) a. もし $\alpha \in \mathrm{CON}_a$ ならば，$[\![\alpha]\!]_{M,w,g} = I(\alpha)(w)$
 もし $\alpha \in \mathrm{VAR}_a$ ならば，$[\![\alpha]\!]_{M,w,g} = g(\alpha)$
b. もし $\alpha \in \mathrm{ME}_a$ で $u \in \mathrm{VAR}_b$ ならば，$[\![\lambda u \alpha]\!]_{M,w,g}$ は，すべての $d \in \mathbf{D}_b$ について $h(d) = [\![\alpha]\!]_{M,w,g[u/d]}$ となるような関数 $h \in \mathbf{D}_a^{\mathbf{D}_b}$

である。
c. もし $\alpha \in \mathrm{ME}_{\langle a,b \rangle}$ で $\beta \in \mathrm{ME}_a$ ならば，$[\![\alpha(\beta)]\!]_{M,w,g}$ $= [\![\alpha]\!]_{M,w,g}([\![\beta]\!]_{M,w,g})$
d. もし $\alpha, \beta \in \mathrm{ME}_a$ ならば，$[\![\alpha = \beta]\!]_{M,w,g} = 1$ であることの必要十分条件は $[\![\alpha]\!]_{M,w,g} = [\![\beta]\!]_{M,w,g}$ であることである。
e. もし $\phi, \psi \in \mathrm{ME}_t$ ならば，$[\![\neg \phi]\!]_{M,w,g} = 1$ であることの必要十分条件は $[\![\phi]\!]_{M,w,g} = 0$ であることである。

$[\![\phi \wedge \psi]\!]_{M,w,g} = 1$ であることの必要十分条件は $[\![\phi]\!]_{M,w,g}$ $= [\![\psi]\!]_{M,w,g} = 1$ であることである。

$[\![\phi \vee \psi]\!]_{M,w,g} = 1$ であることの必要十分条件は $[\![\phi]\!]_{M,w,g} = 1$ または $[\![\psi]\!]_{M,w,g} = 1$ であることである。

$[\![\phi \to \psi]\!]_{M,w,g} = 1$ であることの必要十分条件は $[\![\phi]\!]_{M,w,g} = 0$ または $[\![\psi]\!]_{M,w,g} = 1$ であることである。

$[\![\phi \leftrightarrow \psi]\!]_{M,w,g} = 1$ であることの必要十分条件は $[\![\phi]\!]_{M,w,g}$ $= [\![\psi]\!]_{M,w,g}$ であることである。

f. もし $\phi \in \mathrm{ME}_t$ で $u \in \mathrm{VAR}_a$ ならば，$[\![\forall u \phi]\!]_{M,w,g} = 1$ であることの必要十分条件は，すべての $d \in \mathbf{D}_a$ について $[\![\phi]\!]_{M,w,g[u/d]} = 1$ となることである。

$[\![\exists u \phi]\!]_{M,w,g} = 1$ であることの必要十分条件は，ある $d \in \mathbf{D}_a$ について $[\![\phi]\!]_{M,w,g[u/d]} = 1$ となることである。

g. もし $\phi \in \mathrm{ME}_t$ ならば，$[\![\Box \phi]\!]_{M,w,g} = 1$ であることの必要十分条件は，すべての $w' \in W$ について $[\![\phi]\!]_{M,w',g} = 1$ となることである。

$[\![\Diamond \phi]\!]_{M,w,g} = 1$ であることの必要十分条件は，ある $w' \in W$ について $[\![\phi]\!]_{M,w',g} = 1$ となることである。

h. もし $\alpha \in \mathrm{ME}_a$ ならば，$[\![{}^\wedge \alpha]\!]_{M,w,g}$ は，すべての $w' \in W$ について $h(w') = [\![\alpha]\!]_{M,w',g}$ となるような関数 $h \in \mathbf{D}_a{}^W$ である。

i. もし $\alpha \in \mathrm{ME}_{\langle s,a \rangle}$ ならば，$[\![{}^\vee \alpha]\!]_{M,w,g} = [\![\alpha]\!]_{M,w,g}(w)$。

ここで内包タイプ理論の解釈は基本的に，4.4 節の (4.24) にタイプ規定を与えた (6.21c-f) と 5.3.5 節の (5.40) に述べた λ 式の解釈である (6.21b) を元にして，様相論理と内包/外延間の演算に関わるものを付け

加えることで構成されている．(6.21c) については，(5.37) も参照のこと．解釈関数 I が定項の入力に対して出力するのは，個々の世界に対して各々の世界でのその定項の解釈を返す関数である．すなわち，α のタイプが a なら，$I(\alpha) \in \mathbf{D}_a{}^W$．そのため，世界 w が与えられた場合の解釈は (6.21.a) に示すように $I(\alpha)(w)$ となり $\mathbf{D}_a$ の要素となる．

(6.21g) は，これまで演算子 □ および ◇ の働きについて述べたことから自明であろう．ただしここで，到達可能性の制限をもっとも緩くして，現実の世界からすべての世界へと到達可能なモデルが想定されていることに注意してほしい．(6.21h) で，前節に述べたように $^\wedge\alpha$ の解釈は，可能世界から α への関数であることを規定する．また，(6.21i) により，α が内包である場合，$^\vee\alpha$ は，α の解釈 (関数) に対し，解釈が行われる世界 w を入力することにより得られる外延である．可能世界について基本タイプ s を設定していないので，直接的には可能世界に対する λ 抽象化を適用することはできないが，$^\wedge$ 演算子は解釈から分かるように λ 抽象化と同じ働きをしている．外延演算子 $^\vee$ は，可能世界に対する λ 表現の関数適用と同じように考えることができる．したがって，$[\![^\wedge\alpha]\!]_{M,w,g}(w) = [\![\alpha]\!]_{M,w,g}$ となる．

領域 D と可能世界の集合 W が与えられた場合，タイプ a の表現の指示値の集合 (解釈領域) は $\mathbf{D}_{a,D,W}$ と表記され，次のように定義される．可能世界を導入する以前の 5.3.4 節における解釈領域の定義 (5.34) と見比べて，どこがアップデートされているかをよく学んでほしい．

(6.22) a. $\mathbf{D}_{e,D,W} = D$
 b. $\mathbf{D}_{t,D,W} = \{0,1\}$
 c. $\mathbf{D}_{\langle a,b\rangle,D,W} = \mathbf{D}_{b,D,W}{}^{\mathbf{D}_{a,D,W}}$
 d. $\mathbf{D}_{\langle s,a\rangle,D,W} = \mathbf{D}_{a,D,W}{}^W$

支障の無い限り，$\mathbf{D}_{a,D,W}$ は $\mathbf{D}_a$ と表記する．

例えば「性格がやさしい」のような表現が内包として何を表すのか，考えてみよう．述語の内包である $^\wedge$YASASHII は可能世界から個体の集合への関数を表し，内包論理で**属性 (property)** と呼ばれる．太郎という個人を想定してみよう．我々が「太郎がやさしい」という時は「太郎」

がある世界における YASASHII の値である個体の集合に属する場合である。つまり，この集合は $^\vee{}^\wedge$YASASHII (YASASHII の内包の外延)，すなわち YASASHII の内包を特定の世界に適用して得られた値，であるので，$[\![^\vee{}^\wedge\text{YASASHII}]\!]_{M,w,g} = [\![\text{YASASHII}]\!]_{M,w,g}$ である。一般化して $^\vee{}^\wedge\alpha = \alpha$ である。これを $^\vee{}^\wedge$**-打消し (down-up cancellation)** という。

(6.23) モデル M，世界 w，割当関数 g が与えられた場合，
$[\![^\wedge\text{YASASHII}(t)]\!]_{M,w,g}$ とは，すべての世界 $w' \in W$ について，$h(w') = [\![\text{YASASHII}(t)]\!]_{M,w',g}$ となる関数 h
= すべての世界 $w' \in W$ について，$h(w') = [\![\text{YASASHII}]\!]_{M,w',g}([\![t]\!]_{M,w',g})$ となる関数 h
= すべての $w' \in W$ について，$h(w') = (I(\text{YASASHII})(w'))(I(t)(w'))$ となる関数 h
= すべての $w' \in W$ について，$h(w') = 1$ であるための必要十分条件が $I(t)(w') \in I(\text{YASASHII})(w')$ となる関数 h
= $\{w' \in W : I(t)(w') \in I(\text{YASASHII})(w')\}$

ここで文「太郎がやさしい」に対応する $^\wedge\text{YASASHII}(t)$ は内包論理における命題 (proposition) であり，太郎がそこで「やさしい」個体の集合に含まれている，そのような可能世界の集合を指示している。

問題 6.6 $^\vee{}^\wedge\alpha = \alpha$ であるのに対して，$^\wedge{}^\vee\alpha = \alpha$ は一般的に成り立つとは言えない。その理由について説明しなさい。

一方，「太郎はいつでもやさしいね」に相当する $[\![\square\text{YASASHII}(t)]\!]_{M,w,g}$ は，すべての可能世界について，その一つ一つの世界において，その世界の太郎の解釈が同じ世界のやさしい個体の集合の要素である場合，そしてその場合にのみ，発話が行われる (真理値が評価される) 世界において真となる。すなわち，誰かがある文脈でこの発話をしたとして，想定できるすべての状況で「太郎がやさしい」場合，その場合に限り，「太郎がいつでもやさしい」という命題が真となる。

ところで，肝腎の「太郎」はそれぞれの世界で果たして同一人物を指しているといえるだろうか。例えばある個人の人生において「先生はいつも

やさしかった」という時，その先生は普通同じ個体を指示していると考えられる場合と，そうでない場合，つまり1年生の時の担任，2年生の時の担任，…と先生が別の人に変わっていく場合が当然想像できる。個体の指示と名詞の指示は大変難しい問題を含んでいるので様々な考え方を説明することはできないが，通常個体定項 (固有名詞) の指示に関してはいかなるモデルにおいても，そのモデルのすべての世界で，$\exists x \Box (x = c)$ という**意味公準** (meaning postulate) が成立すると仮定しておこう。ここで，一般に，意味公準とは，項 (term) の解釈を制限することによって，解釈を限定し，表現と表現との間に関係を設定するなどの目的で用いられる。固有名詞 (上の「太郎」) については想定する世界が変わっても外延は変化しない，つまり固有名詞はすべての可能世界でつねに同一の個体を指示していると仮定するのである。先の「先生はいつもやさしかった」という時，あるいは英語の定性記述 (the president など) を含む発話の場合，これらの名詞は異なる世界で異なる個体を指示すると考えるのが自然である。一方，「太郎がいつもやさしい」時，この会話をしている状況で会話の参加者が異なる世界で異なる個体を外延として考えていれば，この命題は意味をなさないだろう。固有名詞のような異なる世界で同一の個体を指示するような解釈のあり方を**厳密な指示** (rigid designation) といい，この厳密な指示を持つ表現を**厳密指示詞** (rigid designator) という。PTQ はこの立場を取っている。

問題 6.7 以下のモデルが与えられた場合，i–v の解釈を行いなさい。

$$R = \{\langle w_0, w_0 \rangle, \langle w_0, w_1 \rangle, \langle w_0, w_2 \rangle, \langle w_0, w_3 \rangle, \langle w_2, w_1 \rangle, \langle w_2, w_3 \rangle\}$$
$[\![P]\!]_{M,w_0,g} = \{j, k\}, [\![P]\!]_{M,w_1,g} = \{k, l\}, [\![P]\!]_{M,w_2,g} = \{j, l, m\}, [\![P]\!]_{M,w_3,g} = \{k, m\}$

  i. $[\![{}^\wedge P]\!]_{M,w_0,g}$
 ii. $[\![\Diamond P(j)]\!]_{M,w_0,g}$
iii. $[\![\Box P(k)]\!]_{M,w_0,g}$
 iv. $[\![\Diamond P(j)]\!]_{M,w_2,g}$
  v. $[\![\Box P(k)]\!]_{M,w_2,g}$

6.6 内包意味論への λ 表記の応用

6.4 節で，私たちは，外延性の原理が成立しない文脈があるということや，外延の有無の真偽に関わらず，命題が真となる文脈が存在することから内包の概念を導入し，可能世界が異なれば，外延が異なるという可能性を見た。また参照する可能世界が異なっても，外延が同じである場合，厳密指示 (rigid designation) が仮定できることを見た。これが無いと「太郎は英語が話せる」という文の解釈において，異なる世界で英語を話したり，話さなかったりする個体が異なっていては，元の命題自身が何を言っているかわからない。一方，「首相は英語が話せる」のような文の理解においては同じ首相が指示されており，「太郎」と同じ解釈が可能な場合 (事物にもとづく読み de re reading) のこともあるが，他方，「首相」が歴代の様々な首相を指示していて，世界によって指示される個体が異なる解釈もあるだろう。これは「話せる」のような可能助動詞が付いた動詞句が内包的文脈を作り出しているからである。

ところで我々はタイプに $\langle s,t \rangle$ や $\langle s,e \rangle$ など可能世界から外延への関数を表すタイプを仮定した一方で，可能世界そのものは基本タイプではない，という内包理論を見た。e のように個体を指示したり，t のように文の真理値を指示するものは基本タイプであったが，可能世界を指示する s は複合タイプを作るために措定されたものであり，可能世界の集合という解釈領域 $\mathbf{D}_s$ も存在しないので，例えば ^ は実質的には可能世界の抽象化であり，˅ は可能世界への関数適用であるのにもかかわらず，そのような解釈は許されなかった。

本節では簡単に可能世界への量化・抽象化を許す 2 ソートタイプ理論を概観しよう。そうすれば，最後の節では外延性の原理の不成立をこの 2 つの理論でどのように説明するかを見直すことができる。

最初に基本タイプとして可能世界のタイプを導入する。

(6.24) i. $e,t,s \in T$
　　　　ii. もし a,b がタイプならば，$\langle a,b \rangle \in T$

$\neg, \wedge, \vee, \forall, \exists, =, \lambda$ などの論理定項はこれまでと同様である。

2ソートタイプ理論のモデルは三つ組 $M = \langle W, D, I \rangle$ であり，ここで W は可能世界の空でない集合であり，D は個体の空でない集合であり，表現 α のタイプが a である $(a \in T)$ ならば，$I(\alpha) \in \mathbf{D}_a$ である。

上記のモデルについて a タイプの解釈領域は，

(6.25) $\mathbf{D}_e = D$
$\mathbf{D}_t = \{0, 1\}$
$\mathbf{D}_s = W$
$\mathbf{D}_{\langle a,b \rangle} = \mathbf{D}_b^{\mathbf{D}_a}$

である。ここでタイプ a, b には s タイプも含まれる。

可能世界に対する量化がどのようなものか，少し例を見てみよう。「田中君はやさしいね」という時，まず属性を指示する述語のタイプは $\langle s, \langle e, t \rangle \rangle$ である。これは可能世界によって「やさしい」の外延 (例えばやさしい人々) が異なるということであるが，s を基本タイプと措定したことにより，このタイプは可能世界と個体との関係を指示するということになる。可能世界のタイプの変項は文献の例にならい v, w で表記することにしよう。「やさしい」の外延は内包タイプの表現を可能世界に適用して得られるので，YASASHII$(w) \in \text{ME}_{\langle e,t \rangle}$ であることになる。「田中君はやさしいね」という文は，

(6.26) YASASHII$(w)(t)$

として表示される (可能世界 w と個体 t の関係)。

$[\![\text{YASASHII}(w)(t)]\!] = 1$
$\leftrightarrow [\![\text{YASASHII}(w)]\!]_{M,g}(I(t)) = 1$
$\leftrightarrow (I(\text{YASASHII})(g(w)))(I(t)) = 1$
$\leftrightarrow \langle I(t), g(w) \rangle \in I(\text{YASASHII})$

の関係が成り立つこの割当関数 g が項として可能世界の変項を取ることにより，可能世界による外延の変化を記述することができるのである。このように，2ソート式のタイプ論理においては，λ 変換の原則が可能世界の概念にも適用される。

Landman (1994: 141) に従い，モンタギュー式の内包論理と 2 ソート式の翻訳を以下で対照させて見てみよう．

(6.27)

	従来の内包タイプ論理	2 ソート式の内包タイプ論理	
a.	YASASHII(t)	YASASHII(t,w)	世界と個体の関係
b.	$^\wedge$YASASHII(t)	$\lambda w(\text{YASASHII}(t,w))$	可能世界に対する抽象化
c.	$^{\vee\wedge}$YASASHII(t)	$\lambda w(\text{YASASHII}(t,w))(w) =$	
		$\lambda v(\text{YASASHII}(t,v))(w) =$	アルファベット変換
		YASASHII(t,w)	β 変換 (関数適用)
d.	$\Box$YASASHII(t)	$\forall w(\text{YASASHII}(t,w))$	可能世界に対する全称量化
e.	$\Diamond$YASASHII(t)	$\exists w(\text{YASASHII}(t,w))$	可能世界に対する存在量化

例えば，「田中君はいつでもやさしいね」は，2 ソート式の内包論理では，外延的なタイプ論理と全く同様に，考えられるすべての可能な状況 w で田中君がやさしいという属性を持つような解釈を与えるよう可能世界を全称量化する式で表される．

6.7 結論

この章では，モンタギューが PTQ において意味表示の構築のために使った高階内包論理について，その基礎となる可能世界意味論から説き起こして説明した．論理の体系としてはかなり複雑なものだが，モンタギュー意味論を理解するための手立てはこれですべてそろった．次章で読者は，それが自然言語の意味を一貫して扱うための豊かな体系であることを知るだろう．

考えるヒント 6　新デイヴィドソン式表記

第 4 章で解説した伝統的な述語論理の表記では，任意格や副詞句などの任意的構成素の扱いに問題が生じることが指摘されている．

　i. ブルータスはシーザーをそのナイフで刺した．
　ii. ブルータスはシーザーを刺した．

i の文からは ii を推論することができるが，i に i′ を，また ii に ii′ を論理式として与えた場合，i′ から ii′ を推論することはできない．

i′. KILL(b,c,k)
ii′. KILL(b,c)

そもそも，i′ の KILL は3項述語，ii′ の KILL は2項述語で，互いに無関係の述語ということになってしまう．このように任意的構成素を主語や目的語といった必須格と同様に取り扱うと，この他にも，項の数が増えてしまうし，それらの間の順番をどうするかという問題も生じる．

これに対して，**デイヴィドソン** (Davidson 1967) は KILL の項として主語，目的語に加えてもう1つのイベントの項を認めてこれを存在量化し，さらに任意格の部分を独立させて，イベントの変項を用いて関連づけることを提案した．

i″. $\exists e(\text{KILL}(b,c,e) \wedge \text{INSTRUMENT}(e,k))$
ii″. $\exists e(\text{KILL}(b,c,e))$

このようにすると，i″ から ii″ が推論されるのをはじめとして，上に挙げた問題は解決される．

このように，通常の述語論理におけるよりも述語の項を1つ増やしてイベントの項とし，その量化を認める立場を**イベント意味論** (event semantics) と呼ぶ．イベント意味論には，上に挙げたものの他にも，イベントを指示する代名詞の用法を説明したり，イベントが動詞の目的語となる例を説明できるという利点がある．

デイヴィドソンの提案を踏まえて，**パーソンズ** (Parsons 1990) はさらに，主要な述語の項をイベントのみとし，主語や目的語までも独立した述語として扱う**新デイヴィドソン方式** (neo-Davidsonian approach) を提案した．これによると，i″ は i‴ のように表記される．

i‴. $\exists e(\text{KILL}(e) \wedge \text{AGENT}(e,b) \wedge \text{PATIENT}(e,c) \wedge \text{INSTRUMENT}(e,k))$

この方式の利点は，下の iii のような目的語を持つ文から，目的語の無い iv のような文を推論できることにある．

iii. シーザーはキャビアを食べた．
iv. シーザーは食べた．

伝統的な述語論理式，デイヴィドソン式表記，新デイヴィドソン式表記の間では互いに書き換えが可能であり，哲学的な議論を別にすれば3者は同じものと見なしてよい。

第7章

モンタギュー意味論

　この章では，現代の意味論研究の基礎を築いた**モンタギュー意味論** (Montague Semantics) について解説を行う。これまでに見てきた，言語の意味に関する論理学からのアプローチをモンタギュー意味論は継承している。すなわち，それは文を真とするために世界が満たさねばならない条件を文の意味と捉える**真理条件的意味論** (truth-conditional semantics) であり，またそのために集合論にもとづくモデルを世界の形式的な記述手段として用いるという点で，**モデル理論的** (model-theoretic) である。さらには前章で解説した**可能世界意味論** (possible world semantics) を取り入れて，内包的文脈の取り扱いを可能にしている。自然言語の文を直接解釈してこのような立場の意味論へと導くために，多くのバージョンのモンタギュー意味論では**内包論理** (前章を参照のこと) による意味表示を行う。また，統辞解析のためには，第5章で説明した**カテゴリー文法**を採用している。

7.1　モンタギュー意味論のあらまし

　第4章で解説を行った述語論理は，ヒトの思考や言語活動の意味的側面に関する研究の重要な到達点である。それは言語の意味や思考の内容をかなりの程度まで正確緻密に扱うことを可能にする。他方，述語論理の成功は，その結果として大きな問題を残した。それは，自然言語の文と述語論理の文の構造のくい違いという問題である。

第 7 章　モンタギュー意味論

　復習になるが，以下の自然言語の文 (7.1a), (7.2a), (7.3a) に相当する述語論理文は各々 (7.1b), (7.2b), (7.3b) となる。

(7.1) a. John runs.　（ジョンは走る）
　　　b. $R(j)$

(7.2) a. Some boys run.　（走っている少年がいる／何人かの少年が走る）
　　　b. $\exists x(B(x) \wedge R(x))$

(7.3) a. Every boy runs.（すべての少年が走る）
　　　b. $\forall x(B(x) \to R(x))$

　ここで問題は，上記の 3 つの自然言語の文が〈主語 (名詞句)＋述語 (動詞)〉により構成されるという構造を共通して持っているのに対して，述語論理文の間ではそのような共通性が見られない，ということである。(7.1b) では固有名詞 John に相当する j が述語 R の項となっている。$j \leftrightarrow$ John, $R \leftrightarrow$ runs というように対応しており，この述語論理文は元の自然言語文に平行する構造を持っていると言える。それに対して，(7.2b) および (7.3b) は，自然言語文における主語に相当する部分と述語に相当する部分を明確に区別することが困難である。特に，自然言語文で限定詞 some と every は名詞に付属しているのに対し，述語論理文では量化子が他の部分を包み込む形になっている。これは，第 4 章の (4.23) に集約される解釈の手続きを量化子が行うためである。また，存在量化文 (7.2b) では 2 つの単純文が $\wedge$ で結合されるのに対し，全称量化文では $\to$ で結合されており，この違いも自然言語文には見出せない。さらには，自然言語の文法においてはもっとも基本的であるはずの名詞 (boys) と動詞 (run(s)) の区別も，述語論理では保たれていない。(7.2b), (7.3b) ではともに，述語 B, R で表されている。

　ここで重要なのは，述語論理の体系は決して恣意的に作り上げられたものではない，ということである。量化子の問題を最重要課題として，言語の意味を形式的に扱うための論理を考えていくと，このような体系とならざるを得ない。もし宇宙のどこかに人類と同程度かそれ以上の知性を持つ宇宙人がいるとして，論理学に興味を持っているとしたら—たとえ表記法

は全然異なるものであるとしても—述語論理に相当する論理体系を持っているはずである。

この点で述語論理は普遍的なものなのに対して，ヒトが日常コミュニケーションに用いている自然言語の文は一見これに似ても似つかないのである。人の話す言語は数千から1万種類あると言われるが，この点ではみな共通しており，述語論理文の構造のままで話される言語は1つも無い。この問題は多くの学者を悩ませた。述語論理の方が正確である以上，「間違っているのは自然言語の文だ，自然言語は不正確で曖昧なのだ」という極端な議論も行われた。自然言語文と述語論理文とを対応づけ，前者にも後者と同様の形式的解釈を与えることは，1970年代に至り，**モンタギュー (Richard Montague)** によってようやく可能となったのである。

モンタギューが取った立場は，述語論理のような形式言語と日本語や英語のような自然言語との間に原理的な区別を立てず，自然言語も形式言語の1種として取り扱おうとするものであった。その最大のポイントは，5.3.1 節でも簡単に触れた**構成性原理 (principle of compositionality; またはフレーゲの原理 Frege's Principle)** にある。それは次のように述べることができる。

(7.4) 構成性原理
　　　複雑な表現の解釈は，その部分の解釈の関数である。

複雑な表現が存在する場合，それらをいくつかの部分に分け，それらの解釈を入力とし，複雑な表現全体の解釈が出力される場合，構成性が保たれていると考えるのである。

例えば，2つの語または句を統辞論的に結合する関数を F_i，2つの語または句の意味 (解釈) を結合して意味論的にまとめる関数を G_i (i には適用される関数の種類に応じて，インデックスとしての数字が入る)，解釈関数を $[\![\ ]\!]$ とすると，

(7.4') $[\![F_i(\alpha,\beta)]\!] = G_i([\![\alpha]\!],[\![\beta]\!])$

となる。名詞句と動詞句とをまとめて文にする句構造規則

(7.5) S → NP VP

を例に取ると，

(7.6) $[\![S]\!] = [\![F_1(\mathrm{NP}, \mathrm{VP})]\!] = G_1([\![\mathrm{NP}]\!], [\![\mathrm{VP}]\!])$

のようになる。この場合，関数 $[\![\ ]\!]$ には準同形 (homomorphism) が成り立つと言う。この節の冒頭で述べたように，これを適用できないということがまさに述語論理の抱える難点なのであった。

　自然言語の文の意味論を構築するに当たって構成性原理を貫こうとする動機は，意味論を統辞論と連動させることにある。第5章で，統辞論は有限の規則を再帰的に適用することによって無限の言語表現を処理できることを説明した。このような統辞論と平行して働くように意味論を作り上げれば，やはり有限の規則によって無限の文を解釈することができるのである。

　図7.1にモンタギュー意味論の基本的な構成を図示する（白井1985を参考にした）。図7.1a は，モンタギューの **'The Proper Treatment of Quantification in Ordinary English'** (**PTQ**; Montague 1973) による。自然言語の文は，まず内包論理にもとづく表示へと翻訳される。曖昧な自然言語の文は，この段階で曖昧性を解消される。

　次に，内包論理にもとづく表示はモデル理論的な解釈を受ける。自然言語から内包論理の表示への翻訳，および内包論理の表示からモデルにおける集合論的対象物への解釈において，(7.4) の構成性原理が保たれる。

a. PTQ:

b. EFL:

図 7.1　モンタギュー意味論の構成

より詳しくは，自然言語の統辞論も内包論理の統辞論も代数系をなしており，両者の間に多対一の (準同形の) 写像が成り立つことが保証されている。また，モデル意味論もまた代数系であり，内包論理の統辞論からモデル意味論への準同形写像が存在することも保証されている。内包論理は PTQ の中で重要な役割を占めているが，それは自然言語と意味 (解釈) とを仲介するためのものであって，不可欠なものではない。実際，モンタギューの別の論文 'English as a Formal Language' (以下，**EFL**; Montague 1970) では，図 7.1b に見るように，内包論理を使わずに自然言語に対して直接解釈を与えている (ここでも，自然言語からモデルへの解釈において，構成性原理が保たれる)。この章では，PTQ で採用された方法について解説を行う。

7.2 名詞句の解釈

繰り返しになるが，述語論理においては，次の文

(7.7) $R(j)$

が真かどうかは，述語の解釈に項の解釈が含まれるかどうか

(7.8) $[\![j]\!] \in [\![R]\!]$

をチェックすればよいのであった。

この方法を以下の自然言語の文 ((7.1a), (7.2a), (7.3a) と同じ)

(7.9) a. John runs.
   b. Some boys run.
   c. Every boy runs.

に適用して，

(7.10) a. $[\![\text{John}]\!] \in [\![\text{run}]\!]$
   b. $[\![\text{some boys}]\!] \in [\![\text{run}]\!]$
   c. $[\![\text{every boy}]\!] \in [\![\text{run}]\!]$

が成立するかどうかを手掛かりにしようとしても，うまく行くのは(7.10a) だけである．限定詞 (意味的には量化子) をともなう名詞は固有名詞とは全然異なる働きをし，そもそも自然言語における some boys や every boy といった名詞句の解釈がどのようなものであるかも不明であった．

これに対し，モンタギューは以下のような帰属関係をチェックすることを提案した．

(7.11) a. $[\![\text{run}]\!] \in [\![\text{John}]\!]$
b. $[\![\text{run}]\!] \in [\![\text{some boys}]\!]$
c. $[\![\text{run}]\!] \in [\![\text{every boy}]\!]$

$\in$ の向きは誤植ではない．実際，モンタギューは，名詞句の解釈に述語の解釈が含まれるかどうかにもとづいて文の解釈を行おうとしたのである．とは言え，述語論理におけるように，1 項述語の解釈をその述語を満たす個体の集合としたのでは，そのようなことは言えるはずがない．このようなことを考える背景には，名詞句をどのように解釈するべきかについての，モンタギューの創意工夫があったのである．

ここで，モンタギューの意味論のもっとも核心的な部分について，簡素化した形で説明することにする．いま，3 人の男の子 John, Ken, Paul および 2 人の女の子 Lucy と Mary がいるとして，このうち John, Ken, Lucy, Mary が走り，また Ken と Lucy が歌っているとする．「男である」「女である」「走る」「歌う」を意味する述語論理の述語をそれぞれ B, G, R, S とすると，各々の解釈は以下のようになる ($j, \ldots$ は John などの名前の意味である個体)．

(7.12) a. $[\![B]\!] = \{j, k, p\}$
b. $[\![G]\!] = \{l, m\}$
c. $[\![R]\!] = \{j, k, l, m\}$
d. $[\![S]\!] = \{k, l\}$

以上は述語論理における解釈だが，自然言語に関しても，述語の意味を同様に与えることにする (動詞の 3 人称現在形の語尾 s の有無は今は無視

する)。

(7.13) a. $[\![\text{boy}]\!] = \{j, k, p\}$
b. $[\![\text{girl}]\!] = \{l, m\}$
c. $[\![\text{run}]\!] = \{j, k, l, m\}$
d. $[\![\text{sing}]\!] = \{k, l\}$

問題は，名詞句の意味をどのように与えるかである。まず固有名詞についてであるが，例えば John の解釈は，述語論理では個体 j であった。これに対して，モンタギューは個体 j を要素として含むような述語の解釈 (個体の集合) のみを選び出して作られた集合が名詞句の解釈である，と考える。(7.13) のうちで，j が含まれる述語の解釈は (7.13a) の $[\![\text{boy}]\!]$ と (7.13c) の $[\![\text{run}]\!]$ だから，このモデルにおける John の解釈は，これらの集合の集合であり，以下の通りになる。

(7.14) a. $[\![\text{John}]\!] = \{\{j, k, p\}, \{j, k, l, m\}\}$

次に，some boys の解釈は，述語 boy の解釈に含まれる個体，ここでは j, k, p のうち，1 つでも中に含まれるような述語の解釈の集合であると考える。ここで，(7.13) のうちで該当する解釈は (7.13a) の $[\![\text{boy}]\!]$ (j, k, p のすべてが含まれる)，(7.13c) の $[\![\text{run}]\!]$ (j と k が含まれる)，および (7.13d) の $[\![\text{sing}]\!]$ (k が含まれる) なので，以下のようになる。

(7.14) b. $[\![\text{some boys}]\!] = \{\{j, k, p\}, \{j, k, l, m\}, \{k, l\}\}$

また，名詞句 every boy の解釈については，同様に boy の解釈中の要素 j, k, p のすべてが含まれる述語の解釈の集合であるとする。(7.13a) の $[\![\text{boy}]\!]$ がこれに該当するので，

(7.14) c. $[\![\text{every boy}]\!] = \{\{j, k, p\}\}$

となる。

このように考えた上で，文の解釈のための規則

(7.15) S → NP VP である場合，$[\![S]\!] = 1$ であるための必要十分条件は，$[\![\text{VP}]\!] \in [\![\text{NP}]\!]$ となることである。

を立てる。すると，

(7.16) a. 〚run〛 ∈ 〚John〛 したがって，〚John runs〛 = 1
　　　 b. 〚run〛 ∈ 〚some boys〛 したがって，〚some boys run〛 = 1
　　　 c. 〚run〛 ∉ 〚every boy〛 したがって，〚every boy runs〛 = 0

(7.16a) で，(7.14a) に示した John の解釈に (7.13c) の run の解釈は含まれるので，文 John runs は (7.15) にしたがって真となる。(7.16b) の some boys も同様である。他方，(7.14c) の every boy の解釈には，run の解釈である $\{j, k, l, m\}$ は含まれていない。そのため，文 Every boy runs は偽ということになる。(7.13) に示したモデルが与えられた場合の直観的な文の意味に，これらの解釈は合致している。なお，各名詞句の解釈の要素としては，5.3.5 節で述べたように論理結合子を伴う式を λ 抽象化して得られる複合的な属性を考慮すべきだが，ここでは省略している。

以上に概説したモンタギューの方法では，文の解釈がその部分である名詞句 (NP) と述語 (VP) の解釈にもとづいて行われる。すなわち，構成性原理が守られている。述語論理の段階では無関連であった固有名詞や量化詞をともなう名詞句 some boys，および every boy に対して，共通して解釈が与えられている。(7.14a, b, c) を比較してほしい。これらはすべて，個体の集合の集合，という形で与えられている。すなわち，統辞論的には名詞句としての特徴を共有しているこれらの句が，意味論上でも同じカタチ (すなわち，タイプ) を与えられているのである。

それにしても，読者にはいま一つ腑に落ちないかも知れない。John の「意味」であるはずの指示対象である個体 j (ジョンという人そのもの) をさしおいて，集合の集合などを意味 (解釈) とすることに不審な思いを抱く人も多いのではないかと考えられる。

いま，「ジョンってどんな人？」という問いに対する答を考えてみよう。この問いに対する答え方の 1 つは，目の前にジョンという人を連れて来ることである。指示対象である個体を解釈とする述語論理のやり方は，これに相当する。もう 1 つの方法は，「ジョンは背が高くて，髪の毛が茶色で，毎朝公園を走っていて…」というようにジョンの性質や行動を列挙することである。すなわち，ある人物について該当する述語を挙げる

ことによって他の人と区別することができれば，それらをその人物についての情報 = 意味と見なすことに何の問題もない．モンタギューはこちらの方法を採用した上で，名詞句の統一的な解釈に利用したのである．そして，このやり方の理論的支柱となるのがタイプ繰り上げ (5.3.2 節を参照のこと) である．なお，ここでは分かりやすくするために少数の述語だけを取り上げたが，より現実に近いモデルには多数の述語があり，したがって名詞句間の差異もより大きく，明瞭になるはずである．

直観的に分かりやすくするために，以上では内包については取り扱いを省略した．しかし，次節以下では，内包論理にもとづく PTQ の方法について，日本語の例文を取り上げて解説する．

問題 7.1 本文に示したモデルが与えられたと仮定して，上記の方法によって，次のそれぞれの文の解釈を行いなさい．

　　i. Mary sings. (メアリーは歌う)
　　ii. Every girl runs. (すべての少女が走る)
　　iii. Every girl sings. (すべての少女が歌う)
　　iv. Some girls sing. (何人かの少女が歌う)

問題 7.2 本文中のモデルが与えられた条件下で，every boy を主語とする正しい (解釈が 1 となる) 文にはどのようなものがあるか述べなさい．

7.3　統辞論—カテゴリー文法

モンタギューの文法理論において，統辞論は，第 5 章で解説したカテゴリー文法によって形作られる．主要なカテゴリーは，表 7.1 のように与えられる．

このカテゴリー文法において，基本となるカテゴリーは t と e である．t は句構造文法の S に相当し，文を表す．e は，意味論におけるタイプ e に対応するカテゴリーである．素朴に考えれば固有名詞に与えられるはずのカテゴリーだが，モンタギュー文法では名詞句は (名詞句を主要部，動詞句をその項とするために) タイプ繰り上げ (5.3.2 節を参照のこと) を行

表7.1 モンタギュー文法におけるカテゴリー

名前	定義	伝統的なカテゴリー	言語表現
e		…	…
t		文	すべての文
IV	t/e	動詞句および自動詞	走る, 歩く, 話す, 上る, 変化する
T	t/IV	名詞句および固有名詞	ジョン, メアリー, ビル, 90, 彼$_0$, 彼$_1$, …
TV	IV/T	他動詞	見つける, 探す, 失くす, 食べる, 愛する
IAV	IV/IV	動詞句を修飾する副詞	早く, ゆっくり, 自発的に
CN	t//e	普通名詞	少年, 少女, 公園, 魚, ユニコーン, 気温
t/t	t/t	文を修飾する副詞	必然的に
IAV/T	IAV/T	後置詞	で, から
IV/t	IV/t	文を補語として持つ動詞	思う, 述べる
IV//IV	IV//IV	不定詞を補語として持つ助動詞類	たい, (て) ほしい

うので，t/IV のカテゴリーを与えられる。そのため，カテゴリー e を直接与えられる言語表現は存在しない。文法を見やすくするために，複合的なカテゴリーのうち，主なものには別名が与えられている。IV は t/e のことであり，また t/IV は T とする。他のものについては，表7.1 を見てほしい。なお，ここでの e と t は，同じ名の意味論上のタイプに対応はするが，あくまで統辞論的なカテゴリーであることに注意が必要である。

動詞句および自動詞を表すカテゴリー IV が t/e に相当するのは，意味論的には個体を入力として真理値を返すからで (後に見るように，タイプは $\langle e,t \rangle$)，集合の観点から見れば個体の集合ということになる (2.2.6 節の「特性関数」を参照のこと)。これは，述語論理において，1 項述語の解釈が個体の集合であったのと同じ考え方に立っており，それを統辞論に反映させたものである。

また，普通名詞のカテゴリーである CN は t//e と定義される。二重のスラッシュ '//' は一重スラッシュ '/' と働きは同じであり，カテゴリー

IV の t/e と同じことであるが，区別のためにこの記法を採っているにすぎない。すなわち，普通名詞も個体を取って真理値を返すことを表している。5.3.2 節で解説したカテゴリー文法とは異なり，ここではバックスラッシュ (\) は使わない。通常のスラッシュ '/' の右側は入力される項，左側は関数適用の結果出力されるカテゴリーを表し，語順に関しては別に指定する。このように，カテゴリー文法の細部はバージョンによって異なるので注意が必要である。

それでは，このようなカテゴリーを使って実際に PTQ で自然言語の文がどのように生成されるか，あるいは (同じことだが) どのように分析されるかを見ていくことにしよう。PTQ は英語の例文を扱ったものだが，以下では対応する日本語の文について，それらが PTQ の方法でどのように扱われるかを見ていくことにする。

まず，単語は**基本的表現 (basic expression)** と呼ばれる。ある基本的な表現がカテゴリー A に属することは，集合 B_A への帰属によって表される。例えば，IV と T のカテゴリーの基本的表現については，

(7.17) a. B_{IV} = { 走る，歩く，話す，...}
     b. B_T = { ジョン，メアリー，ビル，$彼_0, 彼_1, ...$}

のように与えることができる。第 2 章の問題 2.4 および 2.5 と同様に，カテゴリーを基本的表現 (単語) の集合として捉えている。これらの単語は，**基本的規則 (basic rules)** の 1 つである統辞規則 S1 によって統辞論と関連づけられる。

(7.18) S1. すべてのカテゴリー A について，$B_A \subseteq P_A$

この規則はカテゴリー A に属する基本的表現はすべてカテゴリー A を持つ統辞表現として扱われることを意味している。例えば，(7.17a) の単語はすべて集合 P_{IV} に属することになる。統辞規則の適用対象となるのは，これらの統辞表現である。

以下，次の文 ((7.1a) および (7.9a) の日本語版)

(7.19) ジョンが走る。

がどのように合成されるかを見ていく。

繰り返すが，(7.17a, b) および (7.18) から，ジョン $\in P_T$, 走る $\in P_{IV}$ となる。英語の自動詞文であれば T, IV の2つのカテゴリーを関数適用規則 ((5.23) を参照のこと) によって結びつけるだけで済む。しかし，日本語の場合は格助詞「が」によって格支配関係がチェックされるので，まず (7.20) の S3(a) において，裸の名詞句 (ζ) からそれに格助詞「が」が付加された語形を形作る関数 F_2 を導入し，得られた語形に対して T_{ga} (T のサブカテゴリー) のカテゴリーを与えた上で，(7.21) の S4 により，T_{ga} だけが関数適用により自動詞と連結されて文になるとしなければならない。この例では，S3(a) の ζ は「ジョン」に，S4 の α は「ジョンが」に，δ は「走る」に相当する。5.3.2 節と記号は違っていても内容は同じであり，タイプ繰り上げにより関数本体 T = t/IV のタイプを与えられた主格名詞句に対し IV のタイプを持つ自動詞が適用され，キャンセルの結果，文全体のカテゴリー t が得られ，文 (7.19) の生成/解析は終了する (5.3.2 節も参照のこと)。

(7.20) S3. (a) もし $\zeta \in P_T$ なら $F_2(\zeta) \in P_{T_{ga}}$ かつ $F_2(\zeta) = \zeta$ が

(7.21) S4. もし $\alpha \in P_{T_{ga}}$ で $\delta \in P_{IV}$ なら $F_4(\alpha, \delta) \in P_t$ でしかも $F_4(\alpha, \delta) = \alpha\delta$

図 7.2 に，文 (7.19) の生成/解析過程を解析木として示す。なお，表 7.2

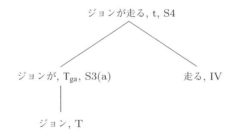

図 7.2　例文 (7.19) の解析木

表 7.2 統辞規則

基本規則
- S1.　　　　すべてのカテゴリー A について，$B_A \subseteq P_A$
- S2. (a)　　もし $\zeta \in P_{CN}$ なら，$F_0(\zeta) \in P_T$ かつ $F_0(\zeta) =$ すべての ζ
- 　　(b)　　もし $\zeta \in P_{CN}$ なら，$F_1(\zeta) \in P_T$ かつ $F_1(\zeta) =$ ある ζ
- S3. (a)　　もし $\zeta \in P_T$ なら，$F_2(\zeta) \in P_{T_{ga}}$ かつ $F_2(\zeta) = \zeta$ が
- 　　(b)　　もし $\zeta \in P_T$ なら，$F_3(\zeta) \in P_{T_o}$ かつ $F_3(\zeta) = \zeta$ を

関数適用規則
- S4.　　　　もし $\alpha \in P_{T_{ga}}$ で $\delta \in P_{IV}$ なら，$F_4(\alpha,\delta) \in P_t$ でしかも $F_4(\alpha,\delta) = \alpha\delta$
- S5.　　　　もし $\beta \in P_{T_o}$ かつ $\delta \in P_{IV/T}$ なら，$F_5(\beta,\delta) \in P_{IV}$ でしかも $F_5(\beta,\delta) = \beta\delta$

量化規則
- S6, n.　もし $\alpha \in P_T$ かつ $\phi \in P_t$ なら，$F_{6,n}(\alpha,\phi) \in P_t$ でかつ，
  - i.　もし α が「彼$_k$」の形式を取らないのであれば，$F_{6,n}(\alpha,\phi)$ は，ϕ の中の最初の「彼$_n$」を α で置き換え，他のすべての「彼$_n$」を α の中の最初の B_{CN} または B_T の性に応じて適切な形，すなわち「彼」「彼女」「それ」のいずれかに置き換えることによって得られる。
  - ii.　もし $\alpha =$ 彼$_k$ ならば，$F_{6,n}(\alpha,\phi)$ は，ϕ の中のすべての「彼$_n$」を「彼$_k$」で置き換えることによって得られる。

および 7.3 に，この章で用いられるすべての統辞規則と翻訳規則を掲げておく。

7.4　内包論理

7.1 節で述べたように，PTQ ではモデル解釈の前の段階の中間表示として，内包論理を採用している。その統辞論および意味論についてはすでに 6.5 節で説明したので，ここではこれらの規則のみを (7.22) (= (6.19))，(7.23) (= (6.20)) および (7.24) (= (6.21)) として再び掲げるにとどめておく。

その語彙は以下のものから成り立っている。

表 7.3 翻訳規則

基本規則

T1. (a) 「ジョン」「メアリー」「ビル」の翻訳はそれぞれ $\lambda X {}^\vee X(j)$, $\lambda X {}^\vee X(m), \lambda X {}^\vee X(b)$ に翻訳される。

(b) 「彼$_n$」は $\lambda X {}^\vee X(x_n)$ に翻訳される。

T2. もし $\zeta \in P_{CN}$ で ζ が ζ' に翻訳される場合,

(a) 「すべての ζ」は $\lambda X \forall x(\zeta'(x) \to {}^\vee X(x))$ に翻訳される。

(b) 「ある ζ」は $\lambda X \exists x(\zeta'(x) \wedge {}^\vee X(x))$ に翻訳される。

T3. (a) もし $\zeta \in P_T$ で ζ の翻訳が ζ' なら,$F_2(\zeta)$ は ζ' と翻訳される。

(b) もし $\zeta \in P_T$ で ζ の翻訳が ζ' なら,$F_3(\zeta)$ は ζ' と翻訳される。

関数適用規則

T4. もし $\alpha \in P_{T_{ga}}$ かつ $\delta \in P_{IV}$ で α, δ の翻訳がそれぞれ α', δ' なら,$F_4(\alpha, \delta)$ は $\alpha'({}^\wedge \delta')$ と翻訳される。

T5. もし $\beta \in P_{T_o}$ かつ $\delta \in P_{IV/T}$ で β, δ の翻訳がそれぞれ β', δ' なら,$F_5(\beta, \delta)$ は $\delta'({}^\wedge \beta')$ と翻訳される。

量化規則

T6, n. もし $\alpha \in P_T$ かつ $\phi \in P_t$ で α, ϕ の翻訳がそれぞれ α', ϕ' なら,$F_{6,n}(\alpha, \phi)$ は $\alpha'({}^\wedge \lambda x_n \phi')$ と翻訳される。

(7.22) a. すべてのタイプ a について,タイプ a に属する無限個の変項の集合 VAR_a

b. すべてのタイプ a について,タイプ a に属する定項の集合 CON_a

c. 結合子 $\wedge, \vee, \to, \neg, \leftrightarrow$

d. 量化子 $\exists$ および $\forall$

e. 同値記号 $=$

f. オペレーター $\Box, \Diamond, {}^\wedge, {}^\vee$

g. カッコ (および)

タイプ a の意味を持つ表現 ME_a を以下のように再帰的に定義する。

(7.23) a. もし $\alpha \in VAR_a$ であるかまたは $\alpha \in CON_a$ ならば,$\alpha \in ME_a$

b. もし $\alpha \in ME_a$ で $u \in VAR_b$ ならば,$\lambda u \alpha \in ME_{\langle b, a \rangle}$

c. もし $\alpha \in \mathrm{ME}_{\langle a,b \rangle}$ で $\beta \in \mathrm{ME}_a$ ならば，$\alpha(\beta) \in \mathrm{ME}_b$

d. もし $\alpha, \beta \in \mathrm{ME}_a$ ならば，$\alpha = \beta \in \mathrm{ME}_t$

e. もし $\phi, \psi \in \mathrm{ME}_t$ で $u \in \mathrm{VAR}_b$ ならば，$\neg \phi, (\phi \wedge \psi), (\phi \vee \psi), (\phi \to \psi), (\phi \leftrightarrow \psi), \exists u\phi, \forall u\phi, \Box\phi, \Diamond\phi \in \mathrm{ME}_t$

f. もし $\alpha \in \mathrm{ME}_a$ ならば，$\wedge\alpha \in \mathrm{ME}_{\langle s,a \rangle}$

g. もし $\alpha \in \mathrm{ME}_{\langle s,a \rangle}$ ならば，$^{\vee}\alpha \in \mathrm{ME}_a$

h. すべてのタイプ a について，a〜g のステップを有限回用いて構成された表現のみが ME_a に属する。

意味論は次のように与えられる。

(7.24) a. もし $\alpha \in \mathrm{CON}_a$ ならば，$[\![\alpha]\!]_{M,w,g} = I(\alpha)(w)$
もし $\alpha \in \mathrm{VAR}_a$ ならば，$[\![\alpha]\!]_{M,w,g} = g(\alpha)$

b. もし $\alpha \in \mathrm{ME}_a$ で $u \in \mathrm{VAR}_b$ ならば，$[\![\lambda u \alpha]\!]_{M,w,g}$ は，すべての $d \in \mathbf{D}_b$ について $h(d) = [\![\alpha]\!]_{M,w,g[u/d]}$ となるような関数 $h \in \mathbf{D}_a^{\mathbf{D}_b}$ である。

c. もし $\alpha \in \mathrm{ME}_{\langle a,b \rangle}$ で $\beta \in \mathrm{ME}_a$ ならば，$[\![\alpha(\beta)]\!]_{M,w,g} = [\![\alpha]\!]_{M,w,g}([\![\beta]\!]_{M,w,g})$

d. もし $\alpha, \beta \in \mathrm{ME}_a$ ならば，$[\![\alpha = \beta]\!]_{M,w,g} = 1$ であることの必要十分条件は $[\![\alpha]\!]_{M,w,g} = [\![\beta]\!]_{M,w,g}$ であることである。

e. もし $\phi, \psi \in \mathrm{ME}_t$ ならば，$[\![\neg\phi]\!]_{M,w,g} = 1$ であることの必要十分条件は $[\![\phi]\!]_{M,w,g} = 0$ であることである。
$[\![\phi \wedge \psi]\!]_{M,w,g} = 1$ であることの必要十分条件は $[\![\phi]\!]_{M,w,g} = [\![\psi]\!]_{M,w,g} = 1$ であることである。
$[\![\phi \vee \psi]\!]_{M,w,g} = 1$ であることの必要十分条件は $[\![\phi]\!]_{M,w,g} = 1$ または $[\![\psi]\!]_{M,w,g} = 1$ であることである。
$[\![\phi \to \psi]\!]_{M,w,g} = 1$ であることの必要十分条件は $[\![\phi]\!]_{M,w,g} = 0$ または $[\![\psi]\!]_{M,w,g} = 1$ であることである。
$[\![\phi \leftrightarrow \psi]\!]_{M,w,g} = 1$ であることの必要十分条件は $[\![\phi]\!]_{M,w,g} = [\![\psi]\!]_{M,w,g}$ であることである。

f. もし $\phi \in \mathrm{ME}_t$ で $u \in \mathrm{VAR}_a$ ならば，$[\![\forall u \phi]\!]_{M,w,g} = 1$ であることの必要十分条件は，すべての $d \in \mathbf{D}_a$ について $[\![\phi]\!]_{M,w,g[u/d]} = 1$

となることである。$[\![\exists u\phi]\!]_{M,w,g} = 1$ であることの必要十分条件は，ある $d \in \mathbf{D}_a$ について $[\![\phi]\!]_{M,w,g[u/d]} = 1$ となることである。

g. もし $\phi \in \mathrm{ME}_t$ ならば，$[\![\Box\phi]\!]_{M,w,g} = 1$ であることの必要十分条件は，すべての $w' \in W$ について $[\![\phi]\!]_{M,w',g} = 1$ となることである。$[\![\Diamond\phi]\!]_{M,w,g} = 1$ であることの必要十分条件は，ある $w' \in W$ について $[\![\phi]\!]_{M,w',g} = 1$ となることである。

h. もし $\alpha \in \mathrm{ME}_a$ ならば，$[\![{}^\wedge\alpha]\!]_{M,w,g}$ は，すべての $w' \in W$ について $h(w') = [\![\alpha]\!]_{M,w',g}$ となるような関数 $h \in \mathbf{D}_a^W$ である。

i. もし $\alpha \in \mathrm{ME}_{\langle s,a \rangle}$ ならば，$[\![{}^\vee\alpha]\!]_{M,w,g} = [\![\alpha]\!]_{M,w,g}(w)$。

解釈関数 $[\![\ ]\!]_{M,w,g}$ は，第 3 章の命題論理で登場し，第 4 章の述語論理で改訂された「意味判定機」の後継者だが，ここでは文全体に真または偽の値を与えるだけでなく，自然言語の文の一部 (句や節) に対してそれぞれの意味を出力できる段階にまで進化している。また，PTQ においては，内包は世界と時点の対としての指標からの関数として捉えられているが，ここでは単純化して，定義域の要素としては世界のみを考えることにする。

領域 D と可能世界の集合 W が与えられた場合，タイプ a の表現の解釈領域 $\mathbf{D}_{a,D,W}$ を次のように定義する ((6.22) に同じ)。

(7.25) a. $\mathbf{D}_{e,D,W} = D$
b. $\mathbf{D}_{t,D,W} = \{0,1\}$
c. $\mathbf{D}_{\langle a,b \rangle,D,W} = \mathbf{D}_{b,D,W}^{\mathbf{D}_{a,D,W}}$
d. $\mathbf{D}_{\langle s,a \rangle,D,W} = \mathbf{D}_{a,D,W}^{W}$

支障の無い限り，$\mathbf{D}_{a,D,W}$ は $\mathbf{D}_a$ と表記する。

カテゴリーに対してタイプを与える *CAT* を定義域とする関数 f は，以下のように定義される。これは，基本的に (6.18) にもとづいている。複合的なカテゴリーの場合，主要部 (関数本体) の意味は，項の意味を一旦内包化したものと結びつくので，そのタイプ規定は (7.26c) のようになる。これは，6.4 節で述べた内包的文脈の問題を解決するためである (7.5.2 節を参照のこと)。

(7.26) a. $f(\mathrm{S}) = t$
　　　b. $f(\mathrm{CN}) = f(\mathrm{IV}) = \langle e, t \rangle$
　　　c. $A, B \in CAT$ の場合，$f(A/B) = f(A//B) = \langle \langle s, f(B) \rangle, f(A) \rangle$

また，定項および変項に関して次の記法を用いる。

(7.27) a. j, m, b はタイプ e の定項である。
　　　b. $x, y, z, x_0, \ldots, x_n$ はタイプ e の変項である。
　　　c. $X, Y, Z, X_0, \ldots, X_n$ はタイプ $\langle s, \langle e, t \rangle \rangle$ の変項である。
　　　d. $\mathbf{X}, \mathbf{Y}, \mathbf{Z}, \mathbf{X_0}, \ldots, \mathbf{X_n}$ はタイプ $\langle s, \langle \langle s, \langle e, t \rangle \rangle, t \rangle \rangle$ の変項である。

6.5.2 節でも述べたように，可能世界から個体の集合への関数は述語の内包と見なされ，一般に属性 (property) と呼ばれる。(7.27c) は属性の変項である。また，この本の中では (7.27d) の例は取り上げない。

これまでは，普通名詞 CN および動詞句・自動詞 IV は個体の集合を表すものとして，$\langle e, t \rangle$ のタイプを当ててきた。しかし，実は PTQ では，これらは**個体概念 (individual concepts)** の集合として，より複雑なタイプ $\langle \langle s, e \rangle, t \rangle$ を与えられている。次の文で，

(7.28) a. The temperature is ninety. (気温は華氏 90 度だ)
　　　b. The temperature rises. (気温が上がる)
　　　c.*Ninety rises. (華氏 90 度が上がる)

(7.28a) と (7.28b) が成り立ったからと言って，(7.28c) は言えない。このことから，(7.28a) と (7.28b) の the temperature は用法が異なることが分かる。(7.28a) の the temperature は「今，現在の」温度を意味し，それが，華氏 90 度だと述べられている。(7.28b) の方は，一定の期間にわたって観察された温度である。Rise のように変化を表す述語は，当然 (7.28b) の用法についてのみ使われ，(7.28a) には適用できない。この違いをモンタギューは，temperature が文脈 (世界) を個体へと写像する関数 (個体概念) の特性関数を表すと考えることによって解決する。(7.28b) では，述語 RISE に対してこの，世界 (ここでは時間) によって変化する個体概念が項として与えられている。これに対して (7.28a) では，特定の世界を個体概念に入力した結果，すなわち個体概念の外延が項となって

表 7.4 カテゴリーとタイプ

名前	定義	伝統的なカテゴリー	タイプ
e		…	e
t		文	t
IV	t/e	動詞句および自動詞	$\langle e,t \rangle$
T	t/IV	名詞句および固有名詞	$\langle \langle s, \langle e,t \rangle \rangle, t \rangle$
TV	IV/T	他動詞	$\langle \langle s, \langle \langle s, \langle e,t \rangle \rangle, t \rangle \rangle, \langle e,t \rangle \rangle$
IAV	IV/IV	動詞句を修飾する副詞	$\langle \langle s, \langle e,t \rangle \rangle, \langle e,t \rangle \rangle$
CN	t//e	普通名詞	$\langle e,t \rangle$
t/t	t/t	文を修飾する副詞	$\langle \langle s,t \rangle, t \rangle$
IAV/T	IAV/T	後置詞	$\langle \langle s, \langle \langle s, \langle e,t \rangle \rangle, t \rangle \rangle,$ $\langle \langle s, \langle e,t \rangle \rangle, \langle e,t \rangle \rangle \rangle$
IV/t	IV/t	文を補語として持つ動詞	$\langle \langle s,t \rangle, \langle e,t \rangle \rangle$
IV//IV	IV//IV	動詞句を補語として持つ助動詞類	$\langle \langle s, \langle e,t \rangle \rangle, \langle e,t \rangle \rangle$

いる．

　以上のことから，PTQ では一般に普通名詞 CN と動詞句・自動詞 IV に対して $\langle \langle s,e \rangle, t \rangle$ のタイプを与えている．しかし，ここで取り上げられた問題は必ずしも個体概念を持ち出さなくとも解決できることが指摘されている．わざわざ煩雑な考え方をしなければならない根拠が薄いことから，その後の研究では，$\langle e,t \rangle$ を採用することが多い．この本でもそれに従うことにする．表 7.4 にここで用いる主要なカテゴリーに与えられるタイプを挙げておく．

問題 7.3 5.3.4 節で主要なタイプの解釈領域について説明したが，PTQ で与えられるタイプには名詞句のタイプ繰り上げが適用されることに加えて可能世界が導入されているために，各タイプの解釈領域はより複雑なものになる．表 7.4 を参考にして，CN, IV, T, および TV の各カテゴリーの解釈領域がどのようなものになるか説明しなさい．

　モンタギュー意味論における自然言語の文がどのようにして論理式に変換されるかを見るために，仮に内包は考慮に入れず，外延だけの簡易化された翻訳を考えてみよう．これは 5.3.3 節で導入した外延的タイプ理論に

もとづいており，意味論としては第 4 章の古典的述語論理のままである。7.2 節で動詞 (述語) の解釈が名詞句 (主語) の解釈である集合に含まれるか否かによって文の真偽が決定されると述べた。これを関数という観点から見ると，第 5 章で説明したタイプ繰り上げが行われており，関数本体である名詞句の解釈が，項である動詞の解釈に対して適用されることになる。そのためには 5.3.6 節に示したように，「ジョン」の翻訳を $\lambda X X(j)$ としなければならない。これは，述語 (X に相当し，例えば RUN) を入力とし，RUN(j) のような真理値を解釈とする論理式を出力する。そのため，その解釈は特性関数となり，j に対して適用できる述語の解釈 (= j を要素とする集合) の集合を表すと見なすことができる。これは 7.2 節で述べたことと符合しており，そこでの例では (7.14a) の解釈が与えられる。実際に述語 RUN に対してこれを適用すると，

$$\lambda X X(j)(\text{RUN}) = \text{RUN}(j)$$

のように λ 変換 (5.3.6 節を参照のこと) によって 1 階述語論理式へと導かれる。j に対して適用できる述語の解釈の集合に RUN の解釈が含まれるか否か (左辺) は，述語論理式において j の解釈が RUN の解釈に含まれるか否か (右辺) と論理的に同値であることになる。タイプ繰り上げの意味論的な正当性は，このことによって保証されている。

モンタギューによる自然言語文の翻訳は，内包論理を使っているためにより複雑である。まず，翻訳規則の 1 つ T1(a) によって，固有名詞「ジョン」などは以下のように翻訳を与えられる。

(7.29) T1. (a) 「ジョン」「メアリー」「ビル」の翻訳はそれぞれ
$\lambda X \, ^\vee X(j), \lambda X \, ^\vee X(m), \lambda X \, ^\vee X(b)$ である。

主語名詞句「ジョンが」の意味としては，以下の規則によって，「ジョン」と同じものが与えられる。F_2 は (7.20) の S3(a) で導入された，名詞句から主語名詞句の語形を作る関数である。

(7.30) T3. (a) もし $\zeta \in P_T$ で ζ の翻訳が ζ' なら $F_2(\zeta)$ は ζ' と翻訳される。

また，述語「走る」の翻訳は述語定項 RUN である。先に述べたよう

に，主語名詞句「ジョンが」のカテゴリーは T_{ga}，述語「走る」のカテゴリーは IV であり，このような場合は以下の関数適用規則 T4 によって全体の翻訳が与えられる。動詞句の翻訳の内包を一旦作り，これに名詞句の翻訳が適用されることに注意。

(7.31) T4. もし $\alpha \in P_{T_{ga}}$ かつ $\delta \in P_{IV}$ で α, δ の翻訳がそれぞれ α', δ' なら，$F_4(\alpha, \delta)$ は $\alpha'(^\wedge \delta')$ と翻訳される。

T4 は，(7.21) の S4 と連動して適用される。図 7.2 も参照のこと。T4 から，文 (7.19) 全体の翻訳は，まず関数本体の (α' に相当する) $\lambda X ^\vee X(j)$ が項の ($^\wedge \delta'$ に相当する) $^\wedge \mathrm{RUN}$ に対して適用された形が得られ，これがさらに λ 変換 (5.3.6 節を参照のこと) と $^\vee{^\wedge}$-打消し (6.5.2 節を参照のこと) によって，

$$\lambda X ^\vee X(j)(^\wedge \mathrm{RUN}) = {^\vee}{^\wedge}\mathrm{RUN}(j) = \mathrm{RUN}(j)$$

となり，1 階述語論理式と同じものへと導かれる。図 7.3 に翻訳の派生過程を示す。

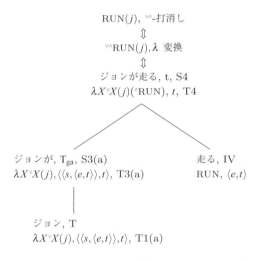

図 7.3　例文 (7.19) の解析および翻訳の派生

なお，「ジョン (が)」の翻訳である $\lambda X \check{} X(j)$ の解釈も，上記の外延のみの簡易版と同じく特性関数となる。$\lambda X \check{} X(j)$ は j の (内包論理の) 属性の集合を表す (図 7.6 を参照のこと。図は Dowty et al. 1981, p. 222 から引用)。そこで，$\lambda X \check{} X(j)(\hat{}\text{RUN})$ は，j の属性の集合に対して「歩く」という属性が帰属する場合に真となる。他方，RUN(j) は，標準的な述語論理におけると同じく，「歩く」ものの集合に j の指示対象が帰属する場合に真となる。これら 2 つの式は，ここでも同値であることになる。また，7.5.1 節も参照してほしい。T4 で，述語の意味である RUN そのままではなく，一旦その内包 $\hat{}$RUN を作っている。またこれに応じるために，関数本体の名詞句の方でも $\lambda X \check{} X(j)$ というように，内包を外延に戻すための記号 $\check{}$ を入れている。わざわざこのようにする理由のうち最大のものは，7.5.2 節で取り上げる内包的他動詞を適切に扱うためである。

復習としてまとめると，名詞句のカテゴリーは T = t/IV で関数本体となり，これが動詞 IV に対して適用されるのに平行して，意味の方でも T4 で名詞句の意味が関数本体，動詞の意味がそれに対する項として扱われている。これは 5.3.2 節で説明したカテゴリーのタイプ繰り上げによって可能となるのである。

以上で，モンタギュー意味論の基礎をなす部分を理解してもらえたものと思う。次節では，主要な文表現がどのように内包論理式へと翻訳されるかを見ていくことにする。

問題 7.4 $\lambda X \check{} X(j)$ および $\hat{}$RUN それぞれの解釈領域を述べなさい。

問題 7.5 (7.21) の統辞論規則 S4 と (7.31) の翻訳規則 T4 との間に (7.4′) の構成性原理が成り立つことについて説明しなさい。

7.5 主要な文の翻訳

7.5.1 量化をともなう文

まず，(7.19) に対応する，量化を表す限定詞をともなう以下の文がどのように翻訳されるかを解説する。

(7.32) a. すべての少年が走る。

b. ある少年が走る。

日本語の文における不定/定性の表示や量化は複雑な問題をはらんでいるが，ここでは議論を限定して，「すべての」と「ある」が名詞句に付加された場合の全称/存在量化のみを扱う。

ここでもまず，内包を一旦度外視して考えることにする。やはりタイプ繰り上げを使い，名詞句の方を関数とする。それには項である述語に対して適用されると適切な論理式が得られるような λ 式を与えればよい。「すべての少年 (が)」は $\lambda X \forall x (\mathrm{BOY}(x) \to X(x))$，「ある少年 (が)」は $\lambda X \exists x (\mathrm{BOY}(x) \land X(x))$ となる。実際，述語 RUN に対してこれらを適用すると，λ 変換によって，

(7.33) a. $\lambda X \forall x (\mathrm{BOY}(x) \to X(x))(\mathrm{RUN}) = \forall x (\mathrm{BOY}(x) \to \mathrm{RUN}(x))$
b. $\lambda X \exists x (\mathrm{BOY}(x) \land X(x))(\mathrm{RUN}) = \exists x (\mathrm{BOY}(x) \land \mathrm{RUN}(x))$

となる。このように，量化詞をともなう名詞句の翻訳は λ 表現として与えることができるが，今度はその意味を考えてみよう。前節の固有名詞の例と同様に，これら2つの翻訳は意味的には特性関数と見なせる。4.2節で学んだこともあわせて考えると，$\lambda X \forall x (\mathrm{BOY}(x) \to X(x))$ は，BOY の解釈である集合を包含する (すなわち，それを部分集合とする) 集合の集合を意味する。(7.33a) は，そのような集合に対して RUN の解釈が帰属すること (左辺) が，標準的な述語論理において，BOY の解釈が部分集合として RUN の解釈に包含されること (右辺) と論理的に同値であると述べている。これは直観的に納得できることである。7.2節の例も参考にしてほしい。また，「ある少年」の翻訳である $\lambda X \exists x (\mathrm{BOY}(x) \land X(x))$ は，BOY の解釈である集合との間に共通部分が存在するような集合の集合を表す。(7.33b) では，この集合に RUN の解釈が含まれること (左辺) が，標準的述語論理において，BOY および RUN 各々の解釈に相当する集合の共通部分が存在する，言い換えれば空集合でないこと (右辺) と同値であることが示されている。

次に，内包を用いたモンタギューによる名詞句の扱いについて見てみよう。PTQ では限定詞 every および冠詞 a は辞書項目としては扱われず，以下の S2 に対応する統辞論規則によって導入される。この例

や，先の (7.20) S3(a) のように，単語の情報が独立した辞書項目としてでなく，共起する表現と一緒に規則として導入されることを**共範疇的 (syncategorematic)** な導入と呼ぶ。

(7.34) S2.
 (a) もし $\zeta \in P_{CN}$ なら，$F_0(\zeta) \in P_T$ かつ $F_0(\zeta) =$ すべての ζ
 (b) もし $\zeta \in P_{CN}$ なら，$F_1(\zeta) \in P_T$ かつ $F_1(\zeta) =$ ある ζ

これに対応する翻訳規則には内包が導入され，以下の通りとなる。

(7.35) T2. もし $\zeta \in P_{CN}$ で ζ が ζ' に翻訳される場合，
 (a) 「すべての ζ」は $\lambda X \forall x(\zeta'(x) \to {}^\vee X(x))$ に翻訳される
 (b) 「ある ζ」は $\lambda X \exists x(\zeta'(x) \wedge {}^\vee X(x))$ に翻訳される

図 7.4 と図 7.5 にそれぞれ，文 (7.32a) と (7.32b) の翻訳の派生過程を示す。まず，翻訳規則 T2 の (a) と (b) によって，名詞句「すべての少年」と「ある少年」の翻訳である $\lambda X \forall x(\text{BOY}(x) \to {}^\vee X(x))$ と $\lambda X \exists x(\text{BOY}(x) \wedge {}^\vee X(x))$ が得られる。後は，文 (7.19) の場合と同じである。これと動詞句「走る」の翻訳 RUN の内包との関数適用が (7.31) の T4 によって行われ，λ 変換と ${}^\vee{}^\wedge$-打消しを経て，内包論理式 $\forall x(\text{BOY}(x) \to \text{RUN}(x))$ と $\exists x(\text{BOY}(x) \wedge \text{RUN}(x))$ が得られる。

「すべての少年」のタイプは $\langle\langle s,\langle e,t\rangle\rangle,t\rangle$ となり，個体の属性 $\langle s,\langle e,t\rangle\rangle$ を項とする 2 階述語に相当する。統辞論から見ると，「すべての少年」のカテゴリーである T は t/IV に等しく，IV を項とする関数で，そのタイプ $\langle e,t \rangle$ の内包は $\langle s,\langle e,t\rangle\rangle$ となり，意味論と統辞論とが対応していることになる。(7.35) の T2(a) を適用した $\lambda X \forall x(\text{BOY}(x) \to {}^\vee X(x))$ において，入力となる X のタイプは $\langle s,\langle e,t\rangle\rangle$ で個体の属性を表すので，上記と符合する。${}^\vee X(x)$ は，ある可能世界において，x が表す個体が X の表す属性を持つ時，言い換えれば x がその世界において ${}^\vee X$ が表す集合に属する時に真となる。そこで，$\forall x(\text{BOY}(x) \to {}^\vee X(x))$ は，少年であるようなすべての個体が X の表す属性を持つ時に真となる。これはまさに，全称量化された文の意味を表す。これに λ 抽象化を行って得られる T2(a) の $\lambda X \forall x(\zeta'(x) \to {}^\vee X(x))$ は，私たちが必要とする，全称量化された名詞句の

194　第7章　モンタギュー意味論

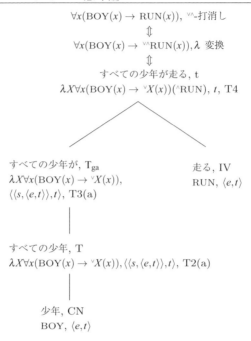

図 7.4　文 (7.32a) の解析および翻訳の派生過程

翻訳であることになる．これは，属性を入力とし，その外延が ζ' を部分集合とする場合に 1 を返す特性関数を意味する．言い換えれば，ある世界において，ζ' が表す集合のすべての要素が満たす属性の集合である（図7.6 を参照のこと）．存在量化を扱う T2(b) についても同様である．量化をともなう (7.32) のような文の翻訳は，途中経過ではかなり複雑だが，結果として得られるのは標準的な述語論理式と同じものである．しかし，翻訳が構成的に得られることが述語論理とは異なる．

　なお，ここで取り上げた存在量化子および全称量化子以外に，自然言語には「ほとんどの」「3 人の」「半分以上の」など，様々な量化表現がある．これらは前者の古典的量化子と同一の取り扱いはできないものの，主語名詞句を関数とし，項となる動詞句に対して適用するという共通の形式化によって正確な意味を与えることができるので，これらを古典的量化子とともに一括して**一般化量化子** (generalized quantifiers) と呼ぶ．

7.5 主要な文の翻訳　195

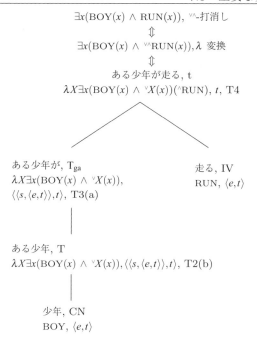

図 7.5　文 (7.32b) の解析および翻訳の派生過程

問題 7.6　「ジョン」に相当する個体を j とし，$D = \{f, g, h, i, j\}$ とし，関与する述語としては 1 項述語「走る」「太っている」「歩く」「食べる」の 4 つのみを考え，それぞれの内包の解釈が以下のように与えられるとする。

$$[\![{^\wedge}\mathrm{RUN}]\!]_{M, w_0, g} = \begin{bmatrix} w_0 \mapsto \{f, g, j\} \\ w_1 \mapsto \{f, h, i, j\} \\ w_2 \mapsto \{g, i\} \\ w_3 \mapsto \{f, i, j\} \end{bmatrix},$$

$$[\![{^\wedge}\mathrm{FAT}]\!]_{M, w_0, g} = \begin{bmatrix} w_0 \mapsto \{g, i, j\} \\ w_1 \mapsto \{f, g, h, i\} \\ w_2 \mapsto \{f, g, h\} \\ w_3 \mapsto \{g, h, i\} \end{bmatrix},$$

$$[\![{}^\wedge\text{WALK}]\!]_{M,w_0,g} = \begin{bmatrix} w_0 \mapsto \{h,j\} \\ w_1 \mapsto \{g\} \\ w_2 \mapsto \{f,h,j\} \\ w_3 \mapsto \{g,h\} \end{bmatrix},$$

$$[\![{}^\wedge\text{EAT}]\!]_{M,w_0,g} = \begin{bmatrix} w_0 \mapsto \{f,h,i\} \\ w_1 \mapsto \{g,i,j\} \\ w_2 \mapsto \{i\} \\ w_3 \mapsto \{f,g,j\} \end{bmatrix}$$

i. このモデルの下で，世界 w_0 における名詞句「ジョン」の解釈を示しなさい。

ii. 同じくこのモデルの下で，世界 w_0 において文 (7.19) がどのように解釈されるか，図 7.3 を参考にして，派生の各段階ごとに示しなさい。

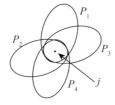

a. 固有名詞の解釈
（j の属性の集合）

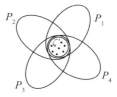

b.「すべての」をともなう名詞句の解釈
（ζ' を部分集合とする集合の内包（属性）の集合）

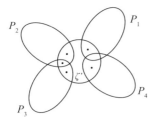

c.「ある」をともなう名詞句の解釈
（ζ' との重なりが空集合でない集合の内包（属性）の集合）

図 7.6　名詞句の解釈

問題 7.7 問題 7.6 で示したモデルに対し以下の述語「少年」の内包の解釈が付け加えられたとして，

$$\begin{bmatrix} w_0 \mapsto \{f,h,i,j\} \\ w_1 \mapsto \{f,g,j\} \\ w_2 \mapsto \{g,h,i,j\} \\ w_3 \mapsto \{h\} \end{bmatrix}$$

i. 世界 w_0 における名詞句「すべての少年」および「ある少年」の解釈を示しなさい。

ii. 世界 w_0 において文 (7.32a) および (7.32b) がどのように解釈されるか，派生の各段階ごとに示しなさい。

問題 7.8 量化詞「すべての」および「ある」に対しては，他の単語と同じように，独立した辞書項目として統辞論的，意味論的情報を与えることもできる。その場合，これらに与えられるカテゴリー，翻訳，およびタイプを答えなさい。また，S2 と T2 に代わる統辞規則と翻訳規則を記し，文 (7.32a, b) の解析および翻訳を行いなさい。

7.5.2 他動詞文

次に，他動詞を述語として目的語をともなう文の翻訳を見てみよう。叙述の都合上，他動詞と目的語の特殊な組み合わせの例から始めることにする。これは，6.4 節で述べた内包的文脈の問題に関連する。

(7.36) ジョンがあるユニコーンを探す。

この文を次の文と比較してみる。

(7.37) ジョンがあるユニコーンを見つける。

私たちが生きている現実世界において一角獣 (ユニコーン) は存在しないから，(7.37) はつねに偽となる。現実とは異なるどこか別の世界に一角獣がいるのであれば，この文は真になりうる。このことから，文 (7.37) の意味にはその一部として「一角獣が存在する」ということが含まれていることが分かる。これに対して，文 (7.36) については事情が異なる。現

実世界で一角獣を探すという行為が報われることは決してないが，実際に探す行為を行っているのであればそれ自体は否定できず，この文は真となる。

しかし，「探す」の意味はこれに限らない。

(7.38) ジョンがある少女を探す。

この文はある少女が存在していて，その人をジョンが探している，という解釈を受けることができる。6.4 節ですでに触れたように，このような解釈を**事物にもとづく読み (de re reading)** と呼び，上に述べたような解釈を**言表にもとづく読み (de dicto reading)** と呼ぶ。このような，「探す」の持つ 2 通りの意味を説明しなければならないが，まず最初の用法に対するアプローチについて解説する。

まず，(7.20) の統辞規則 S3(a) および (7.30) の翻訳規則 T3(a) に類似した S3(b) と T3(b) によって，目的格助詞をともなう語形とその翻訳が得られる。

(7.39) S3. (b) もし $\zeta \in P_T$ なら，$F_3(\zeta) \in P_{T_0}$ かつ $F_3(\zeta) = \zeta$ を

(7.40) T3. (b) もし $\zeta \in P_T$ で，ζ の翻訳が ζ' なら，$F_3(\zeta)$ は ζ' と翻訳される。

これに対し次の統辞規則が適用されるが，それぞれのタイプを T_0 および IV/T としているので，適用は目的格を表示された名詞句および他動詞に限定される。

(7.41) S5. もし $\beta \in P_{T_0}$ かつ $\delta \in P_{IV/T}$ なら，$F_5(\beta, \delta) \in P_{IV}$ でしかも，$F_5(\beta, \delta) = \beta\delta$

これに対応する内包論理式への翻訳を得るための関数適用規則は，以下の T5 である。

(7.42) T5. もし $\beta \in P_{T_0}$ かつ $\delta \in P_{IV/T}$ で β, δ の翻訳がそれぞれ β', δ' なら，$F_5(\beta, \delta)$ は $\delta'(^\wedge\beta')$ に翻訳される。

7.5 主要な文の翻訳　199

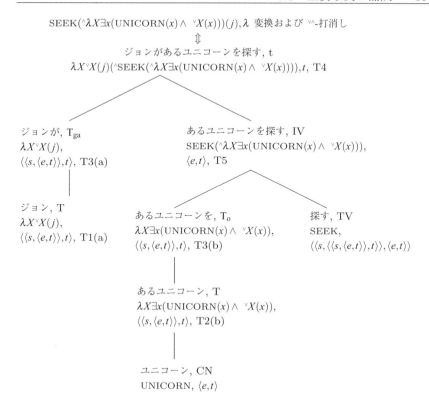

図 7.7　文 (7.36) の解析および翻訳の派生過程

文 (7.36) の翻訳過程を図 7.7 に示す。S5 と T5 とによって「あるユニコーン」と「探す」の統辞論的，意味論的結合が行われた後，得られた動詞句 (IV) は自動詞文 (7.19) の場合と同様にして主語と結合される。

結果として得られる

(7.43)　SEEK($^\wedge\lambda X\exists x$(UNICORN($x$) ∧ $^\vee X(x)$))(j)

は，より通常の述語論理の表記に近い，2 項述語の表記

(7.44)　SEEK(j, $^\wedge\lambda X\exists x$(UNICORN($x$) ∧ $^\vee X(x)$))

として表すことができる (このことは，2.2.5 節で述べたように，多項関数を，1 項関数に対し 1 個の項を逐次入力したものと見なせることにもとづいている)。

他動詞「探す」のカテゴリーは TV = IV/T で，それに対応してタイプは $\langle\langle s,\langle\langle s,\langle e,t\rangle\rangle,t\rangle\rangle,\langle e,t\rangle\rangle$ となる。これは，2 階の属性 (1 階の属性の属性，言い換えれば可能世界から個体の属性の集合への関数) を入力とし個体の集合を出力する関数である。目的格名詞句「あるユニコーンを」のタイプはここでも $\langle\langle s,\langle e,t\rangle\rangle,t\rangle$ となり，個体の属性の集合を表す。それゆえ，その内包は，2 階の属性を表し，他動詞の取る項として適合している。こうして得られる動詞句「あるユニコーンを探す」のタイプは $\langle e,t\rangle$ であり，自動詞と同じものである。後は前節で説明した自動詞文の場合と全く同様に主語名詞句と上記の動詞句が結びつけられ，結果として翻訳 (7.43) が得られる。

「探す」の目的語の意味を述語論理におけるように個体としてしまうと，指示物が現実世界に存在しない一角獣を目的語とする (7.36) のような文の意味が扱えないことになるが，これは避けられている。$\lambda X\exists x(\text{UNICORN}(x) \land {}^\vee X(x))$ は一角獣が取ることのできる属性の集合を表すが，(7.43) ではこれにさらに $\wedge$ が付加されて，内包となっている。これは，上記のように 2 階の属性 (可能世界から個体の属性の集合への関数) を表す。現実世界に一角獣は存在しないので，その属性の集合も空集合であることになる。しかし，他のこの世に存在しないもの，例えばゴジラの属性の集合もまた空集合になるのだから，それだけではそれらの意味を区別できないことになる。世界によって一角獣が存在したりゴジラが存在したりして差があると考えると，${}^\wedge\lambda X\exists x(\text{UNICORN}(x) \land {}^\vee X(x))$ は世界ごとに異なる属性の集合を割当てており，そのさまはゴジラに関する 2 階の属性，${}^\wedge\lambda X\exists x(\text{GODZILLA}(x) \land {}^\vee X(x))$ とは異なっていることになり，両者を区別できる。しかも，以上の解析および解釈は，目的語である名詞句を何ら特別扱いせず，主語の場合と全く同等に扱いつつ行われているのである。

以上のようにして，「探す」のような他動詞の内包的な用法，すなわち，言表にもとづく読みについては説明することができる。しかし，この

ように内包的に用いられる他動詞のもう 1 つの解釈である事物にもとづく読みや，外延的にしか用いられない「見つける」や「愛する」のような他動詞はどのようにすればいいだろうか？ PTQ では，(7.37) の「見つける」のような，外延的意味を持つ目的語をともなう他動詞 (外延的他動詞) についても，上記と同じくその目的語を 2 階の属性として扱う。そして，このような動詞についてはさらに制限を課すことによって，その外延的な解釈を得ることを可能にする。ここではまず，外延的他動詞「見つける」を用いた例文 (7.37) について考えることにする。

例文 (7.37) は，例文 (7.36) の解析，解釈に用いたのと同じ方法によって，

(7.45) $\text{FIND}(j, {}^{\wedge}\lambda X \exists x (\text{UNICORN}(x) \wedge {}^{\vee}X(x)))$

の論理意味表示を与えられる。ところが，例文 (7.37) から私たちが理解する外延的な意味を考慮すると，その論理意味表示としてはむしろ，

(7.46) $\exists x (\text{UNICORN}(x) \wedge \text{FIND}(j, {}^{\wedge}\lambda X {}^{\vee}X(x)))$

の方がふさわしいと思われる。これは一角獣が存在していることを含意しており，(7.37) が一角獣の存在する世界でのみ真となるという事実を説明できる。$\lambda X {}^{\vee}X(x)$ は変項 x の属性の集合であり，代名詞のタイプ繰り上げされた意味に相当する。(7.46) の論理式は (ややぎこちないが)「ユニコーンであって，それをジョンが見つけるようなあるものが存在する」ことを表す。外延的他動詞により構成される (7.45) のような文は (7.46) のような文とこのままでは同値にならないが，両者が同値になるという制約を付け加えることができれば，ここでの問題は解決される。

(7.47) MP4. $\delta =$ 「愛する」，「キスする」，または「見つける」，の場合． $\exists S \forall x \forall X \Box (\delta(x, X) \leftrightarrow {}^{\vee}X({}^{\wedge}\lambda y {}^{\vee}S(x, y)))$

この意味公準 (6.5.2 節を参照のこと) は，ここに挙げられた他動詞について，左辺の式と右辺の式とが同値になるような，$\langle s, \langle e, \langle e, t \rangle \rangle \rangle$ をタイプとする 2 項の述語 S が存在することを表す。(7.45) に (7.47) の意味公準を適用すると，$\leftrightarrow$ の左辺の δ には FIND が，X には ${}^{\wedge}\lambda X \exists x (\text{UNICORN}(x) \wedge$

$^{\vee}X(x))$ が相当するので,

(7.48) $^{\vee\wedge}\lambda X\exists x(\text{UNICORN}(x) \wedge {}^{\vee}X(x))(^{\wedge}\lambda y^{\vee}S(j,y))$

に等価であり,これにさらに λ 変換および $^{\vee\wedge}$-打消しを行うと,

(7.49) $\exists x(\text{UNICORN}(x) \wedge {}^{\vee}S(j,x))$

に等価となる。これが (7.46) に類似していることは容易に見て取れよう。実際のところ,

(7.50) $^{\vee}S = \lambda y\lambda x\delta(x, {}^{\wedge}\lambda X^{\vee}X(y))$

となり,ここでの δ には FIND が入るので,ここでの (7.49) は (7.46) と全く同一である。(7.50) を証明してみよう。(7.47) の MP4 により,

(7.51) $\delta(x, {}^{\wedge}\lambda X^{\vee}X(y)) = {}^{\vee\wedge}\lambda X^{\vee}X(y)(^{\wedge}\lambda y^{\vee}S(x,y)) = \lambda y^{\vee}S(x,y)(y) = {}^{\vee}S(x,y)$

となる。したがって,(7.50) が成り立つ。

　こうして,各々の外延的他動詞を用いた文について,それと同値の標準的な (すなわち,古典的述語論理における) 2 項述語 (タイプは $\langle e,\langle e,t\rangle\rangle$) を使った (7.49) のような文へと還元することができる。次の表記法を使って,各々の外延的他動詞 δ について,対応する標準的 2 項述語を δ^* とする。

(7.52) **表記法**　δ がタイプ $\langle\langle s,\langle\langle s,\langle e,t\rangle\rangle,t\rangle\rangle,\langle e,t\rangle\rangle$ を持った場合,$\lambda y\lambda x\delta(x,{}^{\wedge}\lambda X^{\vee}X(y))$ の代わりに δ^* と表記することができる。

FIND に対しては FIND* が得られる。こうして例文 (7.37) の翻訳として最終的に

(7.53) $\exists x(\text{UNICORN}(x) \wedge \text{FIND}^*(j,x))$

が導かれる。これは私たちになじみの深い標準的述語論理式であり,(7.37) の直観で捉えた意味を表していると同時に,内包的他動詞の扱いも含む翻訳システム全体の中で翻訳が行われる。外延的他動詞におけるような取り扱いは特殊なものではなく,一般に同グループの表現がある場合,

意味的に複雑な方をディフォールトとして全体に同一の意味を与えることはモンタギューの特徴である。なお，内包動詞である「探す」は (7.47) の意味公準 MP4 からは除外されている。そのため，

(7.36) ジョンがあるユニコーンを探す。

の文が一角獣の存在を含意しないということもまた説明されているのである。

(7.38) ジョンがある少女を探す。

について指摘した事物にもとづく読みについては，ここで述べたのとは異なる統辞解析と論理式への翻訳が必要になる。

問題 7.9 実際に特定のモデルを想定して，$\lambda X \exists x(\text{UNICORN}(x) \wedge {}^{\vee}X(x))$ と $\lambda X \exists x(\text{GODZILLA}(x) \wedge {}^{\vee}X(x))$ の解釈は同一だが，${}^{\wedge}\lambda X \exists x(\text{UNICORN}(x) \wedge {}^{\vee}X(x))$ と ${}^{\wedge}\lambda X \exists x(\text{GODZILLA}(x) \wedge {}^{\vee}X(x))$ とは異なることを確認しなさい。

7.5.3 スコープの曖昧性と事物にもとづく読み

4.5 節で述語論理に関連して説明したように，(7.54a) の文はスコープ (作用域) に関して曖昧であり，(7.54b) と (7.54c) の両方の意味表示を与えることができる。

(7.54) a. すべての少年がある少女を愛する。
　　　 b. $\forall x(\text{BOY}(x) \to \exists y(\text{GIRL}(y) \wedge \text{LOVE}^*(x,y)))$
　　　 c. $\exists y(\text{GIRL}(y) \wedge \forall x(\text{BOY}(x) \to \text{LOVE}^*(x,y)))$

(7.54b) では全称量化子 $\forall x$ のスコープ内に存在量化子が含まれているのに対し，(7.54c) では逆の関係が成り立っている。

PTQ では，解釈は統辞解析に一対一に対応して行われる。それゆえ，ここでの例のように 2 通りの解釈が存在する場合には，それに対応して 2 通りの解析の派生過程があることになる。(7.54b) の論理式を可能にする

a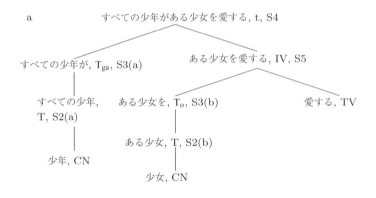

b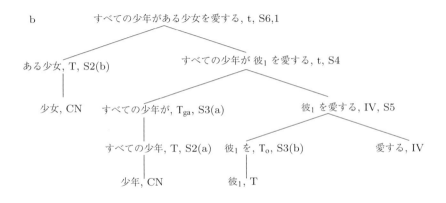

図 7.8　文 (7.54a) の解析の派生過程

のは図 7.8a の解析の派生過程であり，また (7.54c) の論理表示は図 7.8b によって生み出される．

図 7.8a は，主語と目的語の両方に対して (7.34) の統辞論規則 S2 が適用されて量化詞「すべての」および「ある」が導入されている他は，7.5.2 節で説明した通りに他動詞文が解析された過程を示している．

これに対して図 7.8b では，一旦目的語として「彼$_1$」を導入しておいて，通常の他動詞文と同様に文「すべての少年が 彼$_1$ を愛する」が解析される（この段階では，代名詞「彼」「彼女」「それ」の性の区別はなされない）．そして，これに対してさらに名詞句「ある少女」が文の先頭に付

け加えられ，両者が結合することで解析が終了すると考える．わざわざこのようにするのは，存在量化された名詞句と，それに相当する部分が自由変項となっている開放文とを結合するという統辞構造を取ることによって，目的語の量化子 $\exists y$ が外側にあらわれる論理表示を導くためである．この手法を **量化子投入 (quantifying in)** と言う．

　図 7.8b の解析では，いま述べたように，「すべての少年が 彼$_1$ を愛する」の解析までは，これまでに説明した統辞規則 S2, S3, S4 および S5 によって行われる．代名詞「彼」の右下に付けられる数は，他の個体を指示する代名詞と区別するためのもので，どの数字が割当てられるかは本質的でない．

　図 7.8b の解析の最後のステップである「ある少女」と「すべての少年が 彼$_1$ を愛する」の結合は，次の量化規則 S6, n によってなされる．

(7.55) S6, n. もしも $\alpha \in P_T$ かつ $\phi \in P_t$ ならば，$F_{6,n}(\alpha, \phi) \in P_t$ でかつ，
  i. もし α が「彼$_k$」の形式を取らないのであれば，$F_{6,n}(\alpha, \phi)$ は，ϕ の中の最初の「彼$_n$」を α で置き換え，他のすべての「彼$_n$」を α 中の最初の B_{CN} または B_T の性に応じて適切な形，すなわち「彼」「彼女」「それ」のいずれかに置き換えることによって得られる．

「すべての少年が 彼$_1$ を愛する」は (7.54a) の「表層」文の一部をなしていないが，S6, n(i) により，これと「ある少女」(α に相当する) とが結合して (7.54a) の文となる．言い換えれば，S6, n(i) によって，表層には無い代名詞「彼$_1$」を導入することが正当化されるのである．結果として文「すべての少年がある少女を愛する」のもう 1 つの解析が得られる．S6, n に対応する翻訳規則は，以下の T6, n である．

(7.56) T6, n. もしも $\alpha \in P_T$ かつ $\phi \in P_t$ で α と ϕ の翻訳がそれぞれ α' と ϕ' であるならば，$F_{6,n}(\alpha, \phi)$ は $\alpha'(^\wedge \lambda x_n \phi')$ と翻訳される．

　S6, n および T6, n はそれぞれ単一の規則ではなく，n の個数，すなわち無限個の規則の集合を表すスキーマである．その適用に際しては代名詞の指数および規則の番号として共通の数 n に具体的な整数が代入される．ここでの例では $n = 1$ である．これは，後で述べる理由で開放文 (4.3 節

206　第7章　モンタギュー意味論

$$\exists x(\text{GIRL}(x) \wedge \forall y(\text{BOY}(y) \rightarrow \text{LOVE}^*(y,x))), \lambda \text{ 変換および }{}^\vee{}^\wedge\text{-打消し}$$
$$\Updownarrow$$
$$\lambda X \exists x(\text{GIRL}(x) \wedge {}^\vee X(x))({}^\wedge\lambda x_1 \forall y(\text{BOY}(y) \rightarrow \text{LOVE}^*(y,x_1))), t, \text{T6,1}$$

```
         λX∃x(GIRL(x) ∧ ˇX(x))              ∀y(BOY(y) → LOVE*(y,x₁)), t, T4
         ⟨⟨s,⟨e,t⟩⟩,t⟩, T2(b)
              |
           GIRL, ⟨e,t⟩
                        λX∀y(BOY(y) → ˇX(y)),                               LOVE(^λXˇX(x₁)), ⟨e,t⟩, T5
                        ⟨⟨s,⟨e,t⟩⟩,t⟩, T3(a)
                              |
                         λX∀y(BOY(y) → ˇX(y)),        λXˇX(x₁),                                 LOVE,
                         ⟨⟨s,⟨e,t⟩⟩,t⟩, T2(a)          ⟨⟨s,⟨e,t⟩⟩,t⟩, T3(b)         ⟨⟨s,⟨⟨s,⟨e,t⟩⟩,t⟩⟩,⟨e,t⟩⟩
                              |                            |
                           BOY,⟨e,t⟩                  λXˇX(x₁), ⟨⟨s,⟨e,t⟩⟩,t⟩, T1(b)
```

図 7.9　図 7.8b に対応する翻訳の派生過程

を参照のこと) を作るために，無限個の変項を用意して管理する必要があるからである。

図 7.9 に，図 7.8b にもとづく翻訳の派生過程を示す．「すべての少年が 彼₁ を愛する」の翻訳は，これまでの他動詞文の翻訳と全く同じに行われる．

(7.57)　T1. (b) 「彼$_n$」は $\lambda X {}^\vee X(x_n)$ に翻訳される．

この規則により代名詞の翻訳が与えられる．「すべての少年が」の翻訳と「彼₁ を愛する」の翻訳とからは，直接には

(7.58) a.　$\lambda X \forall y(\text{BOY}(y) \rightarrow {}^\vee X(y))({}^\wedge\text{LOVE}({}^\wedge\lambda X {}^\vee X(x_1)))$

が得られるが，これは，主として λ 変換，${}^\vee{}^\wedge$-打消しおよび (7.47) の MP4 と (7.52) の表記法によって

(7.58) b.　$\forall y(\text{BOY}(y) \rightarrow \text{LOVE}^*(y,x_1))$

とされる．この段階で変項 x_1 は何ものにも束縛されていない (自由である)．しかし，(7.56) の T6, 1 が適用されると，λx_1 によって束縛される

ことになる．これと「ある少女」との翻訳とから，T6, 1 によって

(7.59) $\lambda X \exists x(\text{GIRL}(x) \wedge {}^{\vee}X(x))({}^{\wedge}\lambda x_1 \forall y(\text{BOY}(y) \rightarrow \text{LOVE}^*(y,x_1)))$

となる．さらに，やはり λ 変換と ${}^{\vee\wedge}$-打消しが適用されて，

(7.60) $\exists x(\text{GIRL}(x) \wedge \forall y(\text{BOY}(y) \rightarrow \text{LOVE}^*(y,x)))$

が得られるが，これは (7.54c) と同じである．

翻訳規則 T6, 1 によって，(7.59) において，構文中の左枝側の「ある少女」の翻訳である関数に対して項として入力されるのは λx_1 で始まる λ 表現となる．x_1 に対しては，左枝側の翻訳から由来する x が代入される．このように，λ 演算子は，右辺と左辺の変項の値を媒介，統合する役割を果たしているのである．図 7.8b に示したように，「彼$_1$」のような束縛されていない，「表層」にもあらわれない代名詞をわざわざ導入して開放文「すべての少年が 彼$_1$ を愛する」を作ったのは，そのための布石なのであった．

先に問題にした，

(7.38) ジョンがある少女を探す．

の事物にもとづく読みも，同様にして量化規則を用いて行われる．図 7.10 に，解析と翻訳の派生過程を示す．結果として，論理式

(7.61) $\exists x(\text{GIRL}(x) \wedge \text{SEEK}(j,{}^{\wedge}\lambda X {}^{\vee}X(x)))$

が得られる．

量化子投入が行われた場合，代名詞には指数の違いという形で無限個のバリエーションがある．このことから，解析結果は無数に曖昧であることになるが，通常このことは些末なこととして無視されている．

問題 7.10 実は，上記の曖昧性を別にしても，文 (7.54a) には 2 通り以上の解析木 (派生過程) がある．全部でいくつあるか，説明しなさい．

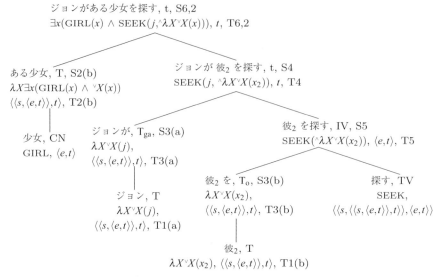

図 7.10 事物にもとづく読みの解析と翻訳の派生過程

7.6 結論

　紙幅の制約から先を急いだという傾向は否めないものの，自然言語の形式的解釈をモンタギューがいかに可能にしたかということの根幹については説明することができた．そのため，この章の内容について読者にマスターしてもらえれば，ヒトによる文の意味理解のプロセスを明確化するという著者たちが引き受けた課題は取りあえず果たしたことになる．とは言え，モンタギュー意味論はもはや古典に属し，現在の——例えば第 8 章で論じるダイナミック意味論の——研究者がモンタギュー意味論を自ら名乗ることはまずない．しかしそれは決してモンタギュー意味論が忘れられたということではなく，モンタギューの開拓した方法が現代の意味論研究を支える基礎として暗黙のうちに共有されているからに他ならない．その意味で，モンタギューによる自然言語へのアプローチの特色やその背後にある思想を学ぶことがもっとも重要である．

　モンタギューが形式意味論研究に対して与えた影響のうちで重要なもの

の 1 つは，「断片（フラグメント）の方法」と呼ばれるものである。PTQ は次の文で始まっている。

> 本論文の目的は，ある英語の方言のある断片について，統辞論および意味論を厳密なやり方で提示することにある。

それまでの研究では，特定の興味ある表現—例えば関係節など—を取り上げて，それに対する規則のみを論じることが多かった。しかしそのような場合，実は同じ言語の他の表現に対して与えられる規則と矛盾を起こしてしまい用をなさないことが非常に多い。言語の規則は全体が体系として働くものだという考えがモンタギューにはあり，これを実現するために説明の対象としてのデータに制限を加え，いわば「試験管」の中の世界を説明しつくす，という方法を取っている。これが第 5 章で解説した，統辞論における文解析や生成文法の考え方と親和性が強いことは容易に理解されよう。言語の「断片」とはいうものの，PTQ は関係節に類似する構文を含むので解釈可能な文の数は無限だし，拡張によって自然言語の全表現をカバーするための道は開けている。この方法によって，言語の意味研究はそれまでに無いレベルのパースペクティヴを得たのである。

考えるヒント 7　発話行為

この本で紹介する意味論はすべて，真理値を与えることが文の解釈 (評価) であるという立場をとっている。しかし，私たちが日常行っている発話の中には，このような意味の捉え方にそぐわないものもある。

  i. パリ滞在中は親切にしていただき，感謝しています。
  ii. 暑いのでヒーターを止めて下さい。
  iii. 教室で飲食してはならない。
  iv. 明けましておめでとうございます。

i の文を「彼は感謝している (これを i′ とする)」のような第 3 者に関する叙述と比べてみよう。i′ の方は，この本で扱われる他の文と同じく，現実世界 (モデル) に照らし合わせて正しいかどうかを問題にすることができる，真理条件的な文である。これに対して i の方は，現実に存在する出来

事や事物を描写する文ではない。「感謝しています」という発話によってすなわち感謝という社会的な行為を行っているのであり，その意味でiの発話そのものが世界に新しい事態を創り出している。同様にして，iiは依頼，iiiは禁止，ivは挨拶という社会的行為を行う発話である。

このように社会的行為として行われる発話は**発話行為** (speech act) と呼ばれる。発話行為の意味は真理値として捉えることはできない。お正月以外の日にivのように述べたからと言って，この文の解釈を偽とすることはできない。モデルにもとづく解釈ができないのだから，それは当然である。その場合，この発話は偽なのではなく，発話の前提となる条件を欠いているという意味で不適切であるとされる。発話行為はオースティンやサールによっていくつかの種類に分類され (Austin 1962, Searle 1969)，それらが適切であるための条件についても研究が行われている。

第 8 章

ダイナミック意味論

8.1 はじめに

　この章では，現在の意味論研究に大きな影響を与え，その標準的な理論と見なされている**ダイナミック意味論 (Dynamic Semantics)** について解説を行う。これまでに，学説の発展の過程に沿って，言語の意味に関する形式的な研究はどうあるべきかを考えてきた。前章では，その重要な一段階であるモンタギュー意味論について紹介した。モンタギュー意味論は自然言語の文の意味を構成的 (compositional) に構築することを可能にするという点で画期的な理論であった。しかし，それは完璧なものではない。むしろ，一定量の言語データを意味解析できる方法論が明確に提示されたために，それによっては扱えないタイプのデータもその後次々に指摘されることになった。後で詳しく述べるように，ここでも問題は量化子に関わることである。本章では，まずそのような言語データの中から典型的な例文を選び，モンタギュー意味論がそれらを扱えないのはどのような理由によるものか，またさらに問題の解決のためにどのような提案がなされたかについて説き進めていくことにする。本章を通じて，典型的な叙述は，特にことわらない限り，ダイナミック意味論のうちでもっとも基本的な理論の 1 つである**ダイナミック述語論理 (Dynamic Predicate Logic**, 略称 **DPL**; Groenendijk and Stokhof 1991) に依拠することにする。

8.2 モンタギュー意味論の問題点

8.2.1 文を超えた照応関係

次の文を見てほしい。

(8.1) a. A man walks in the park. **He** whistles.

2番目の文の he は，最初の文の a man を先行詞とする読みが可能である。この読みに相当する論理式は，

(8.1) b. $\exists x(man(x) \land walk\_in\_the\_park(x) \land whistle(x))$

となる。(動詞句 walks in the park はより詳しく表記すべきだが，今はこのように単一の述語として省略する。以下同様。) しかし，(8.1a) から (8.1b) を構成的 (compositional) なやり方で得ることは，モンタギュー意味論の枠組みではできない。(8.1a) の2番目の文は代名詞を主語とするため開放文 (4.3節を参照のこと) として翻訳され，これと最初の文の翻訳をつなげると以下のようになる。

(8.1) c. $\exists x(man(x) \land walk\_in\_the\_park(x)) \land whistle(x)$

しかし，これでは最後の x が存在量化子 $\exists x$ に束縛されていないため (8.1a) で成り立っている照応関係は説明できないことになる。

(8.1a) を一旦，

(8.2) A man walks in the park and whistles.

と書き換えれば，モンタギュー意味論により (8.1b) を得ることは可能である。

しかし，これは一般的な方法とは言えない。次の例文について考えてみよう。

(8.3) a. Exactly one boy walks in the park. He whistles.
　　　b. Exactly one boy walks in the park and whistles.

すぐ上で提案した解決法では，(8.3a) をまず (8.3b) のように書き換えようとする．しかし，Gamut (1991) が指摘するように，これら 2 つの文の意味は同じではない．公園を歩いている少年が 2 人いて，そのうちの 1 人は口笛を吹いているが，他の 1 人は口笛を吹いていないものとする．このモデルにおいて，(8.3a) は偽だが，(8.3b) は真である．また，このやり方を取ると，談話 (テクスト) がすべて完了してからすべての文を連言で結合して解釈することになる．実際には，私たちは談話の途中でも文ごとに逐次的に理解を行っており，仮にこれが成功するとしても直観に反したやり方であることになる．

8.2.2 ロバ文

次に，以下の 2 つの文について考えてみよう．

(8.4) a. If a farmer owns a donkey, he beats it.

(8.5) a. Every farmer who owns a donkey beats it.

これら 2 つの文の述語論理への翻訳は

(8.4) b. $\forall x \forall y ((\mathit{farmer}(x) \land \mathit{donkey}(y) \land \mathit{own}(x,y)) \to \mathit{beat}(x,y))$

のように，農夫を表す x とロバを表す y とが両方とも全称量化子により束縛される論理式となる．(8.4a) も (8.5a) も，農夫がロバを所有する場合，それらのすべてについて，農夫がロバを叩くということが行われる，という意味である．ところが，これをモンタギューのやり方で (8.4a) や (8.5a) からの構成的な翻訳によって得ることはできない．第一に，不定名詞句の a farmer や a donkey は通常は存在量化子をともなう形として翻訳されるが，(8.4b) では全称量化子があらわれている．また，これらの不定名詞句は，(8.4a) では含意文の前件の中に，また (8.5a) では関係節の中にあらわれるのに対し，(8.4b) では全称量化子が全体を束縛している．このような文は**ロバ文 (donkey sentences)** と呼ばれ，論理式への構成的な翻訳が困難な例としてしばしば論じられてきた．第 7 章に示した構成的な方法に従うと，(8.4a) からは (8.4c) が，(8.5a) からは (8.5c) が

得られることになる。

(8.4) c. $\exists x(farmer(x) \wedge \exists y(donkey(y) \wedge own(x,y))) \rightarrow beat(x,y)$

(8.5) c. $\forall x((farmer(x) \wedge \exists y(donkey(y) \wedge own(x,y))) \rightarrow beat(x,y)$

(8.4c) では，後件の中の x と y とが存在量化子 $\exists x$ にも $\exists y$ にも束縛されていない。また，(8.5c) では，やはり後件の y が存在量化子 $\exists y$ に束縛されていない。そのため，(8.4c) と (8.5c) とは，それぞれ (8.4a) と (8.5a) の意味を正しく表しているとは言えない。

8.2.1 節の例文 (8.1a) を検討することを通じて，存在量化子の束縛が，文の境界を越えて次の文にまで適用されるメカニズムが必要なことが分かった。また，この節で見てきたロバ文では，今度は文の範囲内で，含意文の前件や全称文の主語を構成する関係節の内部にあらわれる存在量化子が文の後続部分にまで影響を及ぼすような扱いが必要である。含意文と存在量化子とが組み合わされた時に全称量化子としての意味が生じる仕組みについても答えなければならない。これらの問題に取り組むことからダイナミック意味論が生まれたのである。

8.3　ダイナミック意味論による解決

ダイナミック意味論では，文の意味は真理条件にあるのでなく，聞き手や読み手が持っている情報をある状態から他の状態へと更新することにあると考える。2.2.6 節で，ある集合とその部分集合に関して，前者の要素が後者にも含まれるか否かによって，真 (1) または偽 (0) を出力する特性関数は当該の部分集合と同一視できることを述べた。述語論理の評価関数はモデルと割当関数とに依存するが，いまモデルを与えられたものとして度外視すると，評価関数は，割当関数を入力とし真理値を出力する特性関数と見なすことができ，したがって当該の文を真とする割当関数の集合と同一であると考えることができる。割当関数の役割は，代名詞などの指示表現に指示対象を割当てることにあるから，文脈と同一視することができる。文の意味がそれを真とする文脈の集合であると考えるのは合理的なことである。これに対し，ダイナミック意味論では，文の解釈を，文が与え

られた時点の割当関数と文の解釈が完了した時点の割当関数との順序対の集合 (割当関数の集合を G とすると，関数 $R = G \times G$) として捉える．これによると，文の意味は，それが発せられる以前の文脈と文が発せられて変化した文脈との順序対の集合であることになる．さらに進んで，文が解釈されることによって，それ以前の文脈を新しい文脈に変化させるのだと考えることができる．以下，本節では，各々の量化子や結合子ごとにどのような解釈が行われるかを解説していく．

8.3.1 存在量化文の解釈

いま，$h[x]g$ によって，割当関数 h が割当関数 g と比べて，せいぜい x に対し割当てられる値のみにおいてしか異ならず，他は同一であることを表す．例えば，$g:[x \mapsto a, y \mapsto b, z \mapsto c]$ で $h:[x \mapsto l, y \mapsto b, z \mapsto c]$ である時，g と h との間にこの関係が成り立つ．4.4 節で導入した表記に従うと，$d \in D$ である任意の d について $h = g_{[x/d]}$ となることに相当する．これによると，第4章で導入した標準的な述語論理における存在量化文の解釈は以下のように与えられる．

(8.6) $[\![\exists x P(x)]\!] = \{g |\ \exists h : h[x]g\ \text{かつ}\ h(x) \in I(P)\}$

これは，(4.24.viii) と全く同じことを割当関数の集合として規定し直している．

(4.24)viii. $V_{M,g}(\exists x \phi) = 1$ であることの必要十分条件は，
$d \in D$ であるような少なくとも1つの d について $V_{M,g_{[x/d]}}(\phi) = 1$
となることである．

(4.24.viii) によると，$\exists x P(x)$ の評価が真であることの必要十分条件は，x に割当てると $P(x)$ の評価が真となるような，領域 D の要素 d が少なくとも1つ存在することであった．(8.6) の方は，g と比べて x に d を割当てるという点だけで異なり，しかもその場合に $P(x)$ を真とするような割当関数 h が存在することだと言っているのに等しい．x がこれまでの文脈にあらわれていない個体を指示しなければならないという存在量化子による規定を表しているのである．(4.24.viii) も (8.6) も同じことであ

る。以下，カッコ { } の中に記されるのは定義のためのメタ言語であることに注意してほしい。量化子記号 ∃,∀ や含意関係を表す ⇒ を使うことがあるが，説明の便宜のために用いるのであって，これらは述語論理式ではない。

これに対して，ダイナミック述語論理 (DPL) による存在量化文の解釈はおおよそ以下のようになる。

(8.7) $[\![\exists x P(x)]\!] = \{<g,h> \mid h[x]g$ かつ $h(x) \in I(P)\}$

すでに述べたように，DPL における文の解釈は，文が発せられた時点の割当関数と文の解釈の完了時の割当関数との順序対の集合である。このうち，後者の h は x に対して，前者の割当関数 g におけるものとは異なる値を割当て，これが x に割当てる値は P の解釈に含まれる（言い換えれば，$P(x)$ を真とする）ことになる。g と h とは，プログラミング言語において，ある状態をプログラムが入力として受け取って，新しい状態を出力するのになぞらえて説明されることがある。なお，同じく g から h へと更新される場合でも，$\langle g,h \rangle$ と $h[x]g$ とでは表記の順が逆になることに注意が必要である。

しかし，(8.7) は，単純式が量化される場合しか考慮していない。一般に $\exists x \phi$ の解釈に関して，ϕ が単純式でなく，それ自体がダイナミックな振舞いをする結合子により構成される複合的な式である可能性を考えておかなくてはならない。そのためには，ϕ の入力と出力を区別し，g と h との間に $k[x]g$ となる第 3 の割当関数 k を考えて ϕ の入力とする必要が生じ，$\exists x \phi$ の解釈は次のようになる。$g \rightarrow k \rightarrow h$ の順に更新されることに注意すること。

(8.8) $[\![\exists x \phi]\!] = \{\langle g,h \rangle \mid \exists k : (k[x]g$ かつ $\langle k,h \rangle \in [\![\phi]\!])\}$

また，単純式の解釈は次のように与えられる。

(8.9) $[\![R(t_1 \ldots t_n)]\!] = \{\langle g,h \rangle \mid g = h$ かつ $\langle [\![t_1]\!]_h, \ldots, [\![t_n]\!]_h \rangle \in I(R)\}$

単純式の解釈もまた 2 つの割当関数 g と h の順序対の集合であるが，単純式は割当関数を更新せず，入力される割当関数が単純式により課される

条件に合致するならそのまま出力として返す。すなわち $g=h$ となる。項 $t_1,\ldots,t_n$ はそれぞれ割当関数 $h\ (=g)$ にもとづいて解釈され，これを $[\![\ ]\!]_h$ で示す。「かつ」以下の部分は，第4節の述語論理で述べた，多項述語の評価の定義 (4.24.i) と同じことである。

(8.8) によって，$\exists xP(x)$ の DPL における解釈は以下のように与えられる。

(8.10) a. $[\![\exists xP(x)]\!] = \{\langle g,h\rangle |\ \exists k:(k[x]g$ かつ $\langle k,h\rangle \in [\![P(x)]\!])\}$

(8.9) から，

(8.10) b. $[\![P(x)]\!] = \{\langle g,h\rangle |\ g=h$ かつ $h(x) \in I(P)\}$

これが (8.10a) に代入される。(8.10b) は同等の割当関数からなる順序対の集合だが，(8.10a) における $\langle k,h\rangle$ はその要素なので，当然 k と h も同等であることになる ((8.10b) の g および h は (8.10a) の g,h から独立していることに注意)。そこで，

(8.10) c. $[\![\exists xP(x)]\!] = \{\langle g,h\rangle |\ \exists k:(k[x]g$ かつ $k=h$ かつ $h(x)\in I(P))\}$

$h(x)\in I(P)$ であるような h が与えられれば (8.10a) の $\langle k,h\rangle (=\langle h,h\rangle)$ も当然与えられるから，この順序対を条件とすることは不要である。さらに，k は h と同一であることにより存在が保証されているから $\exists k$ による「存在量化」も不要で，h に置き換えてしまってかまわない。

(8.10) d. $[\![\exists xP(x)]\!] = \{\langle g,h\rangle |\ h[x]g$ かつ $h(x)\in I(P)\}$

結局，(8.7) と同じことになる。

8.3.2 連言の解釈

8.2.1 節で述べたように，連言で結合された2番目の文の中の自由変項が最初の文の存在量化子により束縛され，さらにそれに続く結合された文 (もしそれが存在するなら) によっても利用可能になるような解釈が必要である。それには，以下のようにすればよい。

(8.11) $[\![\phi \wedge \psi]\!] = \{\langle g,h\rangle |\ \exists k:(\langle g,k\rangle \in [\![\phi]\!]\ かつ\ \langle k,h\rangle \in [\![\psi]\!])\}$

連言によって結合された論理式 $\phi \wedge \psi$ を入力 g によって解釈し，その出力 (解釈によって更新された割当関数) が h であることの必要十分条件は，ϕ を入力 g によって解釈し，その出力は k で，かつ ψ を入力 k によって解釈しその出力が h となるような k が存在することである。

これにもとづいて，$\exists xP(x)\wedge Q(x)$ の解釈を行ってみよう。

(8.12) $[\![\exists xP(x)\wedge Q(x)]\!]$
$= \{\langle g,h\rangle |\ \exists k:(\langle g,k\rangle \in [\![\exists xP(x)]\!]\ かつ\ \langle k,h\rangle \in [\![Q(x)]\!])\}$
$= \{\langle g,h\rangle |\ \exists k:(k[x]g\ かつ\ k(x)\in I(P)\ かつ\ h=k\ かつ$
      $h(x)\in I(Q))\ \}$
$= \{\langle g,h\rangle |h[x]g\ かつ\ h(x)\in I(P)\ かつ\ h(x)\in I(Q)\ \}$

2 行目の式は (8.11) から得られ，$[\![\exists xP(x)]\!]$ に (8.10d) を，$[\![Q(x)]\!]$ に (8.10b) を代入すると一番下の行が得られる。これにより，結合された 2 番目の文 $Q(x)$ の変項 x にも最初の $P(x)$ に対するのと共通の割当関数 h による値の割当てが行われ，結果として量化子 $\exists x$ により束縛されることになる。8.2.1 節で例文 (8.1a) について取り上げた，文の境界を超えた存在量化子による束縛の問題が解決されたことになる。この文の DPL への翻訳は

(8.13) $\exists x(man(x) \wedge walk\_in\_the\_park(x)) \wedge whistle(x)$

となる。これの解釈を割当関数の更新という観点からたどってみよう。まず，最初の割当関数 g が変項に対して $[x \mapsto a,\ y \mapsto b,\ z \mapsto c]$ のように割当を行うものとする。A man walks in the park の解釈が行われると，割当関数 h に更新され，これは g とは x への割当に関してのみ異なるので，これを $[x \mapsto d,\ y \mapsto b,\ z \mapsto c]$ とする。$\exists x$ の働きによって，ここで新しく x に対し d が割当てられている。この文の論理式 $\exists x(man(x) \wedge walk\_in\_the\_park(x))$ の真偽は，'$h(x) = d \in I(man)$ かつ $d \in I(walk\_in\_the\_park)$' が成り立つことと同一である。2 番目の文 He whistles の論理式 $whistle(x)$ も同様に h にもとづいて行われ，真となることの必要十分条件は $h(x) = d \in I(whistle)$ である。

なお，これは，モンタギュー意味論の方法によって得られる (8.1c) と全く同じであることに注意してほしい．例文 (8.1a) の構成的な翻訳が (8.1c) = (8.13) となることはモンタギュー意味論も DPL も共通しているが，後者はダイナミックな解釈メカニズムを採用することによって，前者にはできない解釈を可能にしているのである．

なお，「構成的」なアプローチを取っているとは言え，DPL は，モンタギュー意味論が達成しているように，自然言語の単語の意味から出発して文の意味を構成的に解釈することはできない．そのためには内包高階論理や λ 変換といった道具立てが必要だが DPL はそれらを欠いており，文字通り述語論理のダイナミック版と見なすのが適切である．モンタギュー意味論のレベルの構成性を持つ理論を作ろうという試みには，例えば，Groenendijk and Stokhof (1990) がある．

問題 8.1 (8.1a) のディスコースの後に

A woman looks at him.

の文が続く場合，この文を DPL の論理式で表し，さらに (8.13) について行ったように具体的に割当関数による割当ての更新の例を考えることによって，解釈の過程を説明しなさい．

8.3.3 含意の解釈

次の問題は，8.2.2 節で「ロバ文」の一種として指摘した次の例文の扱いである．

(8.4) a. If a farmer owns a donkey, he beats it.

この文の標準的な述語論理への翻訳は (8.4b) となるが，構成的な翻訳は (8.4c) である．

(8.4) b. $\forall x \forall y ((farmer(x) \land donkey(y) \land own(x,y)) \to beat(x,y))$

(8.4) c. $\exists x(farmer(x) \land \exists y(donkey(y) \land own(x,y))) \to beat(x,y)$

DPL の立場は，前節と同様に，(8.4c) を解釈することによって，標準

的述語論理による (8.4b) の解釈と同じ効果を得ようとするものである。しかしそのためには，以下の条件を満たすことが必要になる。

(8.14) i. 含意文中の前件で変項に対して割当てられた値が後件の中の変項に伝えられなければならない。言い換えれば，含意文の内部でダイナミックな解釈が行われなければならない。
  ii. 前件の出力となるすべての割当関数が後件の入力となりうること。言い換えれば，ϕ の解釈に含まれるすべての順序対 $\langle g, h \rangle$ について，ψ の解釈の要素 $\langle h, k \rangle$ を構成するような割当関数 k が少なくとも 1 つ存在すること。
  iii. 含意文中の量化子は，含意文に後続する文中の変項を束縛しない。すなわち，含意文の外部ではダイナミックな解釈は行われない。

(8.14.i) の必要性については，これまでの説明から明らかであろう。(8.14.ii) についてはすぐ後で説明する。(8.14.iii) は，次の例に見るように，全称量化文に後続する文の中の代名詞が前者の文の名詞句を先行詞とすることが無いことから必要な条件である。

(8.15) Every man walks in the park. *He whistles.

これらを満足させるためには，含意文を以下のように解釈すればよい。

(8.16) $[\![\phi \to \psi]\!] = \{ \langle g, h \rangle | \ h = g \ \text{かつ} \ \forall k : (\langle h, k \rangle \in [\![\phi]\!]$
$\Rightarrow \exists j : \langle k, j \rangle \in [\![\psi]\!]) \}$

上記の解釈で，ϕ の解釈の出力である k が ψ の解釈の入力となることによって (8.14.i) が満たされている。また，(8.14.ii) は (8.16) の中の「かつ」以降の部分に反映されている。さらに (8.16) で $h = g$ であることにより，(8.14.iii) の外部的な非ダイナミック性が満足されている。

(8.4c) を簡略化した一種のロバ文 $\exists x P(x) \to Q(x)$ に (8.16) を適用してみて，どのように解釈されるかを次に示す。

(8.17)　$[\![\exists xP(x) \to Q(x)]\!]$
　　　　$= \{\langle g,h\rangle | h=g \text{ かつ } \forall k:(\langle h,k\rangle \in [\![\exists xP(x)]\!] \Rightarrow \exists j:\langle k,j\rangle$
　　　　　$\in [\![Q(x)]\!])\}$
　　　　$= \{\langle g,g\rangle | \forall k:(\langle g,k\rangle \in [\![\exists xP(x)]\!] \Rightarrow \exists j:\langle k,j\rangle \in [\![Q(x)]\!])\}$
　　　　$= \{\langle g,g\rangle | \forall k:(k[x]g \text{ かつ } k(x)\in I(P) \Rightarrow k(x)\in I(Q))\}$

上記の 4 行目の式から最後の式が得られることを確認するに当たっては，(8.10d) も参考にしてほしい．(8.9) によって，4 行目の式の中の k と j とは同一ということになる．その結果，前件中の変項も後件中の変項も共通の割当関数 k が適用されている．

ここで取り上げたロバ文に相当する具体的でしかも比較的単純な自然言語の文として (8.18a) の文を考えることができる．その論理表記は (8.18b) である．

(8.18)　a.　If a donkey is owned by John, it is beaten by John.
　　　　b.　$\exists x(donkey\_owned\_by\_John(x)) \to beaten\_by\_John(x)$

図 8.1 を見てほしい．いま，$I(donkey\_owned\_by\_John) = \{a,b,c\}$ であるとする．また，変項 x に対して，割当関数 k_1 は a を，k_2 は b を，k_3 は c を割当てるものとする．この場合，前件中の変項に対して適用されうるすべての割当関数 (すなわち，k_1, k_2 および k_3) が後件中の変項に対しても適用可能でなければならない．4.2 節で，全称量化された述語論理式

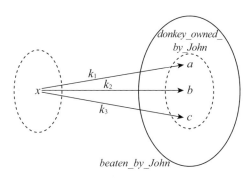

図 8.1　(8.18b) の解釈と割当関数

(4.5c) $\forall x(C(x) \to B(x))$ が真となる必要十分条件は，後件の述語 B が表す集合と前件の述語 C の集合との間に包含関係が成り立つことであると述べた．今問題にしている (8.17) や (8.18a, b) についても，当該の割当関数による解釈の下で，同様の包含関係が成立していることは図 8.1 から容易に見て取れよう．ロバ文は (8.16) で実現される含意文のダイナミックな解釈によって，標準的述語論理の全称量化と同じ効果を得ている．(8.16) では割当関数に関して全称量化が行われているにすぎないが，結果として，述語の解釈に含まれる要素についての全称量化が規定されているのである．

問題 8.2 (8.4c) の論理式に対し (8.16) を適用し，ダイナミックな解釈が行われることを確認しなさい．

8.3.4 全称量化文の解釈

全称量化をともなう文もまた，内部的にはダイナミックで，外部的には非ダイナミックな解釈が必要である．解釈は以下のように与えられる．

(8.19) $[\![\forall x \phi]\!] = \{\langle g,h \rangle \mid h = g \text{ かつ } \forall k : (k[x]h \Rightarrow \exists m : \langle k,m \rangle \in [\![\phi]\!])\}$

これによって，

(8.5) a. Every farmer who owns a donkey beats it.

が解釈される過程を見てみよう．述語を簡略化して示すと，論理式は以下のようになる．

(8.20) a. $[\![\forall x((P(x) \land \exists y(Q(y) \land R(x,y))) \to S(x,y))]\!]$

今度はボトムアップ式に解釈していくことにする．

(8.20) b. $[\![Q(y) \land R(x,y)]\!]$
$= \{\langle g,h \rangle \mid \exists k : (\langle g,k \rangle \in [\![Q(y)]\!] \text{ かつ } \langle k,h \rangle \in [\![R(x,y)]\!])\}$
$= \{\langle g,h \rangle \mid \exists k : (g = k \text{ かつ } k(y) \in I(Q) \text{ かつ } k = h \text{ かつ }$
$\quad \langle h(x), h(y) \rangle \in I(R))\}$

8.3 ダイナミック意味論による解決　223

$= \{\langle g,g \rangle | g(y) \in I(Q)$ かつ $\langle g(x),g(y) \rangle \in I(R)\}$

c. $[\![\exists y(Q(y) \wedge R(x,y))]\!]$
$= \{\langle g,h \rangle | \exists k : (k[y]g$ かつ $\langle k,h \rangle \in [\![Q(y) \wedge R(x,y)]\!]\}$
$= \{\langle g,h \rangle | h[y]g$ かつ $h(y) \in I(Q)$ かつ $\langle h(x),h(y) \rangle \in I(R)\}$

d. $[\![P(x) \wedge \exists y(Q(y) \wedge R(x,y))]\!]$
$= \{\langle g,h \rangle | \exists k : (\langle g,k \rangle \in [\![P(x)]\!]$ かつ
　　　　$\langle k,h \rangle \in [\![\exists y(Q(y) \wedge R(x,y))]\!]\}$
$= \{\langle g,h \rangle | g(x) \in I(P)$ かつ $h[y]g$ かつ $h(y) \in I(Q)$ かつ
　　　　$\langle h(x),h(y) \rangle \in I(R)\}$

e. $[\![(P(x) \wedge \exists y(Q(y) \wedge R(x,y))) \to S(x,y)]\!]$
$= \{\langle g,h \rangle | h = g$ かつ $\forall k : (\langle h,k \rangle \in [\![P(x) \wedge \exists y(Q(y) \wedge R(x,y))]\!]$
　　　　$\Rightarrow \exists j : \langle k,j \rangle \in [\![S(x,y)]\!])\}$
$= \{\langle g,g \rangle | \forall k : ((g(x) \in I(P)$ かつ $k[y]g$ かつ $k(y) \in I(Q)$ かつ
　　　　$\langle k(x),k(y) \rangle \in I(R)) \Rightarrow k = j$ かつ $\langle j(x),j(y) \rangle \in I(S))\}$
$= \{\langle g,g \rangle | \forall k : ((k[y]g$ かつ $g(x) \in I(P)$ かつ $k(y) \in I(Q)$
　　　　かつ $\langle k(x),k(y) \rangle \in I(R)) \Rightarrow \langle k(x),k(y) \rangle \in I(S))\}$

f. $[\![\forall x((P(x) \wedge \exists y(Q(y) \wedge R(x,y))) \to S(x,y))]\!]$
$= \{\langle g,h \rangle | h = g$ かつ $\forall k : (k[x]h$
　　　　$\Rightarrow \exists m : \langle k,m \rangle \in [\![(P(x) \wedge \exists y(Q(y) \wedge R(x,y))) \to S(x,y)]\!])\}$
$= \{\langle g,g \rangle | \forall k : (k[x]g \Rightarrow \forall j : ((j[y]k$ かつ $k(x) \in I(P)$
　　　　かつ $j(y) \in I(Q)$ かつ $\langle j(x),j(y) \rangle \in I(R))$
　　　　$\Rightarrow \langle j(x),j(y) \rangle \in I(S)))\}$
$= \{\langle g,g \rangle | \forall h : ((h[x,y]g$ かつ $h[x] \in I(P)$ かつ $h(y) \in I(Q)$
　　　　かつ $\langle h(x),h(y) \rangle \in I(R)) \Rightarrow \langle h(x),h(y) \rangle \in I(S))\}$

(8.20f) の 3 番目の式で，割当関数 j は変項 y への割当てを更新しているだけで $j(x) = k(x)$ であり，しかも $k(y)$ は出現しないので，k と j をマージして，共通の割当関数 h が x と y への割当てを行うものとされる．結

果として，(8.5a) の it に相当する $S(x,y)$ の y の解釈に当たっても，関係節中の a donkey に相当する $Q(y)$ の y の時と同じ割当関数 h が適用され，全体として望む解釈が得られることになる．

8.3.5 否定文の解釈

次に否定文でも，後続文の中の代名詞が否定文中の名詞句を先行詞とすることはできない．

(8.21) No man$_1$ walks in the park.*He$_1$ whistles.

このように，否定文は静的 (非ダイナミック) であり，$\neg\phi$ は ϕ を満足させる入出力の割当関数の組み合わせが存在しない時には適切であり，存在するなら処理されない．

(8.22) $[\![\neg\phi]\!] = \{\langle g,h \rangle \mid h = g \text{ かつ } \neg\exists k : \langle h,k \rangle \in [\![\phi]\!]\}$

例として，例文 (8.21) に相当する $\neg\exists x P(x) \wedge Q(x)$ の解釈を考えてみよう．(8.22) から，これは以下のように与えられる ((8.10) および (8.11) も参考にしてほしい)．

(8.23) $\neg\exists x P(x) \wedge Q(x)$
$= \{\langle g,h \rangle \mid \exists k : (\langle g,k \rangle \in [\![\neg\exists x P(x)]\!] \text{ かつ } \langle k,h \rangle \in [\![Q(x)]\!])\}$
$= \{\langle g,h \rangle \mid \exists k : (\langle g,k \rangle \in [\![\neg\exists x P(x)]\!] \text{ かつ } h = k \text{ かつ}$
$\quad h(x) \in I(Q))\}$
$= \{\langle g,h \rangle \mid \langle g,h \rangle \in [\![\neg\exists x P(x)]\!] \text{ かつ } h(x) \in I(Q)\}$
$= \{\langle g,h \rangle \mid h = g \text{ かつ } \neg\exists k : (\langle h,k \rangle \in \{\langle g,h \rangle \mid h[x]g \text{ かつ}$
$\quad h(x) \in I(P)\}) \text{ かつ } h(x) \in I(Q)\}$
$= \{\langle g,h \rangle \mid h = g \text{ かつ } \neg\exists k : (k[x]h \text{ かつ } k(x) \in I(P))$
$\quad \text{かつ } h(x) \in I(Q)\}$
$= \{\langle g,g \rangle \mid \neg\exists k : (k[x]g \text{ かつ } k(x) \in I(P)) \text{ かつ } g(x) \in I(Q)\}$

$\neg\exists x P(x)$ の内部では x は新しい割当関数 k にもとづいて割当てが行われるが，$Q(x)$ では元の g に戻っている．2番目の文の代名詞と最初の文との間に照応関係の成り立たないこと，2番目の文の解釈のためには，he

の指示対象を他に求めなければならないことがこれによって説明される。

8.3.6 選言文の解釈

選言結合子により連結された文は，外部 (後続) の文に対しては静的であり，両者の間で先行詞-代名詞の照応関係は成立しない。また，結合された文同士でも照応関係は無い。すなわち内部的にも静的である。これには別の考えもあるが，ここではこのようにしておく。

(8.24) $[\![\phi \vee \psi]\!] = \{\langle g,h\rangle |\ h=g\ \text{かつ}\ \exists k : (\langle h,k\rangle \in [\![\phi]\!]\ \text{または}\ \langle h,k\rangle \in [\![\psi]\!])\}$

8.3.7 まとめ

以下に，8.3.1〜8.3.6 節で述べた内容をまとめておく。項間の同一式に関する規定も付け加える。なお，DPL の統辞論は，4.3 節に述べた標準的述語論理のものと同一である。

(8.25) ダイナミック述語論理の解釈

 i. $[\![R(t_1 \ldots t_n)]\!] = \{\langle g,h\rangle | g=h\ \text{かつ}\ \langle [\![t_1]\!]_h, \ldots, [\![t_n]\!]_h\rangle \in I(R)\}$
 ii. $[\![t_1 = t_2]\!] = \{\langle g,h\rangle | g=h\ \text{かつ}\ [\![t_1]\!]_h = [\![t_2]\!]_h\}$
 iii. $[\![\neg \phi]\!] = \{\langle g,h\rangle | g=h\ \text{かつ}\ \neg \exists k : \langle h,k\rangle \in [\![\phi]\!]\}$
 iv. $[\![\phi \wedge \psi]\!] = \{\langle g,h\rangle | \exists k : (\langle g,k\rangle \in [\![\phi]\!]\ \text{かつ}\ \langle k,h\rangle \in [\![\psi]\!])\}$
 v. $[\![\phi \vee \psi]\!] = \{\langle g,h\rangle | g=h\ \text{かつ}\ \exists k : (\langle h,k\rangle \in [\![\phi]\!]\ \text{または}\ \langle h,k\rangle \in [\![\psi]\!])\}$
 vi. $[\![\phi \rightarrow \psi]\!] = \{\langle g,h\rangle | g=h\ \text{かつ}\ \forall k : (\langle h,k\rangle \in [\![\phi]\!] \Rightarrow \exists j : \langle k,j\rangle \in [\![\psi]\!])\}$
 vii. $[\![\exists x\phi]\!] = \{\langle g,h\rangle | \exists k : (k[x]g\ \text{かつ}\ \langle k,h\rangle \in [\![\phi]\!])\}$
 viii. $[\![\forall x\phi]\!] = \{\langle g,h\rangle | g=h\ \text{かつ}\ \forall k : (k[x]h \Rightarrow \exists m : \langle k,m\rangle \in [\![\phi]\!])\}$

本節のこれまでの部分では，DPL の文の意味を解釈の入力および出力となる 2 つの割当関数の順序対の集合として扱ってきた。これは，それが読者にとってもっとも分かりやすいと考えたためである。これに対して，第 4 章の述語論理や第 7 章のモンタギュー意味論の解説では，文の意味は真理値であるという立場を取った。こちらの立場にもとづいて DPL の意味論を定義することもまた可能である。

記号 $\models$ の用法を以下のように定める。

(8.26) i. $\models_{M,g} \phi$：モデル M および割当関数 g に関して，ϕ は真である。
ii. $h \models_{M,g} \phi$：モデル M および割当関数 g が与えられた場合，h は ϕ が真となるようにその内部の変項に指示対象の割当てを行う割当関数である。

ϕ の内部に 2 つの変項があるとすると $\langle g, h \rangle$ で $h[x,y]g$ であることと $h \models_{M,g} \phi$ とは同じことを表している。このやり方に従うと，(8.25) と同じ内容を以下のように表すことができる。よく見比べてほしい。

(8.27) ダイナミック述語論理の解釈 (真理値にもとづく定義)
i. $h \models_{M,g} R(t_1 \ldots t_n)$ であることの必要十分条件は，
$h = g$ かつ $\langle [\![t_1]\!]_{M,h}, \ldots, [\![t_n]\!]_{M,h} \rangle \in I(R)$ であることである。
ii. $h \models_{M,g} t = t'$ であることの必要十分条件は，
$h = g$ かつ $[\![t]\!]_{M,h} = [\![t']\!]_{M,h}$ であることである。
iii. $h \models_{M,g} \neg \phi$ であることの必要十分条件は，
$h = g$ かつ $k \models_{M,h} \phi$ となるような k が存在しないことである。
iv. $h \models_{M,g} \phi \wedge \psi$ であることの必要十分条件は，
$k \models_{M,g} \phi$ かつ $h \models_{M,k} \psi$ となるような k が存在することである。
v. $h \models_{M,g} \phi \vee \psi$ であることの必要十分条件は，
$h = g$ かつ $k \models_{M,h} \phi$ または $k \models_{M,h} \psi$ となるような k が存在することである。
vi. $h \models_{M,g} \phi \rightarrow \psi$ であることの必要十分条件は，
$h = g$ かつすべての k について，もし $k \models_{M,h} \phi$ なら $j \models_{M,k} \psi$ となるような j が存在することである。
vii. $h \models_{M,g} \exists x \phi$ であることの必要十分条件は，
$k[x]g$ であって $h \models_{M,k} \phi$ となるような k が存在することである。
viii. $h \models_{M,g} \forall x \phi$ であることの必要十分条件は，
$h = g$ かつすべての k について，もし $k[x]h$ なら $j \models_{M,k} \phi$ となるような j が存在することである。

8.4 ディスコース表示理論

この章の最後では，ダイナミック意味論に属する一群の理論のうち，もっとも広く使われているものの 1 つである**ディスコース表示理論 (Discourse Representation Theory**, 以下では **DRT** と略す。Kamp 1981, Kamp and Reyle 1993) について解説する。前節で解説した DPL と DRT とは，ともにダイナミックなアプローチによってほぼ同じ種類の言語データに対する説明力を有しているという点で共通している。しかし，DRT は DPL とは異なって構成性が保たれておらず，また**ディスコース表示構造 (Discourse Representaiton Structure**, 以下では **DRS**) と呼ばれる中間表示を使用するという特徴がある。さらに，DRT では量化子を使用しない。量化されていない論理式に相当するものが**条件 (conditions)** と呼ばれ，DRS の基本的な構成要素となる。条件は，述語論理における論理式のように真理条件に関して解釈されるが，これに対して，DRS は，これまでに形成されている DRS と整合性を取ることができる新しい割当関数 (**適切な埋め込み verifying embedding** と呼ばれる) が存在するか否かに関して解釈を受ける。DRT では量化の他に，連言も用いられない。DRS は，変項 (**指示標識 reference markers** と呼ばれる) の集合と条件の集合との順序対によって構成される。これに適用される解釈規則によって，量化子と連言の欠落が補われている。

DRT の統辞論は以下のように与えられる。

(8.28) 形成規則

 i. $t_1,\ldots,t_n$ が個体定項または個体変項であり，R が n 項述語である場合，$R(t_1,\ldots,t_n)$ は条件である。

 ii. t_1 および t_2 が個体定項または個体変項である場合，$t_1 = t_2$ は条件である。

 iii. ϕ が DRS である場合，$\neg\phi$ は条件である。

 iv. ϕ と ψ がともに DRS である場合，$[\phi \vee \psi]$ は条件である。

 v. ϕ と ψ がともに DRS である場合，$[\phi \to \psi]$ は条件である。

 vi. $\phi_1,\ldots,\phi_n$ $(n \geq 0)$ が条件で，$x_1,\ldots,x_k$ が指示標識 (変項) である場

合，$\langle\{x_1,\ldots,x_k\},\{\phi_1,\ldots,\phi_n\}\rangle$ は DRS である。

vii. 上記の i〜vi によって形成されたもののみが条件または DRS である。

条件の解釈は $[\![\ ]\!]^{cond} \subseteq G$ (G は割当関数の集合) で与えられ，条件 ϕ が割当関数 g に関して真であることの必要十分条件は $g \in [\![\phi]\!]^{cond}$ である。DRS の解釈は $[\![\ ]\!]^{DRS} \subseteq G \times G$ で与えられ，また，割当関数 g が与えられている場合，新しい割当関数 h が適切な埋め込みとなることには，$\langle g,h \rangle \in [\![\phi]\!]^{DRS}$ が対応する。この DRS の解釈に関する考え方は，8.3 節の冒頭で述べた，DPL の文の解釈に関するものと基本的に同じである。条件および DRS の解釈規則は以下の通りである。

(8.29) 条件および DRS の解釈

i. $[\![R(t_1,\ldots,t_n)]\!]^{cond} = \{g | \langle [\![t_1]\!]_g,\ldots,[\![t_n]\!]_g \rangle \in I(R)\}$
ii. $[\![R(t_1 = t_2)]\!]^{cond} = \{g | [\![t_1]\!]_g = [\![t_2]\!]_g\}$
iii. $[\![\neg\phi]\!]^{cond} = \{g | \neg\exists h : \langle g,h \rangle \in [\![\phi]\!]^{DRS}\}$
iv. $[\![\phi \vee \psi]\!]^{cond} = \{g | \exists h : (\langle g,h \rangle \in [\![\phi]\!]^{DRS}$ または $\langle g,h \rangle \in [\![\psi]\!]^{DRS})\}$
v. $[\![\phi \to \psi]\!]^{cond} = \{g | \forall h : (\langle g,h \rangle \in [\![\phi]\!]^{DRS} \Rightarrow \exists k : \langle h,k \rangle \in [\![\psi]\!]^{DRS})\}$
vi. $[\![\langle\{x_1,\ldots,x_k\},\{\phi_1,\ldots,\phi_n\}\rangle]\!]^{DRS} = \{\langle g,h \rangle | h[x_1,\ldots,x_k]g$ かつ $h \in [\![\phi_1]\!]^{cond}$ かつ $\ldots$ かつ $h \in [\![\phi_n]\!]^{cond}\}$

上記の i〜v は，DPL における (8.25.i-iii, v, vi) のそれぞれの対応する解釈と同じである。

DRT における真理の定義は以下のようになる。

(8.30) DRS である ϕ がモデル M において，割当関数 g に関して真となることの必要十分条件は，$\langle g,h \rangle \in [\![\phi]\!]^{DRS}_M$ となるような，埋め込み関数 h が存在することである。

適切な埋め込みは，発話が行われた時点の DRS，発話，および発話が理解されたことにより更新された DRS の 3 者の間の関係を規定していると言える。この意味で，DRT においても，文 (発話) の意義は，DRS を新しいものへと更新させることにあると捉えられている。

次の例で (8.31a) の DRS は，(8.31b) の DPL の論理式および (8.31c)

の標準的な述語論理式と同一の真理条件を持つ。(8.32a-c) についても同様である。

(8.31)　a.　$\langle \{x\}, \{P(x), Q(x)\} \rangle$
　　　　b.　$\exists x P(x) \wedge Q(x)$
　　　　c.　$\exists x (P(x) \wedge Q(x))$

(8.32)　a.　$\langle \emptyset, \{ \langle \{x\}, \{P(x)\} \rangle \to \langle \emptyset, \{Q(x)\} \rangle \} \rangle$
　　　　b.　$\exists x P(x) \to Q(x)$
　　　　c.　$\forall x (P(x) \to Q(x))$

このように，DRT には連言も量化も存在しないが，含意の取り扱いを含む (8.29) の解釈規則によって，DPL と同一のダイナミックな効果を得ている。

最後に，ロバ文の1つである (8.5a) が DRT でどのように扱われるかを見ることにする。

(8.5)　a.　Every farmer who owns a donkey beats it.

この文に対応する，DRS，DPL 論理式，標準的な述語論理式はそれぞれ (8.33a), (8.33b), (8.33c) となる。DRT には量化が無いため，(8.33a) では含意関係が規定されるだけである。

(8.33)　a.　$\langle \emptyset, \{ \langle \{x,y\}, \{farmer(x), donkey(y), own(x,y)\} \rangle$
　　　　　　　　$\to \langle \emptyset, \{beat(x,y)\} \rangle \} \rangle$
　　　　b.　$\forall x ((farmer(x) \wedge \exists y (donkey(y) \wedge own(x,y)))$
　　　　　　　　$\to beat(x,y))$
　　　　c.　$\forall x \forall y ((farmer(x) \wedge donkey(y) \wedge own(x,y)) \to beat(x,y))$

(8.5a) のように関係節をともなって every により限定された名詞句から必要に応じて含意関係を導くには，構文が一定の条件を満たす場合に天下り的に行うしかない。先に見た連言や含意文のダイナミック解釈も含めて，DRT では，DRS を構成的に形成することは考えられていない。

なおこれは本質的なことではないが，DRS は通常1個の四角い箱の図で表し，その中で，指示標識は最初の行に，条件は2行目以降に表示する

ボックス表記 (box notation) が用いられる。(8.31a), (8.32a), (8.33a) のボックス表記を以下に示す。

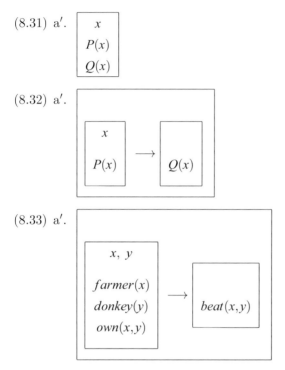

7.1 節で解説したように，モンタギュー意味論において内包論理による意味表示は単に便宜的なもので，本質的なものとは考えられていない。実際，EFL でモンタギューは内包論理式を使わず，自然言語に対し直接モデルへの解釈を与えている。これに対して DRT においては，DRS による意味表示は理論の本質的な構成要素と考えられている。これは，解釈が同一の文でも表層表現が異なれば，後続の指示表現の解釈が影響を受けることを根拠としている。この点で DRT は，文の意味を真理値とする形式意味論のメイン・ストリームよりもむしろ人工知能や認知心理学のアプローチに近い。しかし，DRS のような中間意味表示が本当に不可欠なものであるか否かについては，意味論の研究者の間でも議論がある。

問題 8.3 (8.29) を (8.31a) および (8.32a) に適用して，解釈の結果がそれ

ぞれ (8.31b) および (8.32b) と同じになることを確認しなさい．

問題 8.4 同様に，(8.33a) の解釈が (8.33b) のそれと同じになることを確認しなさい．

問題 8.5 DRT の解釈規則 (8.29) を (8.27) にならって真理値にもとづく定義に書き換えなさい．

8.5 結論

　この章では，現代における言語の意味研究において重要な役割を果たしているダイナミック意味論の諸理論の中から，DPL と DRT を選んで解説を行った．この本では，意味に関わる理論の発展を「意味判定機」の進化として捉えてきた．前章のモンタギュー意味論の段階までは，意味判定機 (評価/解釈) は，当該の文を真とする割当関数の集合と同一視することが出来た．しかし，ダイナミック意味論では，文の解釈/評価は文の解釈の前後における割当関数の対の集合とされる．言い換えれば，文の意味は，文の解釈の前後の文脈を関係づけるという新しい観点から捉え直されているのである．

　この章で扱った例は狭義の指示表現に限られるが，DRT ではテンスやアスペクトも一種の照応表現と見なし，研究が盛んに行われてきた．また DRT を用いて，信念や文と文とのディスコース的関係，さらには前提 (presupposition) も論じられている．DRT 以外の理論も含めて，ダイナミック意味論はまた，語用論などの研究に応用されてきた．応用例の 1 つに，モーダル助動詞 (may や must) が後続の文に影響を及ぼす事例がある．

第 9 章

おわりに

9.1 結論としての展望

　この本では，19世紀後半以来の言語の意味に関する研究をたどり，モンタギューによって自然言語の文を構成的に解釈することが可能になったこと，またそれが抱えていたいくつかのディレンマがダイナミック意味論によって解決されたことを解説した．現代の意味論におけるモンタギューの影響は決定的なものだが，それだけに，それによってはまだ解明されていない事柄を明確にするのは意義のあることである．

　これまでに述べたように，述語論理による意味表示と文の統辞構造とは一致しないが，これに対してモンタギューはタイプ繰り上げやラムダ計算を活用することで，後者から前者を構成的に得ることを可能にした．これは自然言語の意味を論理的手段によって探求することの可能性を示したという点で画期的なものである．しかしこれは，なぜ両者が一致しないかということの答にはなっていない．別の言い方をすると，なぜ自然言語の文は，初めから論理による意味表示や解釈を直接反映するように形作られていないのか．なぜ英語の冠詞は文全体にでなく，名詞に対して付加されるのか．論理学では区別されない名詞と動詞が，なぜ世界中のほとんどの言語で区別されるのか．目を日本語に転じると，疑問はさらに深まる．日本語には名詞が冠詞を伴わなければならないという規則は存在しない．そのため，論理意味表示とのくい違いは英語の場合よりもさらに大きくなる．

　以上で提起した問題は，今ここで答えられるような性質のものではな

い。そこで，日本語と英語の違いに限定して考えてみることにしよう。

　しばしば，英語の統辞構造は主語と述語という対立する2つの主要構成素から成り立っているのに対し，日本語においてはそのような対立は明確でないと言われる (三上 1953，柴谷 1978)。日本語の文構造については，主語以外の格名詞句と動詞語幹とが結合したものをもっとも核心的な部分として，これに対して順次主語，主題，モーダル的要素などが付け加わった多層的構造として捉えるのが適切である (南 1974)。ここまではよく言われることである。しかし，これに対して，なぜそうなのかと問いかけることはできないだろうか。

　英語は量化子を冠詞や限定詞の形で明示的に表現する言語である。名詞は冠詞や限定詞を伴わねばならないという強い制約があり，そうやって出来上がった名詞句に対し文の残りの意味を表す部分が結合されるようになっている。これに対して日本語においては，定/不定の区別は文法的には示されない。定/不定の情報は，英語には相当するものが無い主題も含めて，1文中に限定されずそれ以前の文も含む文脈の中で段階的に導入される。——こうして考えてみると，日英語の差異と言われているものは実は統辞論のレベルにとどまるものではなく，意味論に根ざしたものではないかという疑問が湧く。

　この問いに形式的な手段で答えるためには，これまでに無い種類の，文の意味を構築するための新たな原理を必要とする。しかし，それが可能になれば，問題は日英の対照にとどまるものではなく，文の統辞構造と意味の対応という，フレーゲ以来の問題が解決されることになる。その時，モンタギューの意図もまた完全に実現されることになるのである。これまでに学んだことのその先に潜んでいるものを示唆することで，この本の結論に代えたい。

9.2　もっと勉強したい人のために

　この本の内容をマスターしてさらに形式意味論の勉強を続けたい人のために，参考になる文献を以下に推薦しておく。

(1) 論理

前原昭二 (1967)『記号論理入門』日本評論社

　この本では，命題論理と述語論理の基本について説明し，さらにそれらを用いた推論のうち自然演繹について解説がなされている．叙述は平明で読者のレベルを問わず内容が理解できるよう工夫がなされている．とは言っても，決して内容を切り詰めた教科書のようなものではなく，論理学の奥深さに触れながら読み進めることができる．

野矢茂樹 (1994)『論理学』東京大学出版会

　この本の体裁は通常の入門書とはかなり異なっているが，この本を読むことによって，ありきたりの入門書や教科書では省かれた，ある意味では初学者にとってもっとも肝腎な事柄—論理学者のものの見方や問題へのアプローチの方法など—を知ることができる．特に，私たちの本では触れられなかった公理論的な証明について解説がなされている．ところどころに挿入されている，2 人の禅僧と著者の分身との対話も楽しくかつ深遠である．

戸田山和久 (2000)『論理学をつくる』名古屋大学出版会

　言語学研究者でも大変読みやすい論理学の入門書．大判で 438 ページにおよぶ大著だが，親しみやすい文体で平易に論理学を解説しながらも，とくにモデル，評価など意味論の重要な概念は手抜きなしに詳しく説明されており，また演習問題に自然言語の例をたくさん取り入れているので，この本のような言語学の意味論入門書と並行して読まれることをお薦めする．この本の証明法はタブローを多用しており，全体的に論理学の意味論的な面に力を費やしているが，自然演繹についても分かりやすい解説と豊富な練習問題が含まれている．様相論理や多値論理についても簡単な解説があるが，ほとんどが命題論理と述語論理に費やされるため，モダリティーのような現象に興味を持つ言語学者には少し物足りないかも知れない．

戸次大介 (2012)『数理論理学』東京大学出版会

　異なる証明体系が比較され，それらの間の等価性が説明されている．この濃い内容についていける人にとっては，形式意味論の根底をなしている

数理論理学の基礎を学ぶのに適していると言えよう。

Gensler, Harry J. (2010) *Introduction to Logic*. [Second Edition] Routledge.

　言語学の研究者にとって論理学のハードルは高く，論理式の書き方を覚えても，それが真に何を意味し，演算子がどのような機能を持っているのか，理解しがたいものである．この本では分かりにくいメタ論理はあっさりと最後に回し，使いやすいコンピュータープログラムで練習しながら，実用的な論理学をしっかり身につけることができる．著者が提供する論理学自習プログラム LogiCola は著者のサイトから自由にダウンロードでき，演習問題もつねにアップデートされて，量も豊富である．論理学の対象分野も広く三段論法，命題・述語論理から，様相，義務，信念，倫理の論理まで統一的な方法で学習することができる．ただ証明法はこの本で提示したタブローを使うよりもやや技術を要する (Gensler 独特の) 自然演繹的アプローチである．論理学の楽しさを体感できる数少ない入門用の良書である．

(2) 統辞論

Sag, Ivan A., Thomas Wasow and Emily M. Bender (2003) *Syntactic Theory: A Formal Introduction*. Center for the Study of Language and Information.

　形式意味論は形式統辞論によって支えられることを本文で述べたが，そのような統辞論について知るには最善の本である．句構造文法理論の1つである Head-driven Phrase Structure Grammar (HPSG) を用いて，英語の主要な構文がどのように解析されるかについて丁寧な解説が行われている．日本語を含む他の言語についても，多数の例文を挙げてディスカッションがなされている．この本で得た形式統辞論の全体像は，カテゴリー文法など他の理論を勉強する際にも役立つだろう．

Steedman, Mark (1996) *Surface Structure and Interpretation*. The MIT Press.

　カテゴリー文法の一つである結合カテゴリー文法 (Combinatory Categorial Grammar; CCG) の枠組みを使って，多様な自然言語の現象を分

析しているが，大きな特徴は，表現の結合規則として関数適用規則 (とタイプ繰り上げ) のみに固執する他のカテゴリー文法と違って，関数合成 (function composition) や代置 (function substitution) を多用することにある．したがって，その文法は穏健に文脈依存 (mildly context-sensitive) であり，生成文法では長距離 wh 移動などの規則で扱われてきた無境界依存 (unbounded dependency) の現象を解釈と統語的派生を並行して示しながら，きわめて明解に記述している．Steedman らの研究は多くの言語学者に，カテゴリー文法に関心を持たせることになったが，従来の文脈自由文法にもとづく諸理論からは批判も受けて，こののちはモダリティーの概念を利用して関数合成など文脈依存規則の適用に制限を設ける方向に進んでいる．いずれにせよ，Steedman らによる CCG は理解しやすく，かつ扱える自然言語の現象が大きいことは長所といえ，より統語論に関心を持つ研究者に適しているといえる．

戸次大介 (2010)『日本語文法の形式理論　活用体系・統語構造・意味合成』くろしお出版

　この本は，結合カテゴリー文法 (Combinatory Categorial Grammar) を使って日本語の多様な文がいかに分析されるべきかを論じている．叙述の重心は，活用を含む述語部分の取り扱いにある．単にその時々に都合のいいサンプル文の分析を超えて，現実の複雑な言語データに対して形式統辞論が適用可能であることを，その方法とともに示してくれる．

Carpenter, Bob (1997) *Type-Logical Semantics*. The MIT Press.

　カテゴリー文法に標準理論などはもとより存在しないが，Steedman, Jacobson, Szabolcsi らに代表される結合カテゴリー文法と Morrill, Moortgat やこの本の著者の Carpenter らによるタイプ論理意味論に大別されると言える．両方のアプローチは論理学をベースにして発展したという共通性をもちながらも，前者が多様な言語現象を扱うために文脈依存性を高めているのに対し，後者は証明やメタ論理を重視するより形式理論的側面が際立つ．しかし Carpenter によるこの本は元々，自然言語意味論の講義から生まれたものであるので，証明論的な方法だけでなく，伝統的なモデル理論的意味解釈も重視しつつ，単数・複数性，代名詞，限量詞，内包性など論理学の自然言語文法への応用を基本から解説するという際だっ

た特徴を持っている．またこの本の前半の λ 演算，高階論理，ランベック文法などに関する説明は厳格さと明解さをあわせ持ち，カテゴリー文法全般への理解を大いに助けてくれるだろう．一方，Steedman らのアプローチに比べれば決して内容が容易とはいえず，統辞論から意味論へ言語学的関心を広げつつある言語学初学者にとっては読み進めるために一定の覚悟が必要であり，意味論理解への最初の入門書として薦められる本ではないだろう．

(3) モンタギュー意味論

白井賢一郎 (1985) 『形式意味論　言語・論理・認知の世界』産業図書

　PTQ をはじめとするモンタギューの著作は残念ながらそのままでは理解が困難であり，その内容の理解のためにはよい解説書が不可欠となる．私たちが薦めるのは，この本の第 I 部でモンタギュー意味論の概要をつかんだ後，第 II 部を PTQ の原著と付き合わせながら読んでいくことである．特に，PTQ の論理的・数学的な背景や，PTQ には欠如している，個々の規則が実際にどのように文の解析に適用されるかが丁寧に解説されている．

Dowty, David R., Robert E. Wall and Stanley Peters (1981) *Introduction to Montague Semantics*. D. Reidel. (日本語訳: 井口省吾・山梨正明・白井賢一郎・角道正佳・西田豊明・風斗博之『モンタギュー意味論入門』三修社, 1987)

　モンタギューの PTQ の解説書として定評があり，この『現代意味論入門』の次に読む本の1つとしてお薦めする．簡単な形式言語から始めて PTQ の内包言語による英語文の解析に至るまで，段階的に学べるように構成されている．最初の取り付きやすさの割には，説明の詳しさおよび正確さを兼ね備えている．井口らによる日本語訳は，残念ながら絶版である．

Cann, Ronnie (1993) *Formal Semantics: An Introduction*. Cambridge University Press.

　私たちのこの本とほぼ同じトピックを扱う入門書であるが，こちらの方がより詳しい．しかし，前提知識が無くても，論理学という道具を使って

言語の意味に対しどうアプローチするかという課題について，段階を踏んで学べるように構成されている．具体例や図も多く，分かりやすい．

Heim, Irene and Angelika Kratzer (1998) *Semantics in Generative Grammar*. Blackwell.

この本では自然言語の統辞論的分析と意味解釈が可能な限り平行して得られる文法を提示してきた．これは構成性の原理の精神と調和するだけでなく，自然言語の文法に強い制限力を持つ文脈自由文法にできる限り近いものが好ましいと考えたからである．しかし自然言語が要素間に長距離依存関係を許すことは紛れもない事実であり，たとえ文法が認識可能性 (5.2.5 節参照) に関して問題を生じるにしても，生成文法を統辞分析に採用しつつ，形式的な意味を記述したいと思う読者は多いだろうと思われる．この本は生成文法を統辞論に据えつつも，構成性の原理にできる限り忠実なアプローチを取り，形式意味論の本質を失うことなく解説した好著である．また生成文法をベースとしていることから，関係節化や wh 移動などの長距離移動，作用域とスコープ，移動に関する制約，アナフォラなどこれまでの統辞研究の関心が集まった分野を重点的に取り上げている点が興味深い．

(4) ダイナミック意味論

Kamp, Hans, and Uwe Reyle (1993) *From Discourse to Logic*. 2 Vols. Kluwer Academic Publishers.

これは入門書ではなく，DRT の原典そのものである．しかし，ダイナミック意味論/DRT の入門書はきわめて少なく，深く知るには専門書や論文を読んでいくしかないので，ここに挙げておく．第 1 巻は理論の核心部分を解説し，第 2 巻では複数名詞句とテンス・アスペクトへの理論の応用が述べられている．

Chierchia, Gennaro (1995) *Dynamics of Meaning: Anaphora, Presupposition, and the Theory of Grammar*. The University of Chicago Press.

ダイナミック意味論を実際の豊富な言語データの分析に応用した適用例として，この本を薦める．著者は，定・不定名詞句や照応，前提を中心と

する例から始めて，文の意味の主要な機能が文脈を更新することにあるというダイナミック意味論の立場を擁護する．さらにそれから進んで，束縛や Weak/Strong Crossover など，それまで主として統辞論において扱われてきた現象についても，ダイナミックなアプローチが有効であることを説得的に示している．

(5) 総合

Gamut, L.T.F. (1991) *Logic, Language, and Meaning*. 2 Vols. The University of Chicago Press.

著者名の Gamut というのは一種の筆名で，実は van Benthem や Groenendijk, Stokhof らオランダの世界的な意味論研究者の共著である．この本は，形式意味論について専門的な知識を持ちたいと思う者が一度は潜らねばならない関門と見なされている．実際，論理学の基礎から説き起こしてモンタギュー意味論や DRT に至るまでのその解説は，トピックの選び方，説明の深さおよび正確さなど，どの点を取っても非の打ちどころが無い．この本の読者にも是非次のステップとしてチャレンジしてほしい．

Partee, Barbara H., Alice ter Meulen and Robert E. Wall (1993) *Mathematical Methods in Linguistics*. Kluwer Academic Publishers.

形式意味論と統辞論を学ぶ人のために，必要な数学と論理学の基礎を解説した本である．集合論，論理学，さらに代数，形式言語理論がカバーされている．分量は多いが，内容が豊富な分，形式文法の全体像を知りたい人には結局のところ近道になる．しかし，それぞれの分野について詳しいことは，それぞれ専門書を読む必要があるだろう．

(6) プログラミング

Blackburn, Patrick, Johan Bos and Kristina Striegnitz (2006) *Learn Prolog Now!* College Publications.

論理学における推論や証明およびその応用がどのようなものなのか，正しい理解を初めのうちから持つのは難しいことである．論理プログラミングの考えを実現したプログラミング言語 Prolog を使ってみることで，述語論理における定理証明がどのようなものなのかを具体的に学ぶことが

できる。Prolog における式の解釈は，与えられた述語の定義の下での定理証明に他ならないからである。この本は，フリーソフトウェアである SWI-Prolog を自分の PC 上にインストールし，その基礎を一歩一歩学べるように構成されている。特に第 7, 8 章では，句構造文法 (文脈自由文法) を使った文の統辞解析を定理証明として行うやり方を学ぶことができる。意味解析にまで立ち入っていないのは残念だがそこに至るまでの基礎を分かりやすく知るには最良の教科書である。

付録1 ギリシャ文字とその読み方

大	小	英語表記	読み方
A	α	alpha	アルファ
B	β	beta	ベータ
Γ	γ	gamma	ガンマ
Δ	δ	delta	デルタ
E	ε	epsilon	イプシロン
Z	ζ	zeta	ゼータ
H	η	eta	エータ, イータ
Θ	θ	theta	シータ
I	ι	iota	イオタ
K	κ	kappa	カッパ
Λ	λ	lambda	ラムダ
M	μ	mu	ミュー
N	ν	nu	ニュー
Ξ	ξ	xi	クサイ, クシー
O	o	omicron	オミクロン
Π	π	pi	パイ
P	ρ	rho	ロー
Σ	σ, ς	sigma	シグマ
T	τ	tau	タウ
Υ	υ	upsilon	ユプシロン
Φ	ϕ, φ	phi	ファイ
X	χ	chi	カイ
Ψ	ψ	psi	プサイ
Ω	ω	omega	オメガ

付録2 記号表

集合

$\{a, b, \ldots\}$　　$a, b, \ldots$ よりなる集合

$\{x \mid \ldots\}$　　$\ldots$ を満たすすべての x の集合

$\langle a, b \rangle$　　a と b よりなる順序対

$\emptyset$　　空集合

$a \in A$　　A は a を含む

$a \notin A$　　A は a を含まない

$A \subseteq B$　　A は B に包含される (A は B の部分集合)

$A \subset B$　　A は B の真部分集合

$A \nsubseteq B$　　A は B に包含されない

$A \cap B$　　A と B の積集合 (共通部分)

$A \cup B$　　A と B の和集合 (結び)

$A - B$　　A と B との差

A^c　　A の補集合

$\wp(A), 2^A$　　A の冪集合

$A \times B$　　A と B のデカルト積 (直積)

関数

$f : A \to B$　　定義域 A から値域 B への関数 (写像) f

$f(a) = b$　　関数 f において，a を項とする場合の値は b

$a \mapsto b$　　ある関数において，a を項とする場合の値は b

Rab　　関係 R によって，a が b と関係づけられている

$g \circ f$　　2つの関数 f と g との合成関数

f^{-1}　　関数 f の逆関数

B^A　　定義域 A から値域 B への関数全体の集合

論理

$P \wedge Q$	P と Q との連言
$P \vee Q$	P と Q との選言
$\neg P$	P の否定
$P \rightarrow Q$	P は Q を含意する
$P \equiv Q,\ P \leftrightarrow Q$	P と Q とは同値
$\forall x P$	P の全称量化
$\exists x P$	P の存在量化
$P[a/x]$	P の内部のすべての x を a で置換えた式
1	真 (真理値)
0	偽 (真理値)
M	モデル M
D	領域 D
I	解釈関数 I
g	割当関数 g
$g_{[x/d]}$	変項 x の値を d とし，他は g と同じ割当関数
w	世界 w
W	世界の集合 W
$V_{M,g}(\phi)$	モデル M および割当関数 g の下での ϕ の評価
$[\![\phi]\!]_{M,w,g}$	モデル M，世界 w，および割当関数 g の下での ϕ の解釈
$\mathbf{D}_{a,D,W}$	領域 D, 世界の集合 W が与えられた場合，タイプ a の表現の解釈領域
$\Box \phi$	ϕ は必然である
$\Diamond \phi$	ϕ は可能である
$^{\wedge}\phi$	ϕ の内包
$^{\vee}\phi$	ϕ の外延

統辞論
- $X \to Y$　X を Y に書き換える (句構造文法)
- α/β　右方のカテゴリー β に適用されて α を出力するカテゴリー (カテゴリー文法)
- $\alpha\backslash\beta$　左方のカテゴリー β に適用されて α を出力するカテゴリー (同上)

タイプ理論・λ 演算
- $\langle a,b \rangle$　派生タイプ
- $\langle s,a \rangle$　内包的派生タイプ
- $\lambda x \phi$　ϕ を x について λ 抽象化して得られる関数

付録 3 英和対照術語表

A
accessible	到達可能な
alethic logic	真理論理
ambiguous	曖昧である
Analytic Tableaux	分析タブロー
assignment	割当関数
atomic formula	単純式
atomic sentence	単純な文

B
B is included in A	包含される
basic expression	基本的表現
basic rules	基本的規則
basic types	基本タイプ
β-conversion	β 変換
β normal form	β 標準形
β-redex	β 縮約体
β-reduction	β 縮約
bijection	全単射
bind	束縛
bound	束縛されている
box notation	ボックス表記

C
Cartesian product	デカルト積
categorial grammar	カテゴリー文法
characteristic function	特性関数
Chomsky hierarchy	チョムスキーの階層
complement	補集合
complex sentence	複合的な文
Combinatory Categorial Grammar	結合カテゴリー文法
concatenation	結合
condition	条件
conjunction	連言
context free grammar	文脈自由文法
context sensitive grammar	文脈依存文法
contingency	偶然文
contradiction	矛盾文

D
de dicto reading	言表にもとづく読み
De Morgan's Law	ド・モルガンの法則
de re reading	事物にもとづく読み
denotation	指示値
deontic logic	義務論理
difference	差
disambiguation	曖昧性の解消
Discourse Representation Structure	ディスコース表示構造
Discourse	ディスコース表示

Representation Theory	理論	quantifier extension	外延
disjunction	選言		
domain	定義域	**F**	
donkey sentences	ロバ文	false	偽
		formal	形式的
down-up cancellation	∨∧-打消し	formal language	形式言語
		formal semantics	形式意味論
DPL = Dynamic Predicate Logic		formula	式
		Frege's Principle	フレーゲの原理
DRS = Discourse Representation Structure		function	関数
		functional composition	関数合成
DRT = Discourse Representation Theory		function from A onto B	A から B の上への関数
Dynamic Predicate Logic	ダイナミック述語論理		
		G	
Dynamic Semantics	ダイナミック意味論	Generative Grammar	生成文法
		I	
E		Immediate Constituent Analysis; IC-Analysis	直接構成素分析
EFL = English as a Formal Language			
element	要素		
embedding	埋め込み		
empty set	空集合	implication	含意
entail	含意する	implicature	含意
entailment	論理的帰結	individual	個体
epistemic logic	認識論理	individual concepts	個体概念
equivalence	同値		
exclusive disjunction	背反的選言	individual constants	個体定項
existential formula	存在式		
existential	存在量化子	individual term	個体項

individual variables	個体変項	implication meaning postulate	意味公準
inference	推論		
infix	接中辞	meaningful expression	意味を持つ表現
injection	単射		
input	入力	member	要素
intension	内包	meta-language	メタ言語
intensional logic	内包論理	metavariables	メタ変項
intensional theory of types	内包タイプ理論	modal logic	様相論理
		model	モデル
interpretation	解釈	model-theoretic	モデル理論的
intersection	積集合，共通部分	Montague Semantics	モンタギュー意味論
it is necessarily the case that ϕ	必然的に真である		
it is possibly the case that ϕ	ϕ が真であることが可能である	**N**	
		natural language	自然言語
		necessity	必然性
L		negation	否定
λ-abstraction	λ 抽象化	n-place predicate	n 項述語
λ-calculus	λ 計算		
λ-conversion	λ 変換		
λ-expression	λ 表現		
λ-operator	λ 演算子	**O**	
local tree	部分木	object language	オブジェクト言語
logical connective	論理的結合子	one-to-one	一対一
		open sentence	開放文
logical consequence	論理的帰結	ordered n-tuple	n 個組
		ordered pair	順序対
logical entailment	論理的帰結	output	出力
		P	
M		pair	対
mapping	写像	phrase structure	句構造
material	質料含意	Phrase	句構造文法

Structure Grammar	
possible world semantics	可能世界意味論
possible world	可能世界
possibility	可能性
power set	冪集合
predicate	述語
predicate logic	述語論理
prefix	接頭辞
presupposition	前提
principle of compositionality	構成性原理
principle of extensionality	外延性の原理
property	属性
proposition	命題
propositional logic	命題論理
PTQ = Proper Treatment of Quantification in Ordinary English	

Q

quadruple	4つ組
quantifier elimination	量化子の消去
quantifier introduction	量化子の導入
quantifier	量化子
quantifying in	量化子投入

R

range	値域
reasoning	推論
recognizable	認識可能
recursive	再帰的
recursive definition	再帰的定義
recursively enumerable grammar	帰納的可算文法
reductio ad absurdum	背理法
reference	指示
reference markers	指示標識
reflexive	反射的
reflexivity	再帰性
regular grammar	正規文法
relation	関係
rewriting rule	書き換え規則
rigid designation	厳密な指示
rigid designator	厳密指示詞

S

scope	スコープ，作用域
scope ambiguity	スコープの曖昧性
sense	意義
sequence	列
set	集合
set theory	集合論
singleton	単位集合
speech act	発話行為
subset	部分集合
substitution	言い換え
suffix	接尾辞

surjection	全射	relation	
symmetry	対称性	universal formula	全称式
syncategorematic	共範疇的	universal quantifier	全称量化子
syntactic ambiguity	統辞論的曖昧性	universal set	普遍集合
syntax	統辞論	universe of discourse	議論領域

T

tautology	恒真文	**V**	
tense logic	時制論理	vacuous binding	空虚な束縛
terminal symbol	終端記号	valuation	評価
term	項	valuation function	評価関数
theory of types	タイプ理論		
transformation	変形	variable-free	変項を持たない
transitivity	推移性	Venn diagram	ベン図
tree	木	verifying embedding	適切な埋め込み
triple	3つ組		
true	真		
truth table	真理表	**W**	
truth value	真理値	well-formed formula	整式
truth-conditional semantics	真理条件的意味論		
two-sorted type theory	2ソートタイプ理論		
Type raising, Type shifting	タイプ繰り上げ		

U

union	和集合, 結び
unit set	単位集合
universal accessibility	普遍的到達関係

引用文献

Allwood, Jens, Lars-Gunnar Andersson and Östen Dahl. 1971. *Logic in Linguistics*. Cambridge University Press.

Austin, J.L. 1962. *How to Do Things with Words*. Oxford University Press.

戸次大介 2010. 『日本語文法の形式理論　活用体系・統語構造・意味合成』くろしお出版

戸次大介 2012. 『数理論理学』東京大学出版会

Blackburn, Patrick, Johan Bos and Kristina Striegnitz. 2006. *Learn Prolog Now!* College Publications.

Bresnan, Joan. 2000. *Lexical-Functional Syntax*. John Wiley and Sons.

Cann, Ronnie. 1993. *Formal Semantics: An Introduction*. Cambridge University Press.

Carpenter, Bob. 1997. *Type-Logical Semantics*. The MIT Press.

Chierchia, Gennaro. 1995. *Dynamics of Meaning: Anaphora, Presupposition, and the Theory of Grammar*. The University of Chicago Press.

Davidson, Donald. 1967. "The Logical Form of Action Sentences." In: Rescher, N. (ed.), *The Logic of Decision and Action*. Pittsburgh: University of Pittsburgh Press.

Dowty, David R., Robert E. Wall and Stanley Peters. 1981. *Introduction to Montague Semantics*. D. Reidel. (日本語訳: 井口省吾・山梨正明・白井賢一郎・角道正佳・西田豊明・風斗博之『モンタギュー意味論入門』三修社, 1987)

Gamut, L.T.F. 1991. *Logic, Language, and Meaning*. 2 Vols. The University of Chicago Press.

Gazdar, Gerald, E. Klein, G. Pullum and I. Sag. 1985. *Generalized Phrase Structure Grammar*. Basil Blackwell.

Gensler, Harry J. 2010. *Introduction to Logic*. [Second Edition] Routledge.

Groenendijk, Jeroen, and Martin Stokhof. 1982. "Semantic Analysis of Wh-Complements." *Linguistics and Philosophy* 5.

Groenendijk, Jeroen, and Martin Stokhof. 1990. "Dynamic Montague Grammar." In: Kalman, L. et al. (eds.), *Proceedings of the Second Symposium on Logic and Language*.

Groenendijk, Jeroen, and Martin Stokhof. 1991. "Dynamic Predicate Logic: Towards a Compositional, Non-Representational Semantics of Discourse." *Linguistics and Philosophy* 13.

Heim, Irene, and Angelika Kratzer. 1998. *Semantics in Generative Grammar*. Blackwell.

Jacobson, Pauline. 1996. "The Syntax/Semantics Interface in Categorial Grammar." In: Lappin, S. (ed.), *The Handbook of Contemporary Semantic Theory*. Blackwell.

Kamp, Hans. 1981. "A Theory of Truth and Semantic Representation." In: Groenendijk, J. and M. Stokhoff (eds.), *Formal Methods in the Study of Language*, 227–322. Amsterdam Mathematical Center.

Kamp, Hans, and Uwe Reyle. 1993. *From Discourse to Logic: Introduction to Modeltheoretic Semantics of Natural Language, Formal Logic and Discourse Representation Theory*, 2 Vols. Kluwer Academic Publishers.

Landman, Fred. 1994. "Advanced Semantics." Class notes available at: http://www.tau.ac.il/ landman/online-class-notes.html

前原昭二 1967.『記号論理入門』日本評論社

三上章 1953.『現代語法序説』刀江書院; 1972 年,くろしお出版復刊

南不二男 1974.『現代日本語の構造』大修館書店

Montague, Richard. 1970. "English as a Formal Language." In: Visentini, B. et al. (eds.), *Linguaggi nella Societa e nella Tecnica*. Edizioni di Communita; Reprinted in Montague (1974).

Montague, Richard. 1973. "The Proper Treatment of Quantification in Ordinary English." In: Hintikka, J. et al. (eds.), *Approaches to Natural Language. Reidel; Reprinted in Montague (1974).

Montague, Richard. 1974. *Formal Philosophy, Selected Papers of Richard Montague*. ed. and with an introduction by R. Thomason. Yale University Press.

野矢茂樹 1994. 『論理学』東京大学出版会

Parsons, Terence. 1990. *Events in the Semantics of English: A Study in Subatomic Semantics*. The MIT Press.

Partee, Barbara H., Herman L. W. Hendriks. 1997. "Montague Grammar." In: van Benthem, J. and A. ter Meulen (eds.), *Handbook of Logic and Language*. Elsevier.

Partee, Barbara H., Alice ter Meulen and Robert E. Wall. 1993. *Mathematical Methods in Linguistics*. Kluwer Academic Publishers.

Peters, Stanley and R.W. Ritchie. 1973. "On the Generative Power of Transformational Grammars." *Information Sciences* 6, 49-83.

Pollard, Carl and Ivan A. Sag. 1994. *Head-driven Phrase Structure Grammar*. Center for the Study of Language and Information.

Priest, Graham. 2008. *An Introduction to Non-classical Logic*. [Second Edition] Cambridge University Press.

Sag, Ivan A., Thomas Wasow and Emily M. Bender. 2003. *Syntactic Theory: A Formal Introduction*. Center for the Study of Language and Information.

Searle, John R. 1969. *Speech Acts: An Essay in the Philosophy of Language*. Cambridge University Press.

柴谷方良 1978. 『日本語の分析』大修館書店

白井賢一郎 1985. 『形式意味論　言語・論理・認知の世界』産業図書

Smullyan, Raymond M. 1995. *First-order Logic*. Dover. 原著 1968, Springer-Verlag.

Steedman, Mark. 1996. *Surface Structure and Interpretation*. The MIT Press.

Szabolcsi, Anna. 1989. "Bound Variables in Syntax: Are There Any?" In: Bartsch, R. et al. (eds.) *Semantics and Contextual Expression*.

295-318, Foris.
戸田山和久 2000.『論理学をつくる』名古屋大学出版会
安本美典・野崎昭弘 1976.『言語の数理』筑摩書房

索引

あ
曖昧性 ambiguity, 81-82, 93, 103-105
　〜の解消 disambiguation, 82
曖昧である be ambiguous, 81-82
値 value, 23

い
EFL, 175
言い換え substitution, 93
意義 sense, 144
1, 9, 32
1 型文法, 106
1 項関数, 29
1 項述語, 62
一対一 one-to-one, 26
一般化量化子 generalized quantifiers, 194
イベント意味論 event semantics, 167-169
意味, 1-4
意味公準 meaning postulate, 164, 201
意味判定機, 10, 46, 79, 186, 231
意味を持つ表現 meaningful expressions, 159

う
(A から B の) 上への関数 function (from A onto B), 25
埋め込み embedding, 101

え
f, 9, 32
n 項述語 n-place predicate, 62
n 個組 ordered n-tuple, 21

お
オブジェクト言語 object language, 9
オペレーター, 34

か
外延 extension, 14, 143
　〜演算子, 159-163
〜性の原理 principle of extensionality, 14, 156
　〜的定義 extensional definition, 14
　〜的動詞, 156, 201-203
解釈 interpretation, 126, 160
　〜関数, 79, 160-162, 185-186
　〜領域, 124, 162, 186
開放文 open sentence, 62, 69, 205-207, 212
書き換え規則 rewriting rules, 95-101
カテゴリー, 111-112
カテゴリー文法 categorial grammar, 110-118, 171
可能性 possibility, 145, 148
　〜演算子, 146, 148-149, 158-159, 161-162
可能世界 possible world, 142
可能世界意味論 possible world semantics, 171
(ϕ が真であることが) 可能である it is possibly the case that ϕ, 145
含意 implication, 40-42, 54, 68, 79-80, 159, 161, 184-185, 219-222
含意 implicature, 86
関係 relation, 24
関数 function, 22-33
　〜合成 functional composition, 116-117
　〜適用, 112
冠頭標準形, 75

き
木 tree, 96
偽 false, 32
帰属関係, 13
帰納的可算文法 recursively enumerable grammar, 106
帰納的定義, 45, 138-139
基本タイプ basic type, 119
基本的規則 basic rule, 181
基本的表現 basic expression, 181
義務論理 deontic logic, 143

逆関数, 26-27
キャンセル cancellation, 112
共通部分 intersection, 16
共範疇的 syncategorematic, 193
議論領域 universe of discourse, 15

く
空虚な束縛 vacuous binding, 70
空集合 empty set, 19
偶然文 contingency, 50
句構造 phrase structure, 97
句構造文法 Phrase Structure Grammar, 95-108

け
形式意味論 formal semantics, 8-9
形式言語 formal language, 10
形式的 formal, 3
形成規則, 43-44, 68-69
結合 concatenation, 132
結合カテゴリー文法 Combinatory Categorial Grammar, 111
言表にもとづく読み de dicto reading, 155, 197-198
厳密指示詞 rigid designator, 164
厳密な指示 rigid designation, 164

こ
語彙 vocabulary, 43, 68, 158-159, 183-184
語彙的曖昧性 lexical ambiguity, 82
項 argument, 23
高階論理, 109
後件, 40
恒真文 tautology, 50
合成関数 composition, 28, 115-116
構成性原理 Principle of Compositionality, 49, 109, 173
構文, 4
個体 individual, 7, 13-14
  ～概念 individual concept, 158, 187
  ～項 individual term, 62
  ～定項 individual constant, 62
  ～変項 individual variable, 62
  ～領域, 124

さ
差 difference, 18
再帰性 reflexivity, 152-153
再帰的 recursive, 103-105
再帰的定義 recursive definition, 45, 138-139
作用域 scope, 69, 81-82

3型文法, 106

し
式 formula, 36
指示 reference, 143-144
  ～対象, 144
  ～値 denotation, 143
  ～標識 reference marker, 227
  ～物, 9, 14
時制論理 tense logic, 143
自然言語 natural language, 10
質料含意 material implication, 41
事物にもとづく読み de re reading, 155, 198, 207
写像 mapping, 22
集合 set, 13-21
  ～論 set theory, 13
終端記号 terminal symbol, 95
樹形図 tree diagram, 96
述語 predicate, 62
述語論理 predicate logic, 61
  ～の意味論(評価), 79-80
  ～の統辞論, 68-69
出力 output, 23
主要部 head, 113
順序対 ordered pair, 20
準同型 homomorphism, 175
条件 condition, 227-228
真 true, 31-32
新デイヴィドソン方式 neo-Davidsonian approach, 167-169
真部分集合, 15
真理条件的意味論 truth-conditional semantics, 35, 171
真理値 truth values, 32, 46-47
真理表 truth table, 37
真理論理 alethic logic, 142

す
推移性 transitivity, 153
推論 reasoning, inference, 2, 50-58, 82-86
スコープ, 69, 81-82
スコープの曖昧性 scope ambiguity, 81-82, 203-207

せ
正規文法 regular grammar, 106
整式 well-formed formula, 43, 68-69
生成文法 Generative Grammar, 106-108
積集合 intersection, 16
接中辞 infix, 34
接頭辞 prefix, 34

接尾辞 suffix, 34
0, 9, 32
0 型文法, 106
選言 disjunction, 38-39, 47, 68, 79-80, 159-161, 184-185, 225
前件, 40
全射 surjection, 25-26
全称式 universal formula, 69
全称量化子 universal quantifier, 63-65, 72-73, 80, 222-224
全単射 bijection, 26
前提 presupposition, 86

そ
属性 property, 129,162, 187, 191
束縛 bind, 69
束縛されている be bound, 69
存在式 existential formula, 69
存在量化子 existential quantifier, 66-67, 69-70, 80, 215-217

た
対称性 symmetry, 153
ダイナミック意味論 Dynamic Semantics, 211
ダイナミック述語論理 Dynamic Predicate Logic, 211
  〜の意味論 (解釈), 214-215, 225, 226
タイプ繰り上げ Type raising, Type shifting, Lifting, 115, 179-180, 189
タイプ理論 theory of types, 119-126
∨∧-打消し down-up cancellation, 163
多項関数, 29-31
タブロー, 52, 53-55, 57, 82-86, 148-151
単位集合 unit set, singleton, 19
単射 injection, 26
単純式 atomic formula, 69
単純な文 atomic sentence, 36

ち
値域 range, 23
中間意味表示, 230
直積, 21
直接構成素分析 IC-Analysis, 91-94
チョムスキーの階層 Chomsky hierarchy, 106

つ
対 pair, 20

て
t, 9, 32

DRS, 227
DRT, 227
DPL, 211
定義域 domain, 23
ディスコース表示構造 Discourse Representaiton Structure, 227
ディスコース表示理論 Discourse Representation Theory, 227
  〜の意味論 (解釈), 228
  〜の統辞論, 227-228
デイヴィドソン Davidson, 168
デカルト積 Cartesian product, 21
適切な埋め込み verifying embedding, 227, 228

と
統辞論 syntax, 43-45, 68-69
  〜的曖昧性 syntactic ambiguity, 82, 103-105
到達可能性 accessibility, 144, 145-149, 152-154
到達可能な accessible, 145
同値 equivalence, 42, 43-44, 47, 68, 80, 159, 161, 184-185
特性関数 characteristic function, 32, 123-24, 135-136, 214
ド・モルガンの法則 De Morgan's Law, 57, 86

な
内包 intension, 144
  〜演算子, 159-163
  〜タイプ理論 intensional theory of types, 154-164
  〜の意味論 (解釈), 160-164, 185-186
  〜の統辞論, 159, 184-185
  〜的定義 intensional definition, 14
  〜的動詞, 156, 197-200
  〜的文脈 intensional contexts, 154-157
  〜論理 intensional logic, 141, 171

に
2 型文法, 106
2 項関数, 29
2 項述語, 62
2 ソートタイプ理論 two-sorted type theory, 157, 165-167
入力 imput, 23
認識可能 recognizable, 106
認識論理 epistemic logic, 142

は

パーソンズ Parsons, 168
排反的選言 exclusive disjunction, 39
背理法 reductio ad absurdum, 55
パターン・マッチング, 44
発話行為 speech act, 210
反射的 reflexive, 147

ひ

PTQ, 158, 174-175
必然性 necessity, 145
　　　～演算子, 146, 148-149, 158-159, 161-162
必然的に真である it is necessarily the case that ϕ, 145
必要十分条件, 47
否定 negation, 39-40, 46, 68, 79, 159, 161, 184-185, 224-225
非標準的構成素 nonstandard constituent, 114
評価 valuation, 46, 79-80
　　　～関数 valuation function, 79-80, 146, 148, 214-215

ふ

複合的な文 complex sentence, 36
含む, 13
部分木 local tree, 96
部分集合 subset, 15
普遍集合 universal set, 15
普遍的到達関係 universal accessibility relation, 153
フレーゲの原理 Frege's Principle, 173
フレーム, 146
文, 36
分析タブロー Analytic Tableaux, 52, 53-55, 57, 82-86, 148-151
文脈依存文法 context sensitive grammar, 106, 115, 117
文脈自由文法 context free grammar, 106, 114

へ

β 縮約 β-reduction, 133
β 縮約体 β-redex, 133-134
β 標準形 β normal form, 136
β 変換 β-conversion, 133
冪集合 power set, 20
変形 transformation, 107
変項, 62, 127, 187
変項を持たない variable-free, 137
ベン図 Venn diagram, 16

ほ

包含される B is included by A, 15
補集合 complement, 18
ボックス表記 box notation, 229-230
補部 complement, 113

み

3つ組 triple, 21

む

矛盾文 contradiction, 50
結び union, 17

め

命題 proposition, 36, 163
命題論理 propositional logic, 35
　　　～の意味論 (評価), 46-47
　　　～の統辞論, 43-44
メタ言語 meta-language, 9, 216
メタ変項 metavariable, 44

も

モデル model, 7, 73, 79
　　　～理論的 model-theoretic, 171
モンタギュー Richard Montague, 158, 173
　　　～意味論 Montague Semantics, 157, 171, 173-175

よ

要素 elements, members, 13
様相論理 modal logic, 142, 145-151
　　　～演算子, 145-148, 149, 159, 161, 184-186
　　　～のモデル, 145-146
4つ組 quadruple, 21

ら

ラッセル (Bertrand Russell), 119
λ 演算子 λ-operator, 126
λ 計算 λ-calculus, 126-137
λ 抽象化 λ-abstraction, 128
λ 表現 λ-expression, 127
λ 変換 λ-conversion, 133

り

領域 domain, 75
量化子 quantifier, 63, 71-78, 191-194, 215-217, 222-224, 225, 226
　　　～投入 quantifying in, 205-207
　　　～の消去 quantifier elimination, 83
　　　～の導入 quantifier introduction, 83

れ
列 sequence, 21
連言 conjunction, 36-38, 44, 46-47, 68, 79, 159, 161, 217-219

ろ
ロバ文 donkey sentence, 213-214, 219-222, 222-224, 229
論理意味論, 8-9
論理結合子 logical connective, 36, 43-44, 46-47, 53-54, 68, 79-80, 159, 161, 184-186, 225, 226, 227-228
論理的帰結 logical consequence, entailment, 52

わ
和集合 union, 17
割当関数 assignment, 75-78, 80, 214-226, 228

［著者紹介］

吉本啓（よしもと　けい）
1955年和歌山県生まれ。東京大学人文科学研究科修士課程修了（言語学専攻）。シュトゥットガルト大学人文学部Ph D。NTT基礎研究所，ATR自動翻訳電話研究所，シュトゥットガルト大学コンピュータ言語学研究所を経て，現在，東北大学高度教養教育・学生支援機構および大学院国際文化研究科教授。専門は形式文法，日本語文法，およびコーパス言語学。

中村裕昭（なかむら　ひろあき）
1954年大阪府茨木市生まれ。神戸市外国語大学大学院外国語学研究科英語学専攻，京都大学大学院博士後期課程単位取得退学。文学修士。海上保安大学校基礎教育講座教授を経て，現在，弘前大学教育研究院人文社会・教育学系人文科学領域教授。専門は言語学（統語論・意味論）。

現代意味論入門
（げんだいいみろんにゅうもん）

| 発　行 | 2016年2月18日 | 初版第1刷発行 |
| | 2017年8月10日 | 初版第2刷発行 |

著　者　　吉本啓・中村裕昭

発行所　　株式会社　くろしお出版
　　　　　〒113-0033　東京都文京区本郷3-21-10
　　　　　TEL: 03-5684-3389　FAX: 03-5684-4762
　　　　　URL: http://www.9640.jp　e-mail: kurosio@9640.jp

印刷所　　藤原印刷株式会社

装　丁　　折原カズヒロ

©Kei YOSHIMOTO, Hiroaki NAKAMURA 2016　Printed in Japan
ISBN 978-4-87424-676-4　C3080

●乱丁・落丁はおとりかえいたします。本書の無断転載・複製を禁じます。